本书为国家社科基金一般项目“精准扶贫与贫困户的社会适应研究”（18BSH048）、贵州省教育改革发展研究重大招标项目“服务大扶贫战略贵州深度贫困地区教育扶贫机制研究”（ZD2017012）成果。

南粤乡村振兴文库

主编|谢治菊

向上的阶梯

面向乡村振兴的教育帮扶

UP THE LADDER

EDUCATION POVERTY ALLEVIATION

TOWARDS RURAL REVITALIZATION

谢治菊 ◎ 著

中国社会科学出版社

图书在版编目（CIP）数据

向上的阶梯：面向乡村振兴的教育帮扶/谢治菊著.—北京：中国社会科学出版社，2022.8

（南粤乡村振兴文库）

ISBN 978-7-5203-9858-9

Ⅰ.①向… Ⅱ.①谢… Ⅲ.①地方教育—扶贫—研究—中国
Ⅳ.①G527

中国版本图书馆CIP数据核字(2022)第039573号

出 版 人　赵剑英
责任编辑　黄　山
责任校对　贾宇峰
责任印制　李寡寡

出　　版　中国社会科学出版社
社　　址　北京鼓楼西大街甲158号
邮　　编　100720
网　　址　http://www.csspw.cn
发 行 部　010-84083685
门 市 部　010-84029450
经　　销　新华书店及其他书店

印　　刷　北京明恒达印务有限公司
装　　订　廊坊市广阳区广增装订厂
版　　次　2022年8月第1版
印　　次　2022年8月第1次印刷

开　　本　710×1000　1/16
印　　张　19.5
插　　页　2
字　　数　322千字
定　　价　78.00元

南粤乡村振兴文库
编委会名单

编辑委员会主任

谢治菊

编辑委员会委员（以姓氏拼音为序）

陈　潭	陈文胜	郭　明	黄丽娟	蒋红军
雷　明	李　强	林忠伟	陆汉文	肖　滨
王春光	吴易雄	谢治菊	岳经纶	张开云

总序：民族要复兴，乡村必振兴

2021 年是我国“十四五”规划开局之年，是全面乡村振兴的起始之年，也是开启全面建设社会主义现代化国家新征程、向第二个百年奋斗目标进军的关键之年。在这之前的 2020 年 12 月，经过全党全国各族人民的共同努力，我国如期完成了脱贫攻坚任务，现行标准下 9899 万贫困人口全部脱贫，832 个贫困县全部摘帽，12.8 万个贫困村全部出列，消除了区域性整体性贫困，创造了举世瞩目的伟大成就。在这场人类减贫史上彪炳史册的脱贫攻坚战中，我们国家采取了许多原创性、独特性的重大举措，积累了一系列能复制、可推广的减贫经验，为国际减贫事业贡献了中国方案和中国智慧。为有效总结这些智慧与经验，及时传播广东案例与广东声音，助力巩固拓展脱贫攻坚成果同乡村振兴有效衔接，助益全面乡村振兴，助推农业农村现代化，我们拟出版南粤乡村振兴文库。

一　传扬广东经验，讲好中国故事

我们为什么出版这样一套文库呢？这与我们团队的研究经历与广东的治理经验有关。我们知道，“逐步消灭贫困，达到共同富裕”是中国共产党始终秉持和为之奋斗的崇高目标。自成立以来，中国共产党就一直关注着人民群众的贫困问题，并将取得政权让人民当家做主作为解决此问题的根本途径，率领全国各族人民开展各种形式的反贫困斗争，先后经历“计划经济体制下的救济式扶贫、开发式与综合性扶贫、整村推进与两轮驱动扶贫、脱贫攻坚”四个阶段，解决了数以亿计贫困人口的生存问题，实现了几千年的民族梦想，创造了人类减贫史上的奇迹。自党的十八大以来，以习近平同志为核心的党中央坚持把解决好“三农”问题作为全党工作的重中之重，把脱贫攻坚作为全面建成小康社会的标志性工程，组织推进人类历史上规模空前、力度最大、惠及人口最多的脱贫攻坚战，启动实施乡村振兴战略，推动农业农村取得历史性成就、发生历史性变化。如期完成新时代脱贫攻坚目标任务后，“三农”工作就将进入全面推进乡村振兴的新阶段，这是“三农”工作重心的历史性转移。

在此过程中，我们团队牢牢抓住时代赋予的契机，围绕脱贫攻坚与乡村振兴理论、实践与案例开展研究。事实上，脱贫攻坚与乡村振兴研究是团队自创建以来所开展的乡村治理理论与实践研究的延伸，其所蕴含的时代精神、问题意识和责任情怀，一直都是团队研究的生命线。为此，在“十三五”甚至更长的时间内，团队一直以国家脱贫攻坚与乡村振兴政策为指引，聚焦脱贫攻坚与乡村振兴的重点、难点与痛点，立足广东、辐射西部、面向全国，围绕“理论研究、实践探索、政策咨询、人才培养”四大模块，构建“认知、体验、践行”三阶合一的乡村实践体系，探索“高校—政府—企业—社会组织”四元互动的乡村研究模式，深化“政产学研创”五位一体的乡村育人平台。近年来，团队在脱贫攻坚与乡村振兴领域的学术思想与实践活动被人民网、学习强国、今日头条、《中国青年报》《中国教育网》《中国社会科学报》《学习时报》等主流媒体报道一百多次。

为进一步凝练中国脱贫攻坚精神，培育青年学生的责任意识与家国情怀，为乡村振兴提供智力支持与人才支撑，2021 年 5 月，我们与广东省国强公益基金会一起成立了广州大学乡村振兴研究院，并正式拉开了“乡村振兴·青年担当”系列活动的序幕。2021 年 6 月，广州大学乡村振兴研究院获批广东省社会科学研究基地。自此，团队所开展的脱贫攻坚与乡村振兴研究有了稳定的平台，也为我们开展“乡村振兴·青年担当”系列活动提供了组织保障。“乡村振兴·青年担当”活动旨在借青年学生群体，讲好中国脱贫攻坚与乡村振兴故事，扩大脱贫攻坚与乡村振兴伟大壮举在青年群体中的影响力、辐射力与传承力，使青年学生深刻领悟总书记有关青年工作、扶贫工作、振兴工作的重要论述，在真实事迹的感召下，树立远大志向、练就过硬本领、磨炼顽强意志，以实际行动到西部、到基层、到农村去就业创业，或成为乡村人才振兴的孵化器。目前，“大学生讲乡村振兴故事”的活动已经完成，“乡村致富带头人口述故事与教学案例”活动正在征稿与出版中。在“十四五”时期，我们团队还将开展以“扶贫干部口述故事”为起点的“口述乡村”活动，陆续开展“乡村致富带头人”“企业帮扶人员”“大学生村官”“乡村振兴专干”等群体的口述故事采集，积极打造“口述乡村”丛书品牌。

如果说团队的研究经历是出版此套丛书的基础与保障，那么，广东省在乡村治理领域的前瞻性探索则为我们提供了案例与勇气。广东省在脱贫攻坚与乡村振兴领域的实践探索从来没有停止过，且一直走在全国的前列。2010 年以来，广东省的贫困治理实践与东西部扶贫协作工作多次获得党中央、国务院及相关部委的赞誉、支持与推介，闻名全国的“双到扶贫”“630 社会扶贫”“消费扶贫”“领头雁工程”等创新实践，再次证实了广东省在社会主义现代化新征程中走在全国前列的决心与信心。不仅如此，广东省广州、深圳、东莞、珠海、中山、佛山 6 市根据“国家要求、西部所需、东部所能”的原则，“十三五”期间对贵州、广西、云南、四川开展的协作帮扶，成为助力这 4 省（区）的贫困县全部如期摘帽的重要力量；“十四五”期间对贵州、广西的协作帮扶，让这 2 省（区）的成果巩固与乡村振兴加速进行，贡献了东西部协作的广东经验与广东方案。2021 年以来，广东省进一步创新探索“驻镇帮镇扶村工作机制”，开展党政机关、企事业单位、科研力量“三力合一”的组团式驻镇帮镇扶村，这与中共中央印发的《关于向重点乡村持续选派驻村第一书记和工作队的意见》中所提出的“先定村、再定人”的选派原则、“因村派人、科学组队”的选派要求不谋而合。既然广东省的脱贫攻坚与乡村振兴工作已经走在了全国前列，讲好中国脱贫攻坚与乡村振兴故事的广东探索更应该顺势而为、乘胜追击。我们谋划的这套南粤乡村振兴文库，就是在立足广东巩固拓展脱贫攻坚成果、全面实施乡村振兴、系统开展东西部协作、深度进行对口支援的基础上，辐射西部、面向全国，更好地传播乡村振兴的南粤声音与智慧。

二　脱贫摘帽不是终点，而是新生活、新奋斗的起点

脱贫攻坚是全面建成小康社会的标志性指标，是党中央向全国人民做出的郑重承诺，彰显了中国共产党领导和我国社会主义制度的政治优势，凝聚着全党全国各族人民的智慧和心血，更是一场没有硝烟的战斗和旷日持久的战役。在这场史无前例的战斗中，习近平总书记站在全面建成小康社会的战略高度，把脱贫攻坚摆在治国理政的突出位置，提出一系列新思想新观点，作出一系列新决策新部署；众多有情怀有担当的基层干部，他们无私奉献、艰苦奋斗，无论是从精神还是体能方面都经历了前所未有的考验，做出了不可磨灭的贡献；广大群众化身为众志成城的凝聚力、攻坚克难的战斗力、永不退缩的推动力，一起对世界减贫进程做出了重大贡献。

但是，“脱贫摘帽不是终点，而是新生活、新奋斗的起点”，这是2020年3月6日习近平总书记在决战决胜脱贫攻坚座谈会上的重要讲话精神。新生活是贫困群众的殷殷期盼，是全国上下团结一心、共克时艰的杰出成果；新奋斗意味着脱贫攻坚绽放的绚丽彩虹会激励我们，尤其是激励贫困群体勇往直前、昂首阔步。为此，我们应牢记习总书记的切切期盼，结合各地实际，努力构建脱贫攻坚的长效机制，把全面小康的基础打得更牢、底色擦得更亮。

脱贫攻坚带来的不仅是好日子，更是新生活的开始。这里的“新”，主要可以从以下三个方面去理解：一是生活条件新。经过脱贫攻坚，全国具备条件的建制村全部通了公路，每个村都建立了卫生室，10.8万所义务教育薄弱学校的办学条件得到改善，农网供电可靠率达到99%，深度贫困地区贫困村通宽带比例达到98%。现在，孩子们可以唱着歌走在平坦公路上，学生们可以静下心在宽敞明亮的教室里学习，留守人群可以随时与在外务工亲人视频通话，她们曾经郁结的心理与多病的身体得到了极大的改善。这是脱贫攻坚带来的生活改变，更是通往美好生活的坦荡路途。二是人际关系新。脱贫攻坚政策的实施，缩小了村庄内部的贫富差距，缓和了村庄因贫困所产生的隔阂，使得大部分贫困户获得了良好的人际关系；同时，大批基层干部深入农村开展扶

贫、走近群众，也拉近了干群关系，化解了干群矛盾，进而使农村的人际关系呈现出“各美其美，美美与共”的良好局面。三是产业发展新。通过电商扶贫、金融扶贫、旅游扶贫、健康扶贫等，贫困地区的特色产业不断壮大、经济活力不断激发，已从初期的“输血式”扶贫转变为现在的“造血式”扶贫，有的地区还具备了“献血式”扶贫的能力。目前，全国贫困地区已累计建成各类扶贫产业基地10万个以上，这让一个个贫困家庭的生活发生了根本性改变，是贫困户稳定就业、持续脱贫的源泉。当然，脱贫攻坚带来的新生活，远远不止这些，还包括新理念、新方式、新手段、新社区，这些共同构成了新奋斗的起点。

脱贫攻坚是一项伟大工程，需要长期的坚持与持久的战斗，让脱贫人口稳定脱贫、持续脱贫、长久脱贫，巩固拓展脱贫攻坚成果，是我党当前的重要工作，这就要求要进一步瞄准突出问题和薄弱环节，建立健全稳定脱贫长效机制。具体来说：一是建立精准化的返贫监测机制。为消除贫困存量、遏制贫困增量，防止脱贫不稳定人口返贫，防止边缘易致贫人口致贫，要采取针对性、精准性、个性化举措，及时将这部分人口纳入帮扶对象，不让一个群众在小康路上掉队。二是健全超稳定的利益联结机制。巩固脱贫攻坚成果中的各参与主体是一个命运共同体，利益联结是协调各参与主体行动的关键机制。为此，应强化多元主体参与，倡导多元主体平等对话，均衡产业发展，加快延伸产业链条，确保贫困群众持续稳定增收。三是完善有活力的产业扶贫机制。产业振兴是稳定脱贫的根本之策，也是巩固脱贫成果、防止返贫的关键措施，在脱贫攻坚中具有普惠性、根本性作用，这就要求在做好疫情防控的同时，突出主体培育、产销对接、科技服务、人才培养等关键环节，切实做好产业振兴工作，促进第一、第二、第三产业融合发展，为巩固脱贫攻坚成果提供有力支撑。四是构建可持续的稳定就业机制。就业帮扶是脱贫人口稳定脱贫的基础，是搬迁群众“稳得住、能致富”的关键，意味着他们成为亲身创造美好生活的主体力量。这就要求完善就业扶持政策，努力建设就业帮扶车间，增加脱贫人口家门口就业的机会；激发贫困群众自主就业内生动力，扎实开展技能培训，提升脱贫劳动力就业创业能力，推进就业帮扶工作上新台阶。五是培育科学化的教育帮扶机制。教育帮扶可以提升脱贫地区的办学条件、促进教师的专业发展、改变脱贫地区的教育理念，有效阻断贫困的代际传递。在实施过程中，需要进一步转变帮扶理念，增强教育扶贫价值；完善识别机制，明确教育帮扶对象；创新监管方式，提高教育帮扶效果；规范评价过程，赋予薄弱学校力量。

三　乡村振兴是应变局、开新局的“压舱石”

实施乡村振兴战略，是以习近平同志为核心的党中央从党和国家事业全局出发、着眼于实现“两个一百年”奋斗目标、顺应亿万农民对美好生活的向往做出的重大决策，是党的十九大做出的重大战略部署。习近平总书记多次强调，从中华民族伟大复兴战略全局看，民族要复兴，乡村必振兴；从世界百年未有之大变局看，稳住农业基本盘、守好“三农”基础是应变局、开新局的“压舱石”；全面建设社会主义现代化国家，实现中华民族伟大复兴，最艰巨最繁重的任务依然在农村，最广泛最深厚的基础依然在农村；任何时候都不能忽视农业、忘记农民、淡漠农村。习近平总书记关于乡村振兴的重要论述进一步丰富了共同富裕理论的内涵。他指出“脱贫攻坚战的全面胜利，标志着我们党在团结带领人民创造美好生活、实现共同富裕的道路上迈出了坚实的一大步，意味着‘三农’工作重心历史性转移到全面推进乡村振兴上来”。

但是，受历史因素、经济水平、地理条件、思想观念、教育程度等因素的影响，我国西部地区贫困程度深、攻坚任务重前所未有，过去全国832个国家级贫困县，西部地区就占了568个，占比68.3%；2021年8月27日公布的160个国家乡村振兴重点帮扶县，全部在西部地区。这说明，中国巩固拓展脱贫攻坚成果与乡村振兴的主战场还是在西部地区。西部地区虽然消除了绝对贫困，但是发展基础仍然不牢，扶贫产业组织化、规模化、市场化程度比较低，农村居民人均可支配收入与全国平均水平还有一定差距，脱贫户外出务工占比大、稳定性弱，已脱贫纳入监测的人口、易致贫的边缘人口基数大，因病因灾因残等返贫因素多，巩固拓展脱贫攻坚成果仍面临较大压力，所以要将其与乡村振兴战略衔接，困难和障碍可想而知。

为此，2021年3月22日，《中共中央　国务院关于实现巩固拓展脱贫攻坚成果同乡村振兴有效衔接的意见》（以下简称《意见》）公开发布。《意见》明确了二者有效衔接的重大意义、总体要求、长效机制、重点工作与具体举措，指出要从政策文件、领导体制、工作体系、考核机制、规划实施与项目建设等方面做好衔接工作，并提出要“扶上马送一程”，继续落实“摘帽不摘责任、摘帽不摘政策、摘帽不摘帮扶、摘帽不摘监管”的“四个不摘”要求。由于衔接是巩固拓展的递进，衔接之中和衔接之后还有巩固拓展脱贫攻坚成果的任务，因此巩固脱贫攻坚成果的任务不应仅仅贯穿在二者的过渡期，还应该贯穿于全面实施乡村振兴全过程，是乡村振兴的应有之意。2021 年 6 月 1 日，我国出台了《中华人民共和国乡村振兴促进法》，明确提出要“促进小农户和现代农业发展有机衔接、促进公共服务与自我服务有效衔接、实现巩固拓展脱贫攻坚成果同乡村振兴有效衔接”，通过衔接来促进乡村振兴的法制化阶段到来。

基于此，站在实现“两个一百年”奋斗目标的历史交汇点上，作为脱贫攻坚与乡村振兴的研究团队，我们应紧紧围绕新发展阶段“三农”工作的战略定位，按照在全面建设社会主义现代化国家新征程中走在全国前列、创造新辉煌的总定位总目标，认真总结党的十八大以来以广东省为代表的发达地区的先进做法，加强理论研究和经验总结，提炼乡村振兴智慧与方案，为西部甚至全国实现巩固拓展脱贫攻坚成果、全面推进乡村振兴、高水平推动农业农村现代化提供智力支持。

农为邦本，本固邦宁。在向第二个百年奋斗目标迈进的历史关口，全面推进乡村振兴，稳农村、兴农业、富农民是关系民族复兴的重大问题。新时代催生新思想，新思想呼唤新作为。作为身处华南、心系家国的一支重要研究力量，我们依托乡村振兴研究院，始终秉持新时代理论工作者的责任、使命与担当，竭力贡献乡村振兴的智慧、力量与情怀，力图在伟大时代构建独具风格的中国特色社会主义乡村治理体系。

谢治菊
2021 年 9 月 13 日
于羊城

序：教育帮扶为何会促进人们向上流动

自党的十八大以来，为实现“两个一百年”的奋斗目标，党和政府在全国范围内发起了决战决胜脱贫攻坚的号召，开启了我国历史上规模空前的反贫困运动。这次反贫困运动立足“精准”二字，提出包括教育、社会保障兜底、生态补偿、易地移民搬迁、产业扶贫等多项精准脱贫的措施，其中教育是扶贫的一项重要手段。习近平总书记曾多次提到教育扶贫的重要性，提出了“把发展教育扶贫作为治本之计”“让贫困家庭的孩子都能接受公平的有质量的教育”“治贫先治愚”“智志双扶”等教育扶贫思想。对于拔掉穷根而言，教育的作用确实不言而喻。教育是阻断贫困代际传递，让2020年以后脱贫成效可持续巩固的重要手段。从长远来看，只有贫困学生享受到平等的优质教育，他们的核心素养和知识技能才能有效提升，从而真正实现“输血式”扶贫到“造血式”扶贫的转变。

为有效推进教育扶贫，2015年11月通过的《关于打赢脱贫攻坚战的决定》明确把“发展教育脱贫一批”列入“五个一批”脱贫举措，赋予重要使命。在此基础上，2016年年末，教育部、国家发展改革委等六部门联合印发了我国首个教育脱贫的五年规划——《教育脱贫攻坚“十三五”规划》，也成为“十三五”时期教育脱贫工作的行动纲领。该文件目标直指2020年，要求贫困地区教育总体发展水平显著提升，实现建档立卡等贫困人口教育基本公共服务全覆盖，保障各教育阶段从入学到毕业的全程全部资助，保障贫困家庭孩子都可以上学，不让一个学生因家庭困难而失学。2018年8月19日，中共中央、国务院出台了《关于打赢脱贫攻坚战三年行动的指导意见》，明确提出要“以保障义务教育为核心，全面落实教育扶贫政策，进一步降低贫困地区特别是深度贫困地区、民族地区义务教育辍学率，稳步提升贫困地区义务教育质量，阻断贫困代际传递”。2021年6月1日施行的《中华人民共和国乡村振兴促进法》更是强调：“各级人民政府应当加强农村教育工作统筹，持续改善农村学校办学条件，支持开展网络远程教育，提高农村基础教育质量，加大乡村教师培养力度，保障和改善乡村教师待遇，提高乡村教师学历水平、整体素质和乡村教育现代化水平。”由此，教育扶贫的政策依据逐步确立。

作为贫困地区脱贫的基础性、根本性举措，教育扶贫是通过弥补贫困地区教育短板以提高贫困人口基本文化素质，发展职业教育以提高贫困家庭脱贫致富内生能力，统筹各类教育均衡发展，阻断贫困代际传递，并最终实现贫困地区稳定而长久发展的一种方式。可以说，教育扶贫是阻断贫困代际传递的根本之策，是增强脱贫质量的有效路径，是培育贫困人口内生动力的重要内容，是巩固脱贫攻坚成果与实施全面乡村振兴的重要保障。在巩固拓展脱贫攻坚成果同乡村振兴有效衔接的新时期，将教育扶贫作为促进衔接的重要着力点、作为防止脱贫人口规模性返贫的根本性举措，具有重要的价值与意义。

不仅如此，教育扶贫还具有文化资本再生产的功能，与劳动力市场的关系密不可分，与收入水平是正相关关系，对于破除阶层过度分化、促进人员向上流动具有重要的促进作用。那么，教育扶贫为何会促进人们向上流动呢？一般而言，社会流动有一种显规则，即教育给人获得好职位提供必需的文化资本，有了好职位就会有高收入，高收入是保证高质量生活的重要因素，也是进入富裕阶层的经济资本。[①] 不过，早些年的中国扶贫主要秉承的是“救济式扶贫”的思路，这取得了较快的成效，但不能提升贫困群体的能力，还容易形成“等靠要”的思想。虽然后来践行了“开发式扶贫”的举措，但这种借助本土资源培植现代产业带动地方发展的思路，也滋生出资源掠夺、生态透支、文化流失等困境。2017年10月18日，习近平总书记在党的十九大报告中指出

① 钱民辉：《教育真的有助于向上社会流动吗——关于教育与社会分层的关系分析》，《社会科学战线》2004年第4期。

"中国特色社会主义进入了新时代"后，面临新时代的新要求，人们越来越认识到，扶贫应转换视角，应更多地以贫困人群为主体，激发其自主意识，提升其行动能力，拓展其发展自由，保障其公平权益，而不是救助者本位下的"给钱给物"①。而教育扶贫，秉承的就是"赋权性扶贫"思维。之所以如此认为，因为教育扶贫的落点是"人"，立足的是个体素质与能力的提升，是对"能力剥夺贫困"与"权利缺失贫困"的有效填补，能够激发贫困人群脱贫潜能和向上流动的动能。进一步思考，教育扶贫着眼的不是贫困群体的短期收入，而是他们自主择业的权利与自由发展的机会，是赋予他们共享改革发展成果、抓住改革发展机遇的能力，所以，能够促进人们向上流动。

此外，教育扶贫还能够促进贫困人口从传统性向现代性转化。具有现代性的个人常常表现为见多识广、积极参与，具有明显的个人效能感，具有独立性和自主性，乐意接受新观念和新经验；也可以表现为具有平权开放、独立自顾、乐观进取、尊重感情和两性平等等方面的意识。一句话，一个具备了现代素质或现代性的人应该具有一整套能够在现代社会中比较顺利地顺应生活的价值观、生活态度和社会行为模式，进而能从根上阻断贫困的代际传递。而教育扶贫之所以可以促进贫困群体现代性的实现，是因为教育扶贫可以实现"志智双扶"，其中"扶志"可以让贫困户树立志气、增强信心、更新观念、转变思想，"扶智"可以增加贫困户的智慧、知识与技能，二者相加，可以让贫困户以更加积极、开放、包容的心态接受新生事物，增加社会流动，摆脱土地束缚，进而获得丰富的社会阅历，降低行为保守性和心理封闭性，增强自我依赖和自我效能感，这些特征恰恰是英格尔斯笔下现代性个体的表现。

"脱贫摘帽不是终点，而是新生活、新奋斗的起点"，这是2020年3月6日习近平总书记在决战决胜脱贫攻坚座谈会上讲话所指出的。作为脱贫的重要途径，"十四五"时期的教育扶贫该如何做，尤为值得关注。事实上，2020年全面小康以后，为应对脱贫攻坚成果巩固、相对贫困问题解决、乡村振兴战略实施带来的新要求与新挑战，我国的教育

① 麦徒：《教育扶贫激发向上流动动能》，《中国教育报》2018年7月18日第2版。

扶贫战略急需调整推进路径与实践方式，重点对教育脱贫攻坚先进经验、教育解决相对贫困问题长效机制、教育服务乡村振兴战略的使命任务和重点举措进行谋划。①

具体来说，“十四五”时期，面临如下问题，我国的教育扶贫仍需狠下功夫、久久为功，这些问题包括：一是扶贫行为短期松散，缺乏后劲。由于具有过程长期性、价值隐藏性和效果迟缓性等特点，教育扶贫很难在短时间内看到成效，导致在实际推进扶贫的过程中，往往将区域经济发展等“政绩形式”的扶贫作为扶贫工作的重心和焦点，只将教育扶贫看作“任务”进行落实，这将直接导致学校之间的对口交流与合作流于形式，相当程度上忽视教育的长远价值，从而把教育扶贫演变成短期化的工作任务。二是帮扶对象缺乏主动，被动接受。按道理，受扶学校应有主动性和选择性，扶贫内容应以受扶学校的内在需求为基础，而不是基于政府的长官意志或帮扶者的意愿来进行，特别是不能在受扶不愿意的情况下强加施与。可事实是，部分帮扶以行政命令为主，在没充分考虑学校需求的情况下单方面决定帮扶的内容和形式，帮扶对象只能被动接受。三是帮扶关系缺乏平等，单向传递。“帮扶”是强者对弱者的帮助与扶持，彼此的地位肯定不对等，在扶贫中，这种不对等会成为一种“单向度”的、“自上而下”的行为，帮扶学校往往不会主动了解受扶对象的需求，不注意调动受扶学校和教师的积极性，忽视受扶学校和教师的期待，这必将带来事实上的不平等。四是帮扶内容注重形式，忽视内涵。当前的教育扶贫缺乏整体的文化设计和纵深规划，没有进行深入的价值思考与思想提炼，无法形成学校发展的核心价值，帮扶的形式、内容、举措随意性强，缺乏稳定性，使教育精准扶贫很难扎根下去，失去了应有的实效性。

为解决上述问题，总结“十三五”时期我国教育扶贫的智慧与经验，展望“十四五”阶段我国教育扶贫的路径与未来，本书拟运用教育公平、认知科学理论，利用大数据工具，围绕新时代要求、东西部协作背景、脱贫攻坚同乡村振兴衔接需求，就教育扶贫的理论基础、实践探索、技术工具、典型案例与过程优化进行系统分析。本书的特色在

① 薛二勇：《教育脱贫工作须应对新趋势》，《中国教育报》2020年3月25日第2版。

于：一是创新利用人类认知五层级理论构建新时代教育扶贫的理论分析框架；二是系统分析大数据技术在教育扶贫中的应用及逻辑；三是深度剖析东西部协作中的组团式教育帮扶与成效；四是全面分析教育扶贫促使人们向上流动的过程与机理。

需要说明的是，脱贫攻坚阶段结束后，我国彻底解决了绝对贫困问题，政策与实践层面较少使用“扶贫”一词，大多数时候用“帮扶”来代替“扶贫”，教育扶贫也随之更替为“教育帮扶”。由于本文主要是对脱贫攻坚阶段我国教育扶贫经验、案例的高度提炼与理论升华，以期为乡村振兴阶段的教育帮扶有所助益与启迪，因而文章里大部分篇幅，使用的是“教育扶贫”概念。不过，为了与乡村振兴时期的话语体系匹配，大小标题上使用了“教育帮扶”一词。

谢治菊

2022 年 4 月 27 日

于羊城

目　录

第二部分　面向乡村振兴的教育帮扶之东西部协作

第三部分　面向乡村振兴的教育帮扶之数据驱动

第四部分　面向乡村振兴的教育帮扶之路径优化

第一章 研究缘起与理论基础

教育扶贫理论起源于西方的反贫困理论，在研究反贫困的历史演进里，学者由研究单一的收入致贫转向多元分析，逐渐提出要从人的角度出发来消除贫困。“人们消除贫困的最终目的绝不是为了赋予权利、增加收入和提高能力，而是通过这三种举措来实现人自身的全面发展，从根上消除贫困。”① 以习近平总书记为代表的党中央、国务院深刻认识到了这一点，提出了“扶贫先扶志，治贫先治愚”的理念，注重贫困地区及人口发展的内生动力，将物质扶贫与精神扶贫相结合。确实，贫困人口集聚区长期形成的贫困文化，不仅会让贫困户形成胆怯懦弱的不良习性，还会影响其下一代的人生发展轨迹，这种贫困文化一日不除，就无法斩断精神贫困所造成的贫困代际传递。而要根除这种贫困文化，教育的作用就极为重要。让贫困地区的孩子们接受良好教育，具有“教育一人，影响一家，带动一村”的功效，是扶贫开发的重要任务，也是阻断贫困代际传递的重要途径。当然，教育扶贫有覆盖广、效果深、周期长、见效慢、投入大等特点，其中最明显的是可以从五个层级来阻断贫困的代际传递，即教育可通过提升贫困学生的神经认知水平、心理认知水平、语言认知水平、思维认知水平和文化认知水平来阻断贫困的代际传递。②

---

① 谢治菊：《论贫困治理中人的发展——基于人类认知五层级的分析》，《中国行政管理》2018 年第 10 期。

② 谢治菊：《教育五层级阻断贫困代际传递：理论建构、中国实践与政策设计》，《湖南师范大学教育科学学报》2020 年第 1 期。

一　研究缘起及价值

教育可以提高劳动者的素质，提高劳动生产率，为区域经济社会发展提供人才和智力支撑，是实现经济增长的内在因素；教育可以切断贫困的恶性循环链，为农村贫困地区培养新农民，为学习型社会培养新市民，是社会阶层实现向上流动的阶梯；教育能够增加收入，能够促进贫困人口的流动和迁徙，给贫困人口创造更多的机会；教育不仅是那些生来就是贫困者摆脱贫困的关键途径，也是那些由于疾病、自然灾害、家庭变故以及企业亏损、倒闭等原因，可能陷入贫困的个人或家庭避免贫困的关键途径；教育还是改善人们生活方式、保障健康、促进就业创业、增加收入、增强幸福感的主要通道。例如，List 指出，“培育和提升教育、科学、艺术的精神劳动是具有实际价值的”①。Marshall 认为教育投资回报巨大，“最有价值的投资，就对人的教育投资”②。他也指出“教育是国家的投资” 这一观点 Becker 通过实证分析得出，人力资本—教育、各式培训及健康，构成了美国及其他发达国家 80% 的财富。③ Otsuka et al. 通过对菲律宾、泰国、孟加拉国和印度的实证分析得出结论，由于农业劳动技能相对简单，机械替代性强，收入较低，因此依赖于农业劳动市场对减贫的作用不明显，非农业劳动市场的收入对减贫具有决定性意义，而通过教育渠道对非农收入的获得具有决定性作用。④ 简言之，教育不仅是促进经济增长、社会繁荣的核心因素，也是防止冲突、治愈伤害、减少腐败、预防犯罪，确保政治稳定、社会和谐的重要基础。因此，教育被认为是最有效、最直接的精准扶贫。

正是认识到教育在脱贫中的基础性、先导性和关键性作用，早在

① List F.，The National System of Political Economy. Indiana：Liberty Fund，Inc.，2013.

② Marshall A.，“The Principles of Economics” *Political Science Quarterly*，Vol. 77，No. 2，2004.

③ Becker C.，“Human Capital and Poverty Alleviation” World Bank，*Human Resources Development and Operations Policy*，1995.

④ Otsuka K，Estudillo J P，Yamano T.，“The role of labor markets and human capital in poverty reduction：evidence from Asia and Africa ” *Asian Journal of Agriculture and Development*，Vol. 7，No. 1，2010.

2013 年，国务院就下发了专项通知，正式启动教育扶贫工程；2015 年，习近平总书记在全面深化改革领导小组会议上明确指出，要大力发展乡村教育，有效阻止贫困在代与代之间的传递，定向施策，精准发力；同年审议通过的《关于打赢脱贫攻坚战的决定》，更是明确将“发展教育”作为“五个一批”脱贫的重要举措，坚决阻止贫困现象代际传递；2021 年中央农村工作会“一号文件”则再次强调，虽然“十四五”期间是举全党全社会之力助推乡村振兴，但对摆脱贫困的县从脱贫之日起设立 5 年过渡期，过渡期内要保持主要帮扶政策总体稳定，教育扶贫力度仍将加大。在此背景下，2013 年出台的《关于实施教育扶贫工程的意见》、2016 年出台的《教育脱贫攻坚“十三五”规划》和 2018 年出台的《深度贫困地区教育脱贫攻坚实施方案（2018—2020 年）》，成为教育扶贫领域最重要的三大纲领性文件。[①] 这说明党中央、国务院高度重视教育扶贫工作，有针对贫困户就业能力和自我发展能力专项培训的扶贫举措，有在义务教育阶段改善学生营养、学校硬件设施、提升教师能力的专项举措，也有关于精准招生、精准资助和精准就业的职业教育举措。[②]

相对于产业扶贫、就业扶贫和易地扶贫搬迁，教育扶贫直指造成贫穷落后的根源，在推动全国教育优质均衡发展、缩小东西部发展差距、加强民族团结、维护社会和平稳定等方面具有独特功能和优势[③]。让贫困地区的孩子接受有质量且公平的教育，是教育扶贫的使命和任务，是阻断贫困代际传递的根本与关键，是促进脱贫攻坚与乡村振兴有效衔接、推进乡村全面振兴、实现农业农村现代化的核心与保障。

二　核心概念辨析及界定

关于教育扶贫的概念与内涵，有两种不同的理解。一种认为，教育

① 张俊、赵丽汝：《精准扶贫下的农民工继续教育机制创新》，《中国成人教育》2018 年第 7 期。

② 代蕊华、于璇：《教育精准扶贫：困境与治理路径》，《教育发展研究》2017 年第 7 期。

③ 郑刚：《建立教育对口支援长效机制的政策分析》，《中国教育学刊》2012 年第 7 期。

扶贫是“扶教育之贫”，即将教育当成扶贫的关键领域之一，扶贫的任务和目标是实现教育领域的脱贫、促进教育的均衡发展。例如，高莉娟、王斌认为，教育扶贫是精准扶贫的下位概念，重点是对教育扶贫对象——学校、教师和学生的精准识别和精准帮扶①；肖庆华、毛静认为，教育扶贫的主要对象是在校的各级各类贫困学生，教育扶贫就是要给予他们学习和生活上的帮助。② 实践中，政府从 20 世纪 80 年代就将教育作为扶贫开发的重要领域，尤其是将对贫困地区普及九年义务教育作为教育扶贫的重要手段。教育扶贫另一层面的意义是“依靠教育扶贫”，即将教育作为扶贫开发的手段与工具，通过发展教育来带动贫困地区的发展、克服贫困的代际传递。一般而言，贫困可划分为收入贫困、能力贫困、权利贫困和心理贫困四类。③ 其中，收入贫困是经济学领域的贫困，权利贫困是政治学与社会学领域的贫困，心理贫困是心理学与认知科学领域的贫困，但无论是收入贫困、心理贫困还是权利贫困，均和个人能力低下有关，教育则是能力低下的关键致因。④ 这一点，经典理论均有所涉及。以贫困文化理论著称的刘易斯，认为贫困是贫困群体在成长环境中长期形成的脱离社会主流文化的结果，教育的落后是贫困群体脱离主流文化的主因⑤；以人力资本理论著称的舒尔茨，认为贫困产生于人力资本的匮乏，教育则是改善人力资本匮乏的关键⑥；以能力贫困理论著称的阿玛蒂亚·森认为贫困不是收入低下，而是可行能力不足，教育是导致可行能力不足的主因。⑦ 这说明，教育有反贫困的功能，即通过发展教育来提高贫困地区人口素质，可以消除贫

① 高莉娟、王斌：《贫困地区精准教育扶贫的实现机制探究》，《发展研究》2017 年第 11 期。

② 肖庆华、毛静：《贵州省集中连片特困地区教育扶贫的现状、问题及路径》，《经济与社会发展》2014 年第 3 期。

③ 张克中：《贫困理论研究综述》，《减贫与发展研究》2014 年第 4 期。

④ 李兴洲：《公平正义：教育扶贫的价值追求》，《教育研究》2017 年第 3 期。

⑤ 顾明远：《教育大辞典》，《上海教育出版社》1998 年第 12 期。

⑥ 刘维忠：《新阶段新疆农村扶贫开发模式与对策研究》，《新疆农业大学》2010 年第 10 期。

⑦ ［美］阿玛蒂亚·森：《以自由看待发展》，任赜、于真译，中国人民大学出版社 2002 年版，第 101 页。

困。[①] 因此，教育在扶贫中兼具目标与手段、任务与工具的双重属性，彼此之间密不可分，一方面，教育领域的扶贫开发隐含着对教育扶贫功能的预设与期待；另一方面，开发教育的扶贫功能可以促进教育事业的发展。故此，政策层面侧重的“扶教育之贫”追求的是公平正义的价值观，实践层面的“依靠教育扶贫”强调的是扶贫的效率，主要聚焦于职业教育领域并偏好于人力资本理论，二者是相辅相成的。[②] 为此，习近平总书记曾指出，建设教育强国是中华民族伟大复兴的基础工程，必须把教育事业放在优先位置，加快教育现代化，办好人民满意的教育。[③] 党的十九大报告再次将农村的义务教育提到了一个新的高度，提出公平而有质量的教育是每个孩子都应该享受的。扶贫先扶智，治贫必治愚，教育扶贫是能让贫困地区的孩子改变命运、造福家庭的精准扶贫举措，是解决家庭精神贫困的重要手段，把教育扶贫纳入精准扶贫战略中的首要选项，既有模式创新更有理论创新，为家庭彻底脱贫带来巨大的希望。难怪在国务院正式下发的《“十三五”脱贫攻坚规划》中将“教育扶贫”作为与“保障兜底、社会扶贫”并驾齐驱的扶贫方式，共同构成精准扶贫的主要内容。

本书所探讨的教育扶贫，主要是第一种理解，即“扶教育之贫”，其理论逻辑在于通过提升贫困地区的办学条件促进教师的专业发展，通过教师的专业发展改变贫困地区的教育理念，进而提升贫困地区学生的核心素养，阻断贫困的代际传递。[④] 此意境下的教育扶贫有三个核心内涵：一是通过精准的物质帮扶改善贫困地区的办学条件；二是通过精准的激励、培训机制提升教师的教学能力，促进教师的专业发展；三是通过精确的帮扶手段提高学生的学习效果，促进学生的全面发展。调查发现，虽然硬件建设、经费资助、师资培训、招生政策倾斜是目前我国“扶教育之贫”的重要举措，但随着国家经济水平的提升和教育扶贫投

① 林乘东：《教育扶贫论》，《民族研究》1997 年第 3 期。

② 刘军豪、许锋华：《教育扶贫：从“扶教育之贫”到“依靠教育扶贫”》，《中国人民大学教育学刊》2016 年第 2 期。

③ 陈恩伦、郭璨：《以教师精准培训推动教育精准扶贫》，《中国教育学刊》2018 年第 4 期。

④ 陈恩伦、郭璨：《以教师精准培训推动教育精准扶贫》，《中国教育学刊》2018 年第 4 期。

入的增加，大部分地区的办学条件已有所改善，师资和学生反而成为明显的短板。虽然国家在师资培训方面已出台了一系列新政，如2010年的《中小学教师国家级培训计划》、2015年的《乡村教师支持计划（2015—2020年）》等，但教师培训的科学性、针对性、目标性不强，培训效果不理想，不利于教师的专业发展。[①] 至于对学生的帮扶，目前的举措也是以赠送营养餐、学习用品等外在的手段为主，鲜有通过精确手段提升学生学习效果的精准帮扶举措，更谈不上学生综合能力的发展。

三　国内外研究综述

随着2021年2月25日习近平总书记在全国脱贫攻坚总结表彰大会上的宣布，困扰中华民族几千年的绝对贫困问题历史性画上了句号，所有的贫困村全部出列、贫困县全部摘帽，区域性、整体性贫困得以彻底解决。随着农村绝对贫困的消灭，农村的相对贫困问题、脱贫攻坚成果巩固问题、乡村全面振兴问题甚至农业农村现代化问题，渐渐浮出水面，并在2020年12月出台的《关于实现巩固拓展脱贫攻坚成果同乡村振兴有效衔接的意见》和2021年中央一号文件《国务院关于全面推进乡村振兴加快农业农村现代化的意见》中明确下来。脱贫攻坚战全面胜利以后，全国面临的首要任务就是防止返贫，尤其是大规模返贫，并做好低收入人群与欠发达地区的动态监测与常态帮扶，这其中，教育扶贫的作用不可小觑。下面，将对国内外的研究展开述评。

1. 关于教育与贫困的关系研究

众所周知，西方国家对于贫困问题的研究早于中国，相关概念也有很多学者对其进行了解读。自从英国的学者 Booth 从社会保障的角度出发对贫困问题进行研究开始[②]，迄今已有110多年的历史了。在此期间，众多的专家学者基于不同的角度以及研究需要对“贫困”进行了

① 俞建芬：《精准扶贫视域下乡村教师培训的困境与出路》，《教育科学论坛》2018年第5期。

② Booth, Charles, *Labor and life of the people*: *East London*: *The Trades of East London Connected with Poverty*, London: Macmillan, 1970, p. 102.

不同的界定，例如印度的著名学者阿玛蒂亚·森认为能力的缺乏是导致其贫困的原因，他把“可行能力”视为贫困人口能否发展内生动力的前提条件，他在《贫困与饥荒——论权力与剥夺》一书中对印度、孟加拉国等多个地区的贫困现象进行分析，证明了饥荒与贫困不完全是由于食品短缺造成的，更主要的原因是权利和能力的被剥夺。[①] 美国著名学者、人类学家刘易斯也曾提出过贫困文化理论，他从社会文化的角度解释了何为贫困，他认为一些地区落后的主要原因就在于文化的影响，他认为贫困的群体会对其所在的地方环境产生适应，并且逐渐地形成了一种当地的传统文化，这就会使贫困地区的原住民产生一种听天由命的想法，长期以来也就造成了安于现状的落后状态。[②] 瑞典著名研究员冈纳从贫困影响因素的角度分析了东南亚国家的贫困问题。他认为，贫困的根源是制度的古板以及态度的落后，而制度的衰落加剧产生了态度的落后，态度的落后更是使得制度更加古板，所以，使东南亚国家的贫困问题不断地累积，迟迟不能得到解决。与此同时，他认为需要通过发展教育培训来改变当地的制度，从而达到改变东南亚国家的贫困现状的目的。[③] 美国学者罗尔斯认为，公平正义是社会制度的首要价值，只有社会的和经济的不平等安排适合于最少受惠者的最大期望利益时，这个社会才是公平和正义的。[④] 按照罗尔斯的逻辑，每一次改革措施能否出台，判断标准应以弱势群体利益是否受损为最低标准。其实，站在人文关怀的角度，国家政策如果能常常照顾极贫人口的权利需要，这些看似不符合经济理性计算的付出，却体现了高度的人文关怀精神与平等精神，是衡量社会文明发展程度的重要标尺。正如罗伯特·达尔所言，从道义上讲，人类从根本上是平等的，每个人的要求和利益都应该被平等地思考，每个人都有平等参与决策的权利，决策的结果也会对每个人都

① ［英］阿玛蒂亚·森：《贫困与饥荒——论权力与剥夺》，王宇、王文玉译，商务印书馆 2001 年版，第 188—190 页。

② ［美］奥斯卡·刘易斯：《桑切斯的孩子们》，李雪顺译，上海译文出版社 2014 年版，导言第 14—17 页。

③ ［瑞典］缪尔达尔·冈纳：《亚洲的戏剧：南亚国家贫困问题的研究》，方福前译，商务印书馆 2015 年版，序言第 10 页及第 330 页。

④ ［美］约翰·罗尔斯：《正义论》（修订版），何怀宏、何包钢、廖申白译，中国社会科学出版社 2009 年版，第 65 页。

产生影响。[①]

作为干预式扶贫方法之一，教育在扶贫工作中具有十分重要的地位，然而对于教育与贫困之间的关系，学者的看法却存在分歧，比较常见的是以下两种：一是教育致贫论。认为贫困家庭对于教育的投资，加剧了家庭和社区的贫困程度，并且针对教育的投资具有不可预测性，未来收益不可知。例如，杜育红、杨小敏指出，教育成本分担体制存在不合理性，当教育支出与家庭承担能力不匹配时，“教育致贫”便会发生。[②] 刘军豪、许锋华认为，教育与贫困之间具有密切联系，贫乏的教育导致贫困的发生，贫困的现象进一步减少针对教育的投入，从而形成恶性循环。必须发挥教育的脱贫手段，形成良性互动，从而从根本上解决贫困问题。[③] 日本学者金子元久认为，政府对于教育的投资与其他领域的投资应该是占固定比例的，要充分考虑社会与经济协调发展的问题，因此对于劳动力的教育投入应该是均衡其他各方面整体考量的结果。[④] 罗楚亮（2009）在针对城乡就业状况与幸福感关系的实证研究中指出，农村居民中接受过高中与初中教育的群体与接受小学及以下教育的群体相比拥有更强的主观幸福感，从而得到“农村居民对教育的偏好超出单纯的获取收入动机”的结论。[⑤] 二是教育脱贫论。认为教育可以改善人力资本结构，给接受教育的个体与家庭带来收入的提升，从而改善生活环境，最终摆脱贫困。第一种思路是将教育单纯作为消费品看待，更多地关注教育可能为家庭一时带来的负担与开销，以及难以保证的未来预期；第二种思路认为通过教育对贫困个体的改变大于前期支出。两种思路各有支撑，张宏军认为，就业市场对劳动力的需求与劳动力供给不匹配，造成部分通用型劳动者供给过剩，这也是“教育致贫”现象产生的原因，部分贫困人口由于外部条件限制，掌握就业相关信息

---

① ［美］罗伯特·A. 达尔：《论政治平等》，谢岳译，上海世纪出版社 2010 年版，第 6 页。

② 杜育红、杨小敏：《乡村振兴：作为战略支撑的乡村教育及其发展路径》，《华南师范大学学报》（社会科学版）2018 年第 2 期。

③ 刘军豪、许锋华：《教育扶贫：从“扶教育之贫”到“依靠教育扶贫”》，《中国人民大学教育学刊》2016 年第 2 期。

④ ［日］金子元久：《探究日本高等教育大众化》，《管理科学文摘》2007 年第 5 期。

⑤ 罗楚亮：《绝对收入、相对收入与主观幸福感——来自中国城乡住户调查数据的经验分析》，《财经研究》2009 年第 11 期。

有限，且毕业生就业收入与家庭投入并非显著正相关。[①]

在“教育脱贫论”中，又细分出两类主要观点：一类认为教育是万能的，可以无条件改善贫困人口的生活，是唯一可以斩断贫困代际遗传链条的方法；另一类则认为教育本身是中立的，只有教育质量得到保证，且教育结果得到了权力部门及公众的认可，教育才能成为脱贫的有效手段。综合各方观点，教育对于彻底改变贫困人口的思想观念、谋生手段及他们的未来发展意义重大，但通过教育手段达到的扶贫效果也与诸多因素紧密相关，例如教育内容和教育途径的选择、教育受众的甄别等，都有着不可割裂的联系，并直接影响教育结果。王春超、叶琴研究发现农民工的多维贫困状况比全国水平和城市劳动者更为严重，其中收入与教育维度的贫困对多维贫困的贡献率较高，且教育贫困的贡献率上升。作者的研究还发现，由于城市劳动者的教育回报率高于农民工，且差距进一步拉大，可能导致农民工选择减少教育投入，从而陷入教育贫困的恶性循环。[②] 高艳云、马瑜选用了包含教育、健康、生活水准三个方面的 9 个指标分析了家庭的多维贫困问题，然而根据家庭贫困状态的动态发展分为慢性贫困、暂时性贫困和从不贫困三类进行回归，结果发现家庭人员教育水平、就业职业状况、收入、家庭人口医疗负担是影响家庭贫困状态的重要因素。[③] 曾天山等指出人口素质造成的贫困是仅次于疾病致贫数量的第二大因素，人口素质在脱贫工作中成为最大障碍，尽管自然资源、国家政策扶持都为脱贫创造了有利条件，但在这些地区缺乏具有知识、技能、眼界的劳动者却阻碍了脱贫进程。[④]

2. 关于教育扶贫概念的研究

习近平总书记在《摆脱贫困》一书中提到，越是贫困的地方就越是要兴办教育，否则就会更加贫困。[⑤] 由此可见教育对于摆脱贫困的重

① 张宏军：《弱势群体“教育致贫”及其规制》，《长白学刊》2010 年第 2 期。

② 王春超、叶琴：《中国农民工多维贫困的演进——基于收入与教育维度的考察》，《经济研究》2014 年第 12 期。

③ 高艳云、马瑜：《多维框架下中国家庭贫困的动态识别》，《统计研究》2013 年第 12 期。

④ 曾天山、吴景松、崔吉芳：《滇西智力扶贫开发精准有效策略研究》，《西北师大学报》（社会科学版）2018 年第 3 期。

⑤ 习近平：《摆脱贫困》，福建人民出版社 2014 年版，第 173 页。

要意义。教育扶贫最早是由学者吴春选所提出，他认为教育扶贫是阻断贫困代际的根本途径。[①] 之后，我国学者林成东从教育的扶贫功能出发，介绍了教育扶贫的概念，提出了教育扶贫论。他认为减少相关贫困，促进教育扶贫必须具备的四个条件，即提高贫困群体的整体素质、确保经济分配体系的均衡、提升劳动者的素质以及提供更多的就业机会，自此，我国对教育扶贫的研究有了新的开端。[②] 从此开始，我国越来越多的学者开始对教育扶贫进行研究。例如学者谢君君认为教育扶贫是提升贫困地区贫困人口的整体素质，使人全面发展，从而最终能够彻底战胜贫困的方法。[③] 学者和晓花也认为应该重视贫困地区的教育，提升人口素质才能做到摆脱贫困。[④] 张锦华认为，越是贫困的家庭反而越不愿意自己的孩子接受教育，这是贫困传递的原因之一。[⑤] 蒋选、韩林芝运用了灰色理论方法，证明了贫困被教育消除的影响是显著的。[⑥] 学者柳劲松、钟小斌归纳出目前我国已经有了一些较为成熟的教育扶贫模式，例如“对口支援模式、纵向协同模式、横向府际协作模式、校地协作模式”等教育扶贫模式。[⑦] 学者姚培娟她从教育贫困的定义出发，通过对教育与贫困之间的关系进行分析，从而提出了教育扶贫从实质上来说是一种“造血式”的扶贫。[⑧] 此外，刘军豪、许锋华两位学者就教育和改善贫困之间的关系出发进行研究，他们认为教育不仅被视为一个目标，而且是改善贫困的一种手段。因此，改善目前的教育现状是脱贫攻坚中的重要目标，同时也能促进教育良好发展。[⑨] 学者代蕊华、于璇认为建立一个精准的教育扶贫治理机制，构建一个多元参与的教育扶贫

① 吴春选：《谈智力扶贫》，《群言》1987 年第 9 期。

② 林乘东：《教育扶贫论》，《民族研究》1997 年第 3 期。

③ 谢君君：《教育扶贫研究述评》，《复旦教育论坛》2012 年第 3 期

④ 和晓花：《试论教育的扶贫功能》，《中国民族教育》1998 年第 2 期。

⑤ 张锦华：《教育溢出、教育贫困与教育补偿——外部性视角下弱势家庭和弱势地区的教育补偿机制研究》，《教育研究》2008 年第 7 期。

⑥ 蒋选、韩林芝：《教育与消除贫困：研究动态与中国农村的实证研究》，《中央财经大学学报》2009 年第 3 期。

⑦ 柳劲松、钟小斌：《武陵山片区教育科技扶贫的协同机制创新研究》，《民族论坛》2013 年第 2 期。

⑧ 姚培娟：《教育贫困与教育扶贫》，《山东省农业管理干部学院学报》2012 年第 4 期。

⑨ 刘军豪、许锋华：《教育扶贫：从“扶教育之贫”到“依靠教育扶贫”》，《中国人民大学教育学刊》2016 年第 2 期。

格局才能够走出目前教育扶贫当中的困境。[①] 征玉韦认为开发教育扶贫的功能是重要的表现之一，他认为教育扶贫的功能都不尽相同，许多的教育扶贫层次以及类型都不一样，基于此基础上他认为教育扶贫应当要层次更多，对象更广泛，从内容上对教育扶贫的含义进行了丰富。[②] 杨海平认为教育水平的落后、人才资源的缺乏是造成贫困的原因，因此他认为教育扶贫能够帮助贫困地区脱离贫困。所以他明确地指出了教育扶贫的重要性，并丰富了教育扶贫的意义。[③] 范小梅认为教育扶贫是一个动态的过程，他是以贫困人口和现象为对象，以教育为手段，以提升贫困人口的文化素质及技能为目标，最终使得贫困人口能够彻底摆脱贫困。[④]

3. 关于教育扶贫功能的研究

目前，教育扶贫的功能在国内学术界被广泛认同，针对贫困地区教育扶贫问题和现象的实证研究模式逐渐增多，且研究视野和研究方法呈现多样化态势。[⑤] 马克思阐明了劳动者是生产力中最活跃的因素，劳动者从事生产要掌握一定的知识和技能，需要有一定的教育和培训，马克思特别强调"教育会生产劳动能力"[⑥]。这说明，教育有反贫困的功能，即通过发展教育来提高贫困地区人口素质，提升个人发展经济的能力。已有研究对我国教育扶贫经验进行了系统的研究[⑦]，2015 年，世界银行所出具的报告中曾指出，让贫困人口脱离贫困的重点应该放在发展教育、医疗以及提供一个良好的发展环境等方面，所以教育对于摆脱贫困的重要性不言而喻。而教育扶贫最早被提出是西方的反贫困理论，众多学者在反复的研究中发现了教育对于改善贫困的生活现状以及增加贫困人口的经济收入等具有较强的促进作用，因此学者们开始就教育对于反

---

① 代蕊华、于璇：《教育精准扶贫：困境与治理路径》，《教育发展研究》2017 年第 7 期。

② 征玉韦：《职业教育扶贫开发功能之比较研究》，《职业教育》2014 年第 4 期。

③ 杨海平：《集中连片特困地区教育精准扶贫模式探究》，《中国市场》2017 年第 1 期。

④ 范小梅：《"教育扶贫"概念考辨》，《教育探索》2019 年第 4 期。

⑤ 谢君君：《教育扶贫研究述评》，《复旦教育论坛》第 3 期。

⑥ 《马克思恩格斯全集》（中文 1 版）第 26 卷，人民出版社 1972 年版，第 200 页。

⑦ 魏有兴：《中国教育扶贫 70 年：历程、经验和走向》，《深圳大学学报》（人文社会科学版）2019 年第 5 期。

贫困而言具有哪些作用进行了研究。从教育对家庭经济收入的作用看。1979年，著名经济学家舒尔茨提出了人力资本理论，他认为人是决定经济发展的关键因素，他认为贫穷地区的落后主要是由于缺乏人力资源[①]。因此，必须增加对贫困地区教育的投资，并以此来促进人力资本的形成。他从人力资本的角度来思考，认为教育对于贫困地区人力资本的形成和增加经济收入以及优化社会结构的方面发挥着十分重要的作用。[②] 学者纳克斯通过了解需求与供给的相互作用关系分析了大多数发展中的国家贫困的原因，他认为发展中国家贫困的原因并不是因为资源的匮乏，而是经济发展模式的恶性的循环，这样的恶性循环就限制了这些国家中人均的收入水平，而人均收入水平就一定会限制人均消费水平，这就是导致发展中国家贫困的循环，同时他也强调了教育对于破解这样的不良循环而起到了积极作用。[③] 学者纳尔逊分析了人口增长速度和人均资本关系中发展中国家人均收入长期保持低水平均衡的原因。他主张，人口增长超过人均资本增长速度是维持人均收入较低的水平和比较稳定、均衡的“贫困陷阱”[④]。从教育对社会地位的作用角度看。皮埃尔·布尔迪厄将资本大致的总结为三种类型：经济资本、社会资本以及文化资本。他认为人的社会资本识别的主要因素是人的社会地位与其可以享受的资源。文化资本的主要源头是直接获取和传承两种方式，而这些大多都是通过知识和文化的“重现”而获得的，所以学校就是其实现的主要场所。[⑤] Margo 通过对美国20世纪90年代的入学率的研究发现，在家长的受教育程度及社会地位较低的家庭成长的孩子，他们的

---

① ［美］西奥多·W. 舒尔茨：《经济增长与农业》，郭熙保、周开年译，北京经济学院出版社1991年版，第92页。

② ［美］西奥多·W. 舒尔茨：《论人力资本投资》，吴珠华译，北京经济学院出版社1990年版，第78页。

③ ［美］罗格纳·纳克斯：《不发达国家的资本形成问题》，谨斋译，商务印书馆1966年版，第23页。

④ ［美］Riehard R. Nelson：《欠发达经济中的低水平均衡陷阱理论》，李德娟译，《美国经济评论》1957年第46卷第5号。

⑤ 朱伟珏：《“资本”的一种非经济学解读——布迪厄“文化资本”概念》，《社会科学》2005年第6期。

入学率都低于在有较高社会地位家长身边成长的孩子。[①] 这就说明了教育对于孩子以后的社会地位的建立是有积极作用的。

4. 关于教育扶贫协作的研究

提到教育扶贫协作就不得不提到东西部协作，其关键就在于提升西部地区和贫困人口的自我发展能力，形成稳定脱贫和持续发展的有效机制，而稳定脱贫和持续发展有效机制建立的关键在于教育帮扶，以及通过此方法来阻断贫困代际的传递。单看协作一词主要解释为“协调”与“配合”，也可以作协同之意。德国著名学者哈肯由此还创立了协同理论，他认为协同学是研究如何实现系统论从混沌到有序、从有序再转化到新秩序的理论。[②] 基于此，国内的许多学者也对协作在教育中所发挥的作用做了许多的研究。宋曙光、李瑞湘认为贫困地区开展教育协作能够有效地培养一批优秀的本土人才，对实现教育公平、巩固扶贫成果以及民族和平发展有积极的促进作用。[③] 崔月芝、陶芙蓉、李艳他们认为营造一个多元协作的教育环境是有利于学生在学习中发挥其主体的价值，并能够以此来推动教育协作的发展的。[④] 姚国明认为通过教育扶贫协作能够缩小贫富差距以及贫困地区和贫困人员的发展，同时通过协作充分发挥出教育人才的专业技能，巩固好贫困地区的脱贫成果。[⑤] 王国敏、何莉琼认为在2020年后中国的扶贫将迈入新的阶段，所以应当通过政府、市场、社会与自身的体系，实现协作式的治理模式。[⑥] 李尧磊、韩承鹏在职业教育方面研究得出，通过引入发达地区的优质职业教育资源能够使落后地区的教育落后现状得到有效的改善，最终得到一个

---

① Margo R. A., *Race and Schooling in the South*, 1880 - 1950: *An Economic History*, Chicago, The University of Chicago Press, 1990, p. 219.

② ［德］赫尔曼·哈肯:《信息与自组织：复杂系统的宏观方法》，郭治安译，四川教育出版社1988年版，译者序，第7—8页。

③ 宋曙光、李瑞湘:《民族和平发展视域下武陵山片区教育协作模式与实现机制探讨》，《现代商贸工业》2020年第26期。

④ 崔月芝、陶芙蓉、李艳:《高校创新创业教育多元协作的价值取向与策略选择》，《当代教育科学》2020年第6期。

⑤ 姚国明:《教育扶贫中专业技术人才的角色定位—以绍兴越城区、乐山MB县对口协作为例》，《四川教育》2019年第21期。

⑥ 王国敏、何莉琼:《我国相对贫困的识别标准与协同治理》，新疆师范大学学报（哲学社会科学版）2021年第3期。

多元参与并且相互协同的扶贫局面。[①] 丁文剑、王建新、何淑贞则认为协同治理下的职业教育构建了多元化的教育联盟，明确了权责的分工、优化了教育的权责配置，为教育协同治理提供了有效的理论依据。[②]

5. 关于教育扶贫方式的研究

在教育扶贫的方式上，参与式扶贫开发是最优的一种模式。[③] 例如，吴睿、王德祥等实证研究发现，初中及其以上文化水平的农村劳动力可促进农村扶贫效率提高[④]；朱德全、徐小容认为西部贫困地区农村“双证式”教育扶贫模式的教育效益、经济效益和社会效益显著[⑤]；宋清华等认为免费的“订单式”职业教育的“9＋2”教育扶贫模式具有切实可行性[⑥]；谢君君针对海南少数西部地区教育移民的实施背景、教育移民的方式和影响，结合海南扶贫开发的现状和存在的问题进行阐述[⑦]；肖庆华、毛静的研究发现，省集中连片特困地区的教育扶贫现状不容乐观，存在着贫困生在校生活费用较紧张、贫困生资助名额缺口较大、贫困生资助项目类别较少和贫困生资助标准额度较低等问题。[⑧]

家庭因素是对子女受教育水平造成显著影响的又一要素。Bukodi 和 Goldthorpe 认为，尽管父母的社会阶层和地位对子女所受教育水平具有影响，但起决定作用的仍是父母的受教育水平，在一定程度上会决定

① 李尧磊、韩承鹏：《东西部职业教育协作参与滇西扶贫的模式研究》，《中国职业技术教育》2018 年第 9 期。

② 丁文剑、王建新、何淑贞：《协同理论视角下高职创新创业教育多元协作研究》，《教育与职业》2018 年第 23 期。

③ 陈美招：《试论教育扶贫的社工介入机制：一种国际民间组织的分析视角》，《华东理工大学学报》（社会科学版）2007 年第 2 期。

④ 吴睿、王德祥：《教育与农村扶贫效率关系的实证研究》，《中国人力资源开发》2010 年第 4 期。

⑤ 朱德全、徐小容：《职业教育与区域经济的联动逻辑和立体路径》，《教育研究》2014 年第 7 期。

⑥ 宋清华：《职业院校教学质量监控体系模式的探究》，《江苏教育：职业教育》2009 年第 2 期。

⑦ 谢君君：《教育扶贫研究述评》，《复旦教育论坛》2012 年第 5 期。

⑧ 肖庆华、毛静：《GZ 省集中连片特困地区教育扶贫的现状、问题及路径》，《经济与社会发展》2014 年第 3 期。

子女的受教育程度，并决定未来子女在社会上取得的成就。① 与此相比，父母的收入对子女受教育水平的影响则不显著。Checchi et al. 研究发现，家庭背景对个体日后在劳动力市场中的表现是十分重要的，对于贫困家庭子女的学业，需要具有补偿效应的教育机制。收入的代际传递性中一半因素与其 1/4 横向差异源于父母对于子女的教育投资，小学初中教育在传递性中占比最大，而大学教育对差异性影响最大。② Restuccia 和 Urrutia（2002）研究发现，对公共早期教育（小学与初中教育）资源投入对受教育者未来工资的影响要大于对大学教育投入的影响。③ Thapa（2015）通过实证分析发现，针对农村教育和公共卫生事业的基础设施建设投资，长期来看有利于缓解贫困，同时健康的身体与完善的农业技能对贫困农民脱贫能力有所提升。④

6. 关于“组团式”教育帮扶的研究

“组团式”教育帮扶在 2015 年，教育部等四部委联合印发了《“组团式”教育人才援藏工作实施方案》，自此就开创了“组团式”教育帮扶的先河。但是目前看来学者们对其研究得较少，但是也有部分学者，从教育、医疗等方面对其进行了一定的研究。学者许光曙、吴玉峰认为教育帮扶对于贫困地区的稳定脱贫、培养贫困人口的生计能力以及激发贫困人口的内生动力是具有积极作用的，同时这样形式的教育帮扶也是阻断贫困代际传递的根本之策。⑤ 彭荣宏认为在“组团式”教育援疆的工作中通过精确定位、精准帮扶、精明管理、精心带徒、精致育人五个方面达到了当地学校的在教育管理水平不断上升，教师的教学能力不断

① Goldthorpe，John H. and Erzsébet Bukodi，*Institutional change and social class inequalities in educational attainment：the British experience since* 1945. Wiesbaden：Springer Fachmedien Wiesbaden，2013.

② Mulligan，C. B.，“Parental Priorities and Economic Inequality”，*Contemporary Sociology*，Vol. 28，No. 5，1998.

③ Restuccia，Diego，Urrutia，Carlos.，“Intergenerational Persistence of Earnings：The Role of Early and College Education”，*American Economic Review*，Vol. 94，No. 5，2011.

④ Arjun Thapa，Stephen D. Jett，Eva Y. Chi.，“Curcumin Attenuates Amyloid – β Aggregate Toxicity and Modulates Amyloid – β Aggregation Pathway” *Acs Chemical Neuroscience*，Vol. 7，No. 1，2015.

⑤ 许光曙、吴玉峰：《教学“精准帮扶”呼唤“精致化”管理——以吴江区教育“组团式”帮扶 YJ 县思源实验中学为例》，《贵州教育》2020 年第 2 期。

提高，学生的学习成绩也不断提升的目标。① 余绍建、杨家孟、杨红通过调研得出“组团式”教育帮扶对于贫困地区的薄弱学科、学生的德育素质和当地教师的教研能力都有改善提升的作用，并且对于贫困地区整体的教育面貌而言也发生了明显的变化。② 学者张晓颖、傅欣、孙佳佳研究发现通过将上海素质教育的的方法同西藏地区相结合和打造线上远程教育的平台的方式，并且不断地完善顶层设计，使当地老师及学生的素质都得到较大提升。③ 杨立昌、杨跃鸣、曹薇认为“组团式”的教育帮扶是使西部民族贫困地区教育教学质量提升的重要方法，也是通过教育稳定扶贫的重要手段。④ “组团式”的帮扶最早出现在医疗领域，因此，一些学者也从医疗方面对“组团式”帮扶做出了梳理。白雪、李春漾等学者从模式上对“组团式”帮扶进行了分析，认为“组团式”帮扶的创新对于援疆工作而言具有重要的作用，并且通过多学科的共同帮助来推动当地整体医疗水平的发展。⑤ 荣英男、李娅芳、吴文铭认为通过加强人才队伍建设和提升整体的管理水平以及建立长效机制能够使“组团式”帮扶在医疗方面的成效更加明显。⑥

上述研究虽思路迥然、方法不一、论证各异，但都殊途同归，即均认为教育可以改善人力资本结构，给接受教育的个体与家庭带来收入的提升，从而改善生活环境，最终摆脱贫困。故此，与产业扶贫、移民搬迁扶贫等方式相比，教育扶贫是一种更能从根本上摆脱贫困的扶贫方式。但是，通过对比国内外相关研究可以看出，国外学者对教育扶贫的理论研究更早，国内研究相对滞后，并且，国外研究更加侧重于探讨人与贫困之间的关系，如人力资本理论中人的素质和能力决定贫困与否，

① 彭荣宏：《打造“组团式”教育援疆新模式》，《湖南教育》（A 版）2019 年第 10 期。

② 余绍建、杨家孟、杨红：《扶智真情，温暖着剑河大山深处的孩子们——东西部扶贫协作教育组团式帮扶纪实》，《贵州教育》2020 年第 1 期。

③ 张晓颖、傅欣、孙佳佳：《“组团式”教育援藏案例——日喀则市上海实验学校》，《中国教育发展与减贫研究》2019 年第 1 期。

④ 杨立昌、杨跃鸣、曹薇：《“后脱贫时代”教育对口支援机制创新研究——基于“组团式植入”帮扶案例分析》，《凯里学院学报》2020 年第 2 期。

⑤ 白雪、李春漾、蒲剑等：《四川大学华西医院“多学科组团式”医疗卫生援疆模式探索与实践》，《华西医学》2019 年第 12 期。

⑥ 荣英男、李娅芳、吴文铭：《北京协和医院“组团式”援藏工作实践与思考》，《中国医院管理》2019 年第 1 期。

或是建立社会模型，从社会和国家的层面分析整体贫困的情况。不过，这些研究还是凸显出以下五方面的不足：一是研究的深度和广度不够。现有的研究主要集中在开展教育扶贫的重要意义和实现路径的研究，虽有理论探讨、经验分析与实证调查，但探讨与分析的深度与广度远远不够，缺乏面向新时代的教育扶贫体系探讨；二是研究的针对性不强。现有研究成果尤其是国内的研究成果大都是泛泛而谈，没有专门针教育扶贫在某一省份、某一政府层级、某一领域的案例进行挖掘与开发，这使得现有研究成果的应用性大打折扣；三是教育扶贫的过程与案例研究不足。缺乏教育扶贫过程的研究成果，更缺乏将基层教育扶贫机制的应用、案例与实践研究；四是研究方法相对单一，集理论探讨与实证分析、质性描述与数理模型于一身的研究成果屈指可数；五是研究视角比较单调，鲜有结合大数据的教育扶贫研究，更没有从认知科学角度探讨教育扶贫机制的成果，研究的前沿性和时效性不够。

四　研究方法与研究特色

本研究在具体研究方法上主要采用文献研究法、实地调查法（访谈和观察）和问卷调查法等多种方法。多元化的收集资料方法既能确保资料的丰富性，又能使资料之间相互印证，确保实证资料的信度和效度。

一是文本分析法。文本分析法是指从文本的表层深入文本的深层，从而发现那些不能为普通阅读所把握的深层意义。本书拟通过文本分析主要达到三个目的：一是理清“新时代”和“教育扶贫”两个变量的学术谱系；二是对教育扶贫政策及其变迁进行文本分析；三是以深度贫困地区为代表，分析深度我国教育扶贫的现状、问题、原因和对策。

二是实证调查法。文本分析无法展现教育扶贫各主体之间的关系，也无法有效解释政党、政府、社会、市场、学校、老师等主体在扶贫中的角色。因此，本书还将采用实地调查法，通过深度访谈、参与式观察和问卷调查来收集第一手资料，其中实证调研的地点主要在中国西部地区，拟对西部地区进行分类抽样，重点抽取的是“三区三州”地区的衔接案例，然后根据实际需要选取教育扶贫主题进行实地调研，开展集体座谈、个别访谈、问卷调查与参与式观察。

三是案例分析法。新时代的教育扶贫面临一些现实困难，需要获取大量一手资料和数据来予以支撑。因此，本书拟选取不同领域、不同类型、不同层次的教育扶贫案例进行研究，这有助于归纳和总结教育扶贫的优化路径，进而提升地方政府的帮扶能力、完善帮扶体系。事实上，本书拟以贵州、云南、四川、广西等西部省份的教育扶贫案例为主，采用解剖麻雀法深度剖析新时代教育扶贫的过程与逻辑。

四是对比分析法。对比分析法是把客观事物加以比较，以达到认识事物的本质和规律并做出正确的评价。本书将在多个方面采用对比分析法：一是区域对比。通过分析不同地区教育扶贫的现状、问题和原因，总结一般性经验，以供借鉴。二是前后对比。以“大数据”概念的出现为界限，讨论省内外、国内外政府在前数据时代、大数据时代的教育扶贫现状，通过纵向比较，形成以大数据资源和技术推进教育扶贫机制构建的共识，并深刻反思前数据时代教育扶贫现状。三是国内外对比。比较分析国内外教育扶贫的异同，剖析不同国家的先进经验。

五是大数据分析法。大数据分析是指对规模巨大的数据进行分析，具有数据量大、速度快、类型多、有价值、真实性等特征。在大数据背景下，面向新时代的教育扶贫正在走向数据化与精准化，能够更加有效地识别扶贫对象、进行精准帮扶。不仅如此，在扶贫的过程中，还需要使用大数据、人工智能、区块链、物联网等新智能技术来赋能乡村教育。所以，本书拟在探讨的过程中，使用一些大数据智能技术，对教育扶贫内容进行分析。

本书可能的研究特色如下：

一是研究问题体现理论依据与现实依据的结合。教育扶贫是大扶贫战略的核心要义，是脱贫攻坚的重要手段和必要环节。为此，2013 年，教育部等多部委联合发布《关于实施教育扶贫工程的意见》，提出对《中国农村扶贫开发纲要（2011—2020 年）》确定的六盘山区等连片特困扶贫攻坚地区实施教育扶贫工程。2015 年，中共中央、国务院下发《关于打赢脱贫攻坚战的决定》，提出要着力加强教育脱贫，实施教育扶贫工程。至此，教育扶贫正式成为国家开发计划的重要内容和优先任务，但教育扶贫的理论体系与实践水平还有差距，急需开展课题研究。

二是研究方法体现多学科之间的交叉渗透。本书拟综合运用管理学、经济学、认知科学、信息与计算机科学等学科的理论知识，采用不同学科的研究成果与方法对面向新时代的教育扶贫进行综合研究，是一种多学科之间的交叉渗透。这种跨学科、多学科交叉渗透的综合研究有助于进一步丰富、发展和深化已有的研究，有助于解决已有单一学科分散研究、孤立研究的局限和不足，推进知识增长和发展。

三是分析工具体现价值理性与技术理性的融合。本书拟构建的教育扶贫机制既体现价值理性又体现工具理性。所谓价值理性指在教育扶贫机制构建的图景中，要求管理者应做好顶层设计，注重教育扶贫政策的延续性和一致性；应认识到反贫困的复杂性，注重教育扶贫的系统性；应明确教育扶贫的责任主体，引导利益相关群体的多元参与。所谓技术理性，就是直接利用大数据方法，构建教育扶贫大数据平台，实现教育扶贫管理精细化、服务精准化、监管智能化和评价科学化。

四是研究视角体现理论创新和实践创新的结合。从理论创新维度，本书理论研究拟需突破两个方面：一是研究教育扶贫精准识别机制、精确帮扶机制、动态监管机制、多元合作机制和科学评价机制的向度和纬度。二是研究认知科学对教育扶贫的作用原理、作用机制和作用方式。从实践创新维度，本书拟以不同机制现状调查、问题反思、案例分析和实践路径为主线。因此，本书在研究内容的设计上、研究方法的选择上、研究目标和研究成果的实现上，都需要遵从理论创新与实践创新的融合。

五是话语体系体现宏观层面与微观层面的结合。本书从宏观层面探讨面向新时代的教育扶贫识别机制、帮扶机制、监管机制、参与机制和评价机制的理论向度，从宏观上研究精准识别、精确帮扶、动态监管、多元合作、科学评价的运作机制；同时，运用微观案例和实证数据，考察教育扶贫识别机制、帮扶机制、监管机制、参与机制、评价机制的现状，反思其问题，提出其践行路径，试图构建宏观与微观层面的教育扶贫机制和话语体系。

五　调研说明与数据来源

本书数据主要来源于 2017 年 12 月到 2021 年 9 月的实证调研，调研地点主要在贵州、云南、重庆、内蒙古、宁夏、青海、广西等西部省份二十多个县的上百个村庄，调研主要内容为“新时代教育扶贫的顶层设计与政策体系”“新时代教育扶贫的现状与经验”“新时代教育扶贫的困境与原因”“新时代教育扶贫的案例与路径”等，调研方法主要是集体座谈、深度访谈和参与式观察，调查次数有 20 余次，调查人员涉及一百多人次，详见表 1—1 所示。

表 1—1　　整体调研情况表

调研层面	调研单位（部门）	调研目的
宏观层面	G 省教育厅（2018 年 3 月）	了解全省教育扶贫的情况，掌握全省教育扶贫的典型做法与经典案例
	G 省教育科学院（2019 年 12 月）	了解组团式教育帮扶的做法、特色与亮点，以及全省教育扶贫的研究状况
	Y 省教育局（2020 年 7 月）	了解组团式教育帮扶的做法、特色与亮点，以及全省教育扶贫的研究状况
	M 省教育局（2020 年 7 月）	了解组团式教育帮扶的做法、特色与亮点，以及全省教育扶贫的研究状况
	Q 省教育局（2020 年 8 月）	了解组团式教育帮扶的做法、特色与亮点，以及全省教育扶贫的研究状况
	N 省教育局（2020 年 12 月）	了解组团式教育帮扶的做法、特色与亮点，以及全省教育扶贫的研究状况
	H 省教育局（2020 年 12 月）	了解组团式教育帮扶的做法、特色与亮点，以及全省教育扶贫的研究状况
	X 省教育局（2021 年 7 月）	了解组团式教育帮扶的做法、特色与亮点，以及全省教育扶贫的研究状况

续表

调研层面	调研单位（部门）	调研目的
中观层面	GY 市教育局（2018 年 3 月—2019 年 10 月）	了解 GY 市“大数据＋教育”精准扶贫的具体做法、困惑及案例
	GY 是市教科所（2018 年 3 月—2019 年 10 月）	了解 GY 市市帮扶专家对全省的帮扶情况、帮扶困境及建议
	AS 市教育局（2018—2019 年 3 月）	了解 AS 市教育扶贫的情况、面临的困境及可能的建议
	BJ 市教育局（2019 年 2 月）	了解 BJ 市教育扶贫的开展情况、面临的困境及可能的建议
	QXN 州教育局（2019 年 2 月）	了解 QXN 州教育扶贫的情况、面临的困境及可能的建议
	QN 州教育局（2019 年 2 月）	了解 QN 州教育扶贫的情况、面临的困境及可能的建议
	LPS 市教育局（2019 年 2 月）	了解 LPS 市教育扶贫的情况、面临的困境及可能的建议
	ZY 市区教育局（2019 年 5 月）	了解 ZY 市教育扶贫的情况、面临的困境及可能的建议
	QDN 州教育局（2019 年 6 月）	了解 QDN 州教育扶贫的情况、面临的困境及可能的建议
	BJ 市教育局（2020 年 7 月）	了解 BJ 市教育扶贫的情况、面临的困境及可能的建议
	NJ 州教育局（2020 年 12 月）	了解 NJ 州教育扶贫的情况、面临的困境及可能的建议
	ZT 市教育局（2020 年 12 月）	了解 ZT 市教育扶贫的情况、面临的困境及可能的建议
	LZ 市教育局（2021 年 7 月）	了解 LZ 市教育扶贫的情况、面临的困境及可能的建议
	GL 市教育局（2021 年 7 月）	了解 GL 市教育扶贫的情况、面临的困境及可能的建议
	LPS 市教育局（2021 年 8 月）	了解 LPS 市教育扶贫的情况、面临的困境及可能的建议
	ZS 市教育局（2021 年 9 月）	了解 ZS 市教育扶贫的情况、面临的困境及可能的建议

续表

调研层面	调研单位（部门）	调研目的
微观层面	YYH 管委会及 1 镇 1 村 1 所学校（2018 年 2 月）	了解 YYH 管委会教育扶贫的开展情况及教师、学生对此的认知与诉求
	LG 镇政府及 1 所中学 2 村 1 所学校（2018 年 3 月）	了解 LG 镇教育扶贫的开展情况及教师、学生、家长对此的认知与诉求，了解辍学家庭的认知与想法
	CS 县教育局及 2 所中学（2018 年 3 月—2019 年 10 月）	了解基层教育决策教育扶贫的构成及来源，弄清教育扶贫优化基层教育决策的过程
	PB 区教育局及其 1 镇 1 村 1 所学校（2018 年 3 月—2020 年 1 月）	了解 PB 区教育扶贫的开展情况及教师、学生对此的认知与诉求
	ZJ 县教育局及 2 个乡镇 10 个村庄 2 所学校（2019 年 2 月）	了解 ZJ 县教育扶贫的开展情况及教师、学生、家长对此的认知与诉求
	SC 县教育局及 1 个镇 5 个村庄 2 所学校（2019 年 2 月）	了解 SC 县教育扶贫的开展情况及教师、学生、家长对此的认知与诉求
	ZF 县教育局及 1 个镇 4 个村（社区）1 所学校（2019 年 2 月）	了解 ZF 县教育扶贫的开展情况及教师、学生、家长对此的认知与诉求
	TZ 县教育局及 4 个乡镇（街道）4 个村庄（社区）2 所中学（2019 年 5 月）	了解 TZ 县教育扶贫的开展情况及教师、学生、家长对此的认知与诉求
	DZ 县教育局及 3 个乡镇 3 个村庄 2 所学校（2019 年 6 月）	了解 DZ 县教育扶贫的开展情况及教师、学生、家长对此的认知与诉求
	ZY 县教育局及 3 个乡镇（社区）3 个村 1 个公司（2019 年 6 月）	了解 ZY 县教育扶贫的开展情况及教师、学生、家长对此的认知与诉求
	DF 县、NY 县、WN 县教育局及 6 个乡镇 10 个村庄 4 所学校（2020 年 7 月）	了解三个县教育扶贫的开展情况及教师、学生、家长对此的认知与诉求
	LS 县、FG 县、LD 县、DG 县教育局及 8 个乡镇 14 个村庄 4 所学校（2020 年 12 月）	了解四个县教育扶贫的开展情况及教师、学生、家长对此的认知与诉求
	BM 县 2 个乡镇 3 个村庄 2 所学校（2021 年 7 月）	了解 BM 县教育扶贫的开展情况及教师、学生、家长对此的认知与诉求

续表

调研层面	调研单位（部门）	调研目的
微观层面	HX 区、TZ 县、CJ 县、LS 县教育局及 6 个乡镇 10 个村庄 5 所学校（2021 年 7 月）	了解四个县教育扶贫的开展情况及教师、学生、家长对此的认知与诉求
	LZ 特区、SC 区、PZ 市、ZS 区 8 个乡镇 8 个村庄 2 所学校（2021 年 8 月）	了解四个县教育扶贫的开展情况及教师、学生、家长对此的认知与诉求
	XL 区 2 个乡镇 2 个村庄 1 所学校（2021 年 9 月）	了解 XL 区教育扶贫的开展情况及教师、学生、家长对此的认知与诉求

调研期间，共进行了 40 多场次的座谈会，参与式观察新时代教育扶贫的具体做法 20 多场次，深度访谈了多名相关人员。其中，政策制定者、教育局工作人员、校长、一线教师、家长和学生是访谈的核心对象和主体人群，共访谈了 76 组 145 名教育扶贫主体与对象，部分访谈人员名单如表 1—2 所示。

当然，各调研对象给课题组提供的总结材料、图片视频和文字资料，也是本书重要的论据来源，此处不赘。

此外，课题组还在全省进行了大规模的问卷调查，共获取有效调查问卷 1624 份，调查对象的背景变量如表 1—3 所示。

从表 1—3 可知，就性别而言，被调查人员女性比例略高，男性占 49.08%，女性占 50.92%；被调查人员年龄主要分布在 22—60 岁，在 1624 个被调查样本当中，30 岁以下的人占 19.7%，31—45 岁的人是主体，占 54.01%，46—60 岁的人占 25.86%；就教育扶贫中的身份而言，帮扶学校老师或领导（或帮扶单位人员）占 54.06%，被帮扶学校老师或领导占 27.4%，当地教育局人员占 2.71%，其他人员占 15.83%；从民族来看，被调查人员大部分是少数民族，占 52.16%，汉族占 47.84%；从婚姻状态来看，已婚人员占绝大部分，为 85.59%。从被调查人员小孩抚养数量来看，从高到低的分别为 1 个（52.77%）、2 个（33.25%）、0 个（13.49%）；从教师类别来看，被调查人员大部分属于正式编制人员，占 91.13%；从学历来看，本科

表 1—2　　调查对象基本信息一览表

序号	访谈日期	姓名	性别	民族	年龄	文化程度	身份（职务）	县市	部门	访谈人	访谈时长（分钟）
1	20190214	WX	男	穿青人	37	本科	人大主席	BJ 市 ZJ 县	白泥镇	谢治菊	140：15：00
		WZS	男	汉	53	本科	第一驻村书记	BJ 市 ZJ 县	白泥镇	谢治菊	
2	20190215	ZGG	男	穿青人	48	初中	村支书	BJ 市 ZJ 县	白泥镇	谢治菊	50：48：00
3	20190215	JLG	男	仡佬	48	大专	村支书	BJ 市 ZJ 县	白泥镇	谢治菊	51：05：00
4	20190216	DCH	男	穿青人	42	中专	村支书	BJ 市 ZJ 县	化起镇	谢治菊	65：58：00
5	20190217	GSR	男	汉	50	大专	村支书	BJ 市 ZJ 县	化起镇	谢治菊	50：59：00
		YXW	男	汉	67	初中	村主任	BJ 市 ZJ 县	化起镇	谢治菊	
6	20190218	WRL	男	彝	29	本科	扶贫站站长	LPS 市 SC 县	米箩镇	谢治菊	78：27：00
7	20190219	ZX	男	汉	26	本科	村文书	LPS 市 SC 县	米箩镇	谢治菊	83：23：00
8	20190220	YH	男	汉	55	大专	村支书	QXN 州 ZF 县	BPJ 镇	谢治菊	84：42：00
		AYX	男	汉	54	初中	村主任	QXN 州 ZF 县	BPJ 镇	谢治菊	
9	20190221	WT	男	布依	33	专科	镇副书记	QXN 州 ZF 县	BPJ 镇	谢治菊	85：25：00
10	20190222	LD	男	汉	40	本科	镇副书记	AS 市 PB 区	LP 镇	谢治菊	52：03：00
11	20190406	YYY	男	汉	46	本科	扶贫站站长	ZY 市 BZ 区	PS 镇	谢治菊	95：31：00
		ZJ	男	汉	31	中专	扶贫站人员	ZY 市 BZ 区	PS 镇		
		WMM	女	汉	31	中专	扶贫站人员	ZY 市 BZ 区	PS 镇		

续表

序号	访谈日期	姓名	性别	民族	年龄	文化程度	身份（职务）	县市	部门	访谈人	访谈时长（分钟）
12	20190528	YW	男	汉	30	本科	教育局人员	ZY 市 TZ 县	教育局	谢治菊	70：10：00
		LMM	男	汉	45	本科		ZY 市 TZ 县	教育局	谢治菊	
		YMM	男	汉	52	本科		ZY 市 TZ 县	教育局	谢治菊	
13	20190530	XLY	男	苗	43	本科	电教站站长	QDN 州 DZ 县	教育局	谢治菊	57：43：00
		LZZ	男	苗	48	本科	电教站副站长	QDN 州 DZ 县	教育局	谢治菊	
14	20190531	MHD	男	苗	47	本科	扶贫办主任	QDN 州 DZ 县	扶贫办	谢治菊	76：32：00
		YDF	男	苗	32	本科	办公室主任	QDN 州 DZ 县	扶贫办	谢治菊	
		LXH	男	苗	37	本科	扶贫办副主任	QDN 州 DZ 县	扶贫办	谢治菊	
15	20190531	XJG	男	苗	44	本科	副县长	QDN 州 DZ 县	县政府	谢治菊	79：35：00
16	20190531	LY	男	水	38	本科	副校长	QDN 州 DZ 县	MZ 中学	谢治菊	10：55：00
17	20190604	NJ	男	侗	46	大专	副总经理	QDN 州 ZY 县	扶贫企业	谢治菊	40：35：00
18	20190604	ZZF	男	汉	45	本科	副主任	QDN 州 ZY 县	扶贫办	谢治菊	79：19：00
19	20190604	YAP	男	侗	42	本科	副局长	QDN 州 ZY 县	教育局	谢治菊	40：38：00
		PLZ	男	侗	30	本科	扶贫专员	QDN 州 ZY 县	教育局	谢治菊	67：41：00
20	20180322	ZMM	男	汉	40	本科	校长	AS 市	MZ 中学	谢治菊	105：45：00
21	20180322	CMM	男	汉	45	文盲	辍学家庭	AS 市	LG 镇	谢治菊	57：23：00
22	20180605	ZJ	男	汉	47	硕士	局长	GY 市	教育局	谢治菊等	79：46：00

续表

序号	访谈日期	姓名	性别	民族	年龄	文化程度	身份（职务）	县市	部门	访谈人	访谈时长（分钟）
23	20180605	FP	女	汉	49	硕士	校长、书记	GY 市	SY 二中	谢治菊	38：44：00
24		CQH	女	汉	43	硕士	数学组长	GY 市	SY 二中	李科生	
25		LHJ	男	汉	42	本科	化学组长	GY 市	GY 三中	李本东	
26	20180523	WZF	女	布依	36	本科	英语老师	QN 州 CS 县	GS 中学	兰英	41：23：00
27	20180523	MMF	男	布依	52	本科	校长	QN 州 CS 县	GS 中学	谢治菊	75：33：00
28	20180906	专家老师	—	—	—	—	集体座谈	QN 州 CS 县	MZ 中学	谢治菊	65：21：00
29	20180523	BWP	男	布依	33	本科	数学老师	QN 州 CS 县	MZ 中学	李科生	29：12：00
30	20180523	ZFX	女	汉	30	本科	英语老师	QN 州 CS 县	GS 中学	兰英	25：34：00
31	20180523	LMM	女	汉	45	本科	校长	QN 州 CS 县	MZ 中学	谢治菊	34：12：00
32	20180523	CMY	女	布依	38	本科	语文老师	QN 州 CS 县	MZ 中学	兰英	18：23：00
33	20180523	CTY	男	汉	41	本科	语文老师	QN 州 CS 县	MZ 中学	兰英	28：32：00
34	20180523	CCY	男	汉	38	本科	数学老师	QN 州 CS 县	MZ 中学	肖鸿禹	43：12：00
35	20180523	LLL	女	汉	34	本科	英语老师	QN 州 CS 县	MZ 中学	肖鸿禹	45：23：00
36	20180523	LD	女	布依	33	本科	英语老师	QN 州 CS 县	MZ 中学	肖鸿禹	31：34：00
37	20180523	WPG	男	汉	33	本科	化学老师	QN 州 CS 县	MZ 中学	王曦	23：12：00
38	20180523	LZQ	男	汉	37	本科	物理老师	QN 州 CS 县	MZ 中学	王曦	27：45：00

和大专占大多数，分别为 68.60% 和 29.13%；从被调查人员学校所在区域类别来看，镇区学校占 41.26%，乡村学校占 29.50%，城区学校占 29.25%；从被调查人员学校所属层级类别来看，小学和初中学校占大多数，小学学校为 59.91%，初中学校为 29.31%；从被调查人员的职称来看，从多到少分别为中级（53.20%）、初级（36.02%）和高级（10.78%）；被调查人员教授课程涉及较广，比例占前三位的分别为语文教师（37.75%）、数学教师（33.68%）、体育教师（18.17%）；51.97% 被调查人员担任班主任，48.03% 被调查人员未担任班主任。这些数据说明，我们调查的样本具有明显的代表性与典型性。

表 1—3　　　　调查对象背景变量（N = 1624）

背景变量		百分比（%）	背景变量		百分比（%）	背景变量		百分比（%）
性别	女	49.08	民族	少数民族	52.16	婚姻状况	未婚	9.98
	男	50.92		汉族	47.84		已婚	90.02
身份	被帮扶教师	54.06	孩子数量	无	13.49	教师类型	正式编制	91.13
	帮扶学校或老师	27.40		1 个	52.77		特岗教师	6.71
	教育局工作人员	2.71		2 个	33.25		临聘或代课教师	0.43
	其他	15.83		3 个及以上	0.49		支教教师或其他	1.72
学历	研究生及以上	0.68	学校类型	幼儿园	4.56	教授科目	语文	37.75
	本科学历	68.60		小学	59.91		数学	33.68
	大专学历	29.13		初中及高中	35.22		外语	12.99
	中专及以下	1.60		职业院校	0.30		其他	15.58
学校类别	乡村学校	29.50	职称	初级	36.02	班主任情况	否	51.97
	镇区学校	41.26		中级	53.20			
	城区学校	29.25		高级	10.78		是	40.03
平均工资（元）		45173.9	平均备课时长		3.1 小时	平均每天工作时间		9.6 小时
平均教授班级数		5.1 个	平均教龄		17.9 年	本学期平均上课		17 节

第一部分

面向乡村振兴的教育帮扶之理论建构

第二章　教育阻断贫困代际传递的理论设计

20世纪60年代初，面对贫困阶层的长期性贫困问题，美国经济学家提出了“贫困代际传递”这一概念。所谓“贫困代际传递”，意指贫困及其致贫因素，在家庭内部由父辈传递给子辈，并使子辈重复遭遇父辈贫困境遇的过程。站在社会学的角度，该概念是社会阶层固化与地位获得的延伸，是一定地区或阶层范围内贫困及导致贫困的相关因素在代与代之间的延续。[①] 如何阻断贫困的代际传递？梳理文献发现，人力资本、财富资本、社会资本是国内外聚焦的主要路径，其中，人力资本又是关注的重中之重。而在人力资本的众多因素中，普遍认为教育是阻断代际传递的主要因素。例如，祝建华认为，贫困代际传递之所以存在，是因为贫困家庭的孩子后期缺乏社会竞争力，这是由儿童早期教育的投资不足引起的[②]；张立冬通过对1988—2008年间的CHNS数据发现，子女受初中及以上教育的比例若达到60%，脱贫的子代比重则可达75.66%，因此，教育对贫困代际传递的阻断，具有重要的意义。[③]

---

① ［美］奥斯卡·刘易斯：《桑切斯的孩子们：一个墨西哥家庭的自传》，李雪顺译，上海译文出版社2014年版，第14页。

② 祝建华：《贫困代际传递过程中的教育因素分析》，《教育发展研究》2016年第3期。

③ 张立冬：《中国农村贫困代际传递实证研究》，《中国人口·资源与环境》2013年第6期。

一　教育阻断贫困代际传递的背景缘起

从历史与现实的角度考察发现，因教育短缺不能受到良好的启蒙，贫困家庭的孩子会在贫困环境与贫困文化中形成自卑、胆怯、保守、怕事的不良心理和习惯，这种心理和习惯会影响其一生的发展，进而造成贫困的代际传递。① 故此，教育在阻断贫困代际传递中有重要的作用。国外的实证研究将这些作用归结为三个方面。一是教育通过提升贫困人群的技能来阻断代际传递。如 Otsuka 通过对菲律宾、泰国、孟加拉国和印度的实证分析指出，农业劳动市场对减贫的作用不明显，但教育却对非农收入的获得有决定性影响，因为工人的技术含量是通过教育的渠道增加的②；Iqbal F. 通过对亚洲的实地调查分析发现，识字和生活技能水平低下是造成贫困代际传递的主要因素，即使小学教育已经完成，他们也不具备好好生活的技能，这说明仅仅通过接受基础教育并不能完全满足穷人的要求。③ 二是教育通过提高贫困人群的收入来阻断代际传递。如 Roberts J. 的研究发现，教育程度对个人收入的影响是正向的，即教育程度越高的人收入越高④；Wallenborn M. 等利用欧洲的数据，建立了教育对贫困收入影响的单变量回归模型，发现教育与收入及贫困的比率呈正相关，系数为 15.5，表明每增加一次教育成果阈值，收入与贫困的比率就会增加 15.5%。⑤ 三是教育通过增加贫困人群的机会来阻断代际传递。如 Janjua 和 Kamal 揭示了教育影响贫困的机理，这些机理

---

① 谢治菊：《论贫困治理中人的发展——基于人类认知五层级的分析》，《中国行政管理》2018 年第 10 期。

② Otsuka K. , Estudillo J. P, Yamano T. , "The role of labor markets and human capital in poverty reduction: evidence from Asia and Africa" *Asian Journal of Agriculture and Development*, Vol. 7, No. 1, 2010.

③ Iqbal F. , "Sustaining Gains in Poverty Reduction and Human Development in the Middle East and North Africa" *World Bank Publications*, Vol. 18, No. 2, 2010 .

④ Roberts J. , "Poverty Reduction Outcomes in Education and Health: Public Expenditure and Aid. " *London England Overseas Development Institute Mar*, No. 3, 2003.

⑤ WallenbornM. , "he Impact of Vocational Education on Poverty Reduction, Quality Assurance and Mobility on Regional Labour Markets: Selected EU – funded Schemes" *European Journal of Vocational Training*, No. 47, 2009.

是：经济增长随教育水平的提升而提升，进而会增加就业机会；教育水平越高，社会福利越好，穷人改善生活条件和医疗保健的机会就越多[①]；Njong A. M. 对2001年喀麦隆家庭调查的研究发现，经验和受教育程度的提高降低了就业人员贫困的机会，男性的教育水平比女性更能减少贫困。[②] 这些研究表明，对于阻断贫困代际传递而言，教育的作用确实不言而喻，这一作用在2020年后贫困摘帽的中国更为明显。因为从长远来看，只有贫困群体及其子女享受到了平等的优质教育，他们的核心素养和知识技能才能有效提升，从而真正实现从"输血"式扶贫到"造血"式扶贫的转变。中国学者赵红霞等人的研究指出，子代教育程度的增加可增加其收入，教育尤其是高中以上的教育，对农民的代际收入有正向的影响，这种影响可以阻断贫困的代际传递。[③] 习近平总书记多次指出，要让贫困地区的孩子接受有质量且公平的教育，就应坚持"治贫先治愚、扶贫先扶智"的理念，将教育扶贫作为阻断贫困代际传递的根本策略。

显然，教育之所以可以阻断贫困的代际传递，主要原因在于教育所带来的知识与能力是促进社会流动的关键。当然，这种价值预设的前提是阶层、家庭、性别等先赋因素对教育和工作获取的影响不大，而后天的自致性因素如智力、能力、努力程度等，才是决定影响。但是，这套看似公平的价值预设，无视家庭对智力的建构与阶层对机会的影响，故有偏颇。为此，教育阻断贫困代际传递的逻辑应考虑先赋和自致因素。按照一般的观点，教育之所以能够阻断贫困的代际传递，宏观原因在于教育能够通过均衡资源发展来促进阶层的合理流动，进而提升贫困人口脱贫的内生动力；微观原因在于教育对增加贫困群体人力资本的存量和增量有重要的帮助，能够增加贫困人群的机会、提升贫困人群的技能和竞争力。从以上综述来看，现有的研究已关注到教育对贫困人群技能提

① Janjua, P. and Kamal, U., "The Role of Education and Income in Poverty Alleviation: A Cross－Country Analysis." *British Journal of Economics Management & Trade*, Vo. 4, No. 6, 2014.

② Njong A. M., "The Effects of Educational Attainment on Poverty Reduction in Cameroon" *Academic Journals*, No. 2, 2010.

③ 赵红霞、高培培：《子代教育对中国农村贫困代际传递的影响——基于CHIP2013的实证分析》，《教育学术月刊》2017年第12期。

升、收入提高与机会增加的影响，但鲜有关注教育对贫困群体认知的转变。然而，现实是，教育提升贫困群体技能、增强贫困群体收入和机会的前提是贫困群体认知的改变。对于这一观点，《贫穷阻碍认知功能》一文的观点可以佐证。该文认为，人的认知资源是有限的，对钱财的过度关注会消耗穷人大量的注意力，导致其他认知资源被削减，故“贫困与认知能力之间的关系，是直接的因果而非简单的相关关系”①。

那么，何为认知呢？认知是个体认识客观世界的信息加工活动。早在2015年，世界银行就提出从认知的角度来探讨贫困的成因。他们通过对印度蔗农收获甘蔗前后的IQ测试发现，贫困是对贫困群体心智的掠夺，而不仅仅是物质匮乏，正是由于贫困者的认知资源被财务过度消费，才使得他们更加关注眼前而非长远利益，因而需要向其征收“认知税”②。为借鉴“认知税”对中国贫困治理的经验，丁建军提出，由于贫困情景会消耗认知资源、产生贫困思维，故改变贫困者的思维模式、最小化认知资源消耗和关注社会环境对贫困的影响，是世界银行提出的“认知税”概念对中国扶贫干预的主要贡献。③ 哈佛某跨学科研究团队的心理学实验也支持贫困的认知论。他们发现，受稀缺资源过分占据的影响，人在贫穷的时候，思维方式会发生改变，认知能力会全面下降，这会导致人格的不完善与资源争夺的无理性行为，暴力随之发生。既然最新的研究表明，认知是贫困的成因，那么其在阻断贫困代际传递中的作用也就不言而喻。由于个体认知的获得有先赋因素和自致因素，而教育是通过自致因素提升个体认知水平的关键途径，故此，本书从教育提升认知水平的角度来探讨贫困代际传递的阻断。本书的逻辑思路和可能的创新是：一是在肯定教育对提升贫困群体技能、增强贫困群体收入和机会的基础上，提出“教育阻断贫困代际传递的关键在于提升贫困群体的认知水平”；二是借用清华大学蔡曙山的观点，将人类的认知

① Mani A., Mullainathan S., Shafir E., et al., “Poverty Impedes Cognitive Function” *Science*, Vol. 976, No. 341, 2013.

② World Bank Group, *World Development Report* 2015: *Mind, Society, and Behavior*, Washington D. C.: World Bank Publications, 2015, pp. 1－2.

③ 丁建军：《“认知税”：贫困研究的新进展》，《中南大学学报》（社会科学版）2016年第3期。

从低到高分为“神经认知、心理认知、语言认知、思维认知和文化认知”五个层级，并提出“教育是通过提升贫困群体这五个层级的认知水平来阻断贫困代际传递”的观点；三是以中国教育扶贫经验为实践场域，将人类五层级认知与教育的五个阶段——幼儿教育、小学教育、中学教育、本科教育、研究生教育一一对应，建构教育阻断贫困代际传递的政策体系，详见图2—1所示。

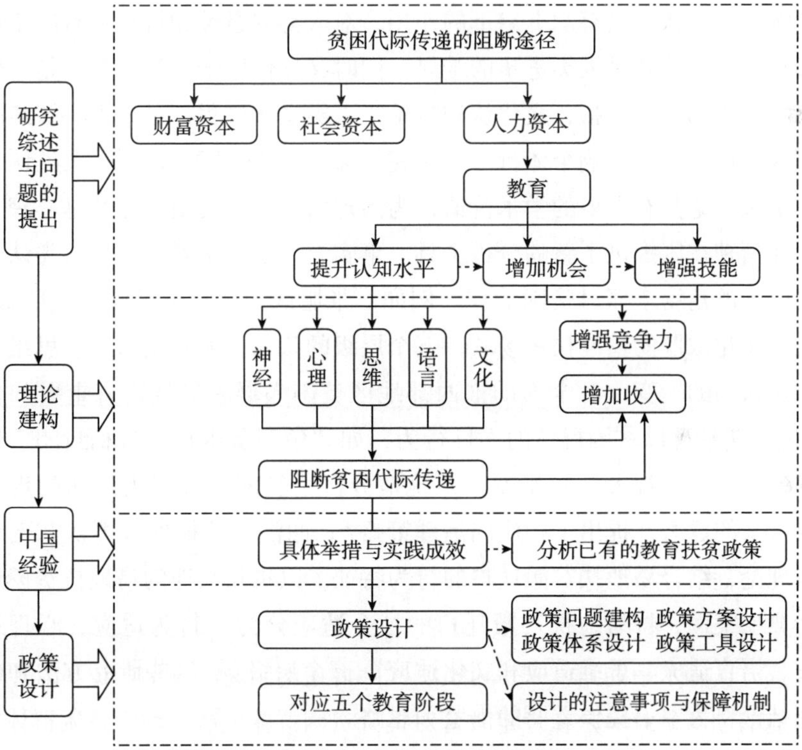

图2—1 教育阻断贫困代际传递的分析思路

二 教育阻断贫困代际传递的理论框架

由于构成认知科学的六大学科——神经科学、语言学、心理学、人类学、哲学、计算机科学发展比较成熟，认知科学已成为20世纪的标志性学科，其主要研究目标是揭开人类心智的奥秘。① 为弄清人类心智的层级，在长期的研究过程中，清华大学蔡曙山团队创造性地提出了“人类认知五层级理论”。该理论认为，根据动物与人的区别及认知层级的高低，人类的认知从低到高可分为神经认知、心理认知、语言认知、思维认知和文化认知五个层级。其中，神经认知是人与动物共有的低阶认知形式，主要研究大脑和神经对个体行为的影响与支配；心理认知关涉人的意识、情绪与情感等，主要探讨基本心理活动对个体行为的影响；语言认知具有承上启下的作用，对人类的思维和行动具有决定性影响；思维认知是人类进步的结果，同时又反作用于人类社会，是个体思维模式的抽象概括；文化认知根植于人类文化过程，是人类心智最高层级的认知，是影响个体行为的关键因素（详见图 2—2）。② 人类认知五层级理论具有重要的学术价值，为治理新时代的贫困，尤其是心理贫困和精神贫困提供了新的分析工具。事实上，已有学者尝试从人类认知五层级的角度来探讨贫困治理。例如，张旭认为，对于民族特色明显、民族文化浓厚的精准扶贫场域，五个层级的认知，尤其是语言、思维和文化认知的转变，对全面助推西部地区贫困人群脱贫致富有重要的作用③；谢治菊以贫困群体的不良行为，如“争当贫困户、自私封闭、依赖政府、隔岸观火”等出发，系统地分析了贫困户五层级认知的现状及带来的危害，提出了相应的治理策略④；谢治菊还根据人类认知五层级理论，结合易地扶贫搬迁户的行为特征，以贵州某地的易地扶贫搬迁为典型案例，将易地扶贫搬迁户的社会适应分为“行为适应、心理适应、语言适应、思维适应和文化适应”五个层级。⑤ 这些研究方法和研究结论将为本书提供重要的借鉴和思路。

将五层级认知理论应用于贫困代际传递的阻断，其逻辑假设是：教

① 谢治菊、李小勇：《认知科学与贫困治理》，《探索》2017 年第 6 期。

② 蔡曙山：《论人类认知的五个层级》，《学术界》2015 年第 12 期。

③ 张旭、蔡曙山、石仕婵：《人类认知五层级与西部地区精准扶贫探究》，《吉首大学学报》（社会科学版）2018 年第 3 期。

④ 谢治菊：《论贫困治理中人的发展——基于人类认知五层级的分析》，《中国行政管理》2018 年第 10 期。

⑤ 谢治菊：《人类认知五层级与生态移民社会适应探讨——基于 HP 村的实证调查》，《吉首大学学报》（社会科学版）2018 年第 3 期。

育主要通过提升贫困群体的神经认知水平、心理认知水平、语言认知水平、思维认知水平与文化认知水平来阻断贫困的代际传递。之所以提出这样的逻辑假设，是因为五个层级的认知是人类在进化过程中形成的从初级到高级的心智与能力，与教育的五个主要阶段——幼儿教育、小学教育、中学教育、本科教育、研究生教育基本契合。由此，阻断贫困的教育，主要在于受教对象认知的提升与能力的培养。这就要求在政策设计时，有针对性地保障贫困地区的儿童能够接受不同阶段的教育，以满足教育对贫困代际传递不同阻断机制的需要，如表2—1所示。

表2—1　　教育五层级阻断贫困代际传递的理论框架

人类认知五层级	贫困成因	教育阻断的方式	主要教育阶段	主要教育目的	主要政策设计与评估要求
神经认知	脑/神经	提高脑与神经认知能力	学前教育	心智开发	是否能开发心智
心理认知	心理	提高心理认知能力	学前/小学教育	心理能力培养	是否能培养健康心理
语言认知	语言	提高语言认知能力	小学/中学教育	语言交际能力培养	是否能培养语言交际能力
思维认知	思维	提高思维认知能力	中学/大学教育	逻辑思维能力培养	是否能培养逻辑思维能力
文化认知	文化	提高文化认知能力	大学/研究生教育	知识体系与文化认同	是否能形成文化认同与知识体系

1. 神经认知与贫困代际传递的阻断

就神经科学而言，个体的脑结构状况与脑功能发育，不仅对自身的教育水平有决定影响，还对下一代的脑结构状况与脑功能发育有较大的影响。相关研究也发现，贫困群体的子代教育水平，与父辈的神经结构与功能认知有关。由于人的认知能力是个体接收、加工和应用信息的能力，故该能力会受到“儿童早期营养状况”与“儿童早期认知环境刺激”两大因素的影响。其中，“儿童早期认知环境刺激”对认知能力的培育有决定性影响。一般而言，富裕家庭儿童的生活环境刺激丰富，贫困家庭儿童能接触到的认知刺激则较少，以致长大后的语言、执行与记忆功能会受到影响。这说明，以“脑科学”为取向的神经认知，将以内卷化的动力，对贫困人群的智力提升、思维转变进行外显化影响。故此，神经认知能够阻断贫困代际传递的主要逻辑在于：基于人脑发育的关键时期及其可塑性特征，关注贫困儿童的智力开发，激发贫困儿童的心志活力，塑造贫困儿童的正当思维，进而从根本上改变贫穷。

2. 心理认知与贫困代际传递的阻断

贫困有能力贫困、权利贫困、经济贫困、资源贫困与制度贫困之说，这些贫困可通过外在手段予以干预或缓解，但贫困群体的焦虑、保守、依赖和自卑等心理，以及由此引发的贫困思维与认知，则需要自我调节与控制，这恰恰是教育能够达成的。近年来，受政策本身、贫困户个人和社会环境的影响，虽然贫困群体的物质生活水平已大幅度提升，但其“等靠要”“伸手拿”的心理似乎越来越严重，这一心理甚至已变成部分贫困户眼中的合理需求，“争当贫困户”“争当低保户”事件屡屡发生，久而久之对政府产生强烈的依赖，此种依赖心理不利于贫困群体的可持续生计。而要阻断此种心理，教育的作用不可小觑。教育会让人产生耻辱感，产生奋发向上的动力，克服不劳而获的思想，故而，心理认知在阻断贫困代际传递方面具有重要的作用。

3. 语言认知与贫困代际传递的阻断

教育对语言认知能力的提升有重要的帮助，而语言认知对贫困群体的代际阻断，主要适用于少数民族贫困群体，这一阻断主要体现在两个方面。第一，就微观层面而言，通过教育培训，少数民族贫困户能够掌握普通话和当地的汉族方言，这对其就业、收入提升和人际关系有帮助，进而促进贫困代际传递的阻断。同时，少数民族贫困人口要融入城镇化与现代化，也应该学习普通话与现代网络沟通技术，如微信、QQ，这样才能更好地融入。第二，就宏观层面而言，通过教育扶贫，西部地区的普通话普及率的提高，以及民汉居民之间的交往大大增加，对当地城镇化建设、扶贫开发、招商引资等活动，具有重要的作用。这说明，语言在政府的大政方针、扶持政策、技术水平转化为贫困户的自觉行动中至关重要，而教育是语言能力提升的关键因素，语言认知对贫困代际传递的阻断可见一斑，如图 2—2 所示。

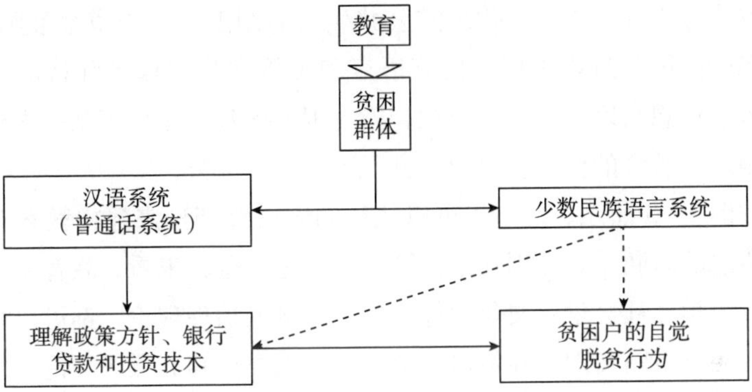

图 2—2　教育对贫困代际传递的语言阻断

4. 思维认知与贫困代际传递的阻断

贫困有思维基础。按照人类认知五层级理论，思维受文化的影响，但与神经、心理与语言结构密切相关。因此，贫困思维的破除，需要对贫困心理、贫困文化进行考量，这就要求教育的介入与提升。《2015 年世界银行发展报告：思维、社会与行为》一书，将贫困群体的思维模式归结为决策时认知资源的过度消耗、心理资源的过度负担和社会资源的过度分散，故此，建议政策制定者认识到贫困人群认知能力的个体差异，通过简单的干预和有计划的提示，给予贫困人群在决策中更小化的认知资源消耗，转变贫困者的思维模式。① 而要实现这种干预的转变，教育必不可少。教育是激发个体创新思维的重要途径，是鼓励贫困主体从传统生产方式转向新型生产方式的重要保障。

5. 文化认知与贫困代际传递的阻断

文化论认为，贫困是一种主观的心理感受，与人们的信仰、态度、心理和行为等主观认知相关。刘易斯是最早将贫困作为一种文化来研究的学者，他认为文化是人们长期生活经验的理性选择，认为贫困者之所

① 世界银行：《2015 年世界发展报告：思维、社会与行为》，胡光宇、赵冰译，清华大学出版社 2015 年版，第 67 页。

以贫困，与该群体长期拥有的“自卑、狭隘、无助、宿命”等特质有关。[①] 文化对贫困的形成如此重要，与文化决定个人的基本生活方式与认知方式分不开，更与文化决定公共生活的制度设计与道德准则有关。在许多少数民族贫困地区，民族语言和民族文化建构了独特的认知体系、哲学思想与宗教文化。故此，当贫困群体长期习惯于某一文化而甘于贫困时，教育的作用就显而易见。

如图 2—3 所示，之所以可以从认知五层级理论来建构教育对贫困代际传递的阻断，其原因在于：第一，从理论逻辑来看，教育学、经济学、政治学、社会学、文化学等学科中的贫困治理理论，都可以解释教育为何能够阻断贫困代际传递；第二，从人类认知五层级理论出发，教育可以提升贫困人群的认知水平，具体来说，教育可以提高贫困人群脑与神经的认知水平、心理认知水平、语言认知水平、思维认知水平和文化认知水平，这是对于创新教育阻断贫困代际传递的逻辑机理而言，具有重要的价值；第三，行为经济学理论认为，人的选择受行为的影响，而人的行为又和人的认知有关，例如，安于现状和思想保守的贫困户，

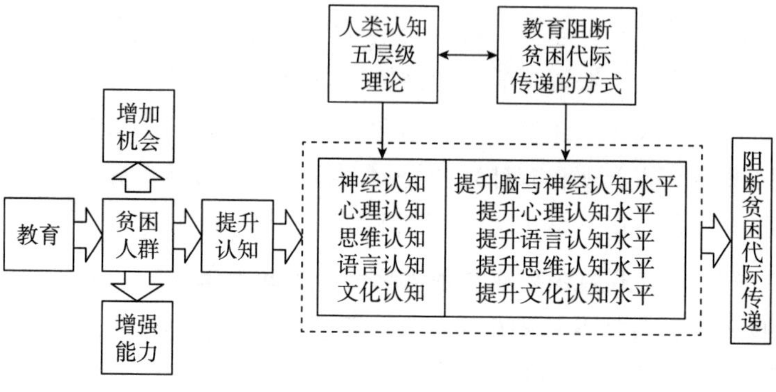

图 2—3　教育五层级阻断贫困代际传递的逻辑机理

其行为一般比较保守，故在选择脱贫方式时，会更加倾向于政府直接补助的输血式脱贫方式；第四，贫困户的认知水平会影响扶贫的效果。如

① ［美］奥斯卡·刘易斯：《桑切斯的孩子们：一个墨西哥家庭的自传》，李雪顺译，上海译文出版社 2014 年版，导言第 16—17 页。

果不考虑认知因素，仅仅将扶贫与外在条件结合起来，扶贫的功效就会大打折扣。反之，将认知因素融入扶贫过程中，例如，让贫困户的认知比较理性，让贫困户的意志得以坚强，就可以让其选择可持续的脱贫方案而非简单的“等靠要”。就此而言，人类认知五层级理论有利于帮助厘清贫困的形成机理，大大增强扶贫的效果。

三　教育阻断贫困代际传递的中国实践

教育阻断贫困代际传递既是我国重大的扶贫战略，也是 2020 年贫困全摘帽以后可持续脱贫所面临的重大问题，更是教育扶贫的关键议题和核心目标。随着 2020 年后扶贫时代的到来，国家的减贫战略将发生以下转变：一是贫困方式由绝对向相对转变；二是治理方式由集中向常规转变；三是治理重点由乡村贫困转向城乡融合；四是治理手段由国内合作转向国际合作。① 在此背景下，常见的项目扶贫、产业扶贫、就业扶贫、精神扶贫、心理扶贫效果会大打折扣，教育扶贫的作用愈发重要。可以说，探讨教育五层级阻断贫困代际传递，是有效解决 2020 年贫困全摘帽以后贫困问题的重要保障，是贫困群体可持续脱贫的重要手段，是彻底解决区域性整体性贫困的重要路径，更是人类消灭贫困的根本举措。为此，此部分从中国教育五层级阻断贫困代际传递的政策体系入手，提炼中国教育五层级阻断贫困代际传递的成绩与经验。

（一）教育五层级阻断贫困代际传递的政策体系

我国的教育扶贫思想由来已久，但真正将其作为重要的扶贫手段并上升到治国方略是在党的十八大以后。党的十八大，尤其是 2013 年 11 月提出“精准扶贫”以来，习近平总书记先后提出了“治贫先治愚、扶贫必扶智”“大力发展农村地区、西部地区、贫困地区职业教育的支持力度”“让贫困地区的孩子们接受良好教育是阻断贫困代际传递的重要途径”等重要的教育扶贫论断。2015 年 11 月 25 日审议通过的《关

① 汪三贵、曾小溪：《后 2020 贫困问题初探》，《河海大学学报》（哲学社会科学版）2018 年第 2 期。

于打赢脱贫攻坚战的决定》，更是明确将“发展教育”作为五个一批脱贫的重要举措，坚决阻止贫困现象代际传递。在此背景下，教育部、国家发展改革委等六部门在2016年年底联合印发了《教育脱贫攻坚“十三五”规划》。该规划明确指出，要在2020年实现建档立卡贫困人口教育基本公共服务的全覆盖，不让一个学生因贫困而失学，保障贫困家庭孩子的受教育权，阻断贫困的代际传递。《教育脱贫攻坚“十三五”规划》是我国首个教育脱贫的五年规划，在教育扶贫领域具有纲领性意义。

事实上，目前我国并没有专门以“教育五层级阻断贫困代际传递”而命名的政策，但由于“教育五层级阻断”中的“教育”对应的是“学前教育、义务教育、高中或高职教育、本科教育和研究生教育”，故我国目前关于此的教育扶贫政策，大致能代表教育五层级阻断贫困代际传递的政策体系，这些政策体系大致包括三种类型：第一，真正以“教育扶贫”命名的政策，如2013年出台的《关于实施教育扶贫工程的意见》、2016年出台的《教育脱贫攻坚“十三五”规划》和2018年出台的《深度贫困地区教育脱贫攻坚实施方案（2018—2020年）》。第二，将教育作为脱贫攻坚的一种手段，故而在整体的脱贫攻坚政策中有所提及的政策，如2014年出台的《关于创新机制扎实推进农村扶贫开发工作的意见》、2015年出台的《中共中央国务院关于打赢脱贫攻坚战的决定》、2016年出台的《网络扶贫行动计划》《关于加大脱贫攻坚力度支持革命老区开发建设的指导意见》和2018年出台的《关于打赢脱贫攻坚战三年行动的指导意见》《关于开展扶贫扶志行动的意见》等均在专门的篇章中论述了教育扶贫的意义和举措。第三，从保障条件、学生、教师等要素层面述及教育扶贫重要性的政策，例如，2013出台的《关于全面改善贫困地区义务教育薄弱学校基本办学条件的意见》、2015年出台的《国务院关于积极推进“互联网+”行动的指导意见》、2016年出台的《关于统筹推进县域内城乡义务教育一体化改革发展的若干意见》《关于加快中西部教育发展的指导意见》与《关于进一步完善城乡义务教育经费保障机制的通知》、2017年出台的《关于进一步加强全面改善贫困地区义务教育薄弱学校基本办学条件中期有关工作的通知》、2018年出台的《加快推进教育现代化实施方案（2018—2022年）》等，主要是从经费、办学条件、互联网手段等角度规范教育扶贫的保障条件；2014 年出台的《国家贫困地区儿童发展规划（2014—2020 年）》《特殊教育提升计划（2014—2016 年）》等，主要是从受益对象的角度保护贫困群体的受教育权；2015 年出台的《乡村教师支持计划（2015—2020 年）》则主要通过一系列的政策体系来支持乡村教师的发展，让发挥扶贫功能的乡村教育有较好的师资队伍来支撑。

从表 2—2 可知，目前我国的教育扶贫政策，不仅兼顾了数量与质量的协同，也在精准瞄准与精准帮扶上体现了时序逻辑，说明其顶层设计的思路比较清晰，准确地说，是清晰地聚焦于三个方面：一是政策的瞄准对象主要针对贫困，尤其是连片特困地区；二是政策的类型主要是“普惠型教育扶贫政策”“专项型教育扶贫政策”和“补缺型教育扶贫政策”；三是政策的内涵兼具“开发教育的扶贫功能”和“扶教育之贫”①。这说明，前述政策虽类型不同、内容各异，但基本涵盖了普惠性的教育扶贫政策和特殊性的教育扶贫政策，呈现出如下特点：一是“输血式的财政援助”与“造血式的机制创新”并存；二是“笼统式的整体扶贫”与“阶段性的具体扶贫”呼应；三是“一刀切的扶贫方式”与“个性化的扶贫需求”结合；四是“普适统筹”政策原则与“分类分步”政策原则的结合。可以肯定的是，当前教育扶贫资源配置的多元化与政策体系的多样化为教育五层级阻断贫困代际传递的可持续运转提供了重要保障，政策文本的清晰度与政策过程的透明化为教育五层级阻断贫困代际传递提供了重要的支撑。

表 2—2　2013 年以来我国出台的重要教育扶贫政策文件

年份	政策文件
2013 年	《关于实施教育扶贫工程的意见》
	《关于全面改善贫困地区义务教育薄弱学校基本办学条件的意见》
2014 年	《关于创新机制扎实推进农村扶贫开发工作的意见》
	《国家贫困地区儿童发展规划（2014—2020 年）》
	《国务院关于加快发展现代职业教育的决定》
	《特殊教育提升计划（2014—2016 年）》

① 吴霓、王学男：《教育扶贫政策体系的政策研究》，《清华大学教育研究》2017 年第 3 期。

续表

年份	政策文件
2015 年	《中共中央国务院关于打赢脱贫攻坚战的决定》
	《国务院关于加快发展民族教育的决定》
	《国务院关于积极推进“互联网 +”行动的指导意见》
	《乡村教师支持计划（2015—2020 年）》
2016 年	《关于加大脱贫攻坚力度支持革命老区开发建设的指导意见》
	《关于实施第三轮高校毕业生“三支一扶”计划的通知》
	《关于开展技能脱贫千校行动的通知》
	《教育脱贫攻坚“十三五”规划》
	《关于切实做好就业扶贫工作的指导意见》
	《职业教育东西协作行动计划（2016—2020 年）》
	《关于统筹推进县域内城乡义务教育一体化改革发展的若干意见》
	《关于加快中西部教育发展的指导意见》
	《关于进一步完善城乡义务教育经费保障机制的通知》
2017 年	《关于进一步加强全面改善贫困地区义务教育薄弱学校基本办学条件中期有关工作的通知》
	《职业教育东西协作行动计划滇西实施方案（2017—2020 年）》
2018 年	《深度贫困地区教育脱贫攻坚实施方案（2018—2020 年）》
	《推普脱贫攻坚行动计划（2018—2020 年）》
	《关于推进网络扶贫的实施方案（2018—2020 年）》
	《关于打赢脱贫攻坚战三年行动的指导意见》
	《关于全面加强乡村小规模学校和乡镇寄宿制学校建设的指导意见》
	《关于开展扶贫扶志行动的意见》
2019 年	《加快推进教育现代化实施方案（2018—2022 年）》

（二）教育五层级阻断贫困代际传递的成效分析

贫困地区的教育发展，是一项基础性、长期性工作。随着一系列教育扶贫政策的落实，尤其是中西部高等教育振兴计划的推行，全覆盖的学生资助体系和儿童营养改善计划，全方位的留守儿童关爱服务体系和薄弱学校的改善，说明教育阻断贫困代际传递取得了明显的成效，具体表现在：

一是贫困家庭向上流动的机会更多。教育能否促进底层人群向上流动？学界有三种看法：一种认为，教育可以促进底层人群向上流动，如邓志伟指出，社会底层人群向上流动的关键因素是教育①；另一种观点则认为，教育有可能促进流动，也有可能固化阶层，如余秀兰指出，教育对低层社会群体向上流动的影响，既可能是强化的，也可能是无关的，还可能是无用的②；更有论者认为，文化的阶级复制功能使教育体制对阶层流动的影响不确定，如果教育体制是合理的，影响是正面的，如果教育体制不合理，反而会成为制度化的社会屏蔽器，让缺乏平等教育机会的底层人群越来越难以向上流动。③ 对此，有学者专门研究了教育对贫困家庭向上流动的影响，结果发现，从基础教育到全面教育的普及是贫困家庭向上流动的主要方式，这说明教育在贫困人群的流动中扮演着重要的角色。④ 那么，经过实施一系列的教育帮扶举措，贫困学生是否有更多的机会向上流动呢？据不完全统计，截至 2015 年年底，我国 95% 以上的新增劳动力都具有初中及以上的文化，15.83% 的具有大学文化，这些劳动力的平均受教育年限为 13.25 年，比 2010 年提高约 1 年；在同年年底，全国有 950 万个贫困家庭都出现了大学生，大致贫困地区每 100 个高中生就有 30 个大学生，这说明开展帮扶后，贫困家庭的孩子能更多地接受高等教育，这为改变他们的命运提供了条件。事实上，通过教育帮扶和教育提升，贫困家庭子女就业情况较好，例如，数据显示，来自贫困家庭的中职和高职毕业生，95% 以上都实现了就业，他们的就业为其家庭向上流动提供了更多的机会。⑤

二是贫困地区教育发展的能力更强。曾经，贫困地区的教育发展存在一些突出问题，如资源分布不均衡、师资队伍薄弱、学前教育严重不足、义务教育不达标等。经过系统的教育帮扶后，上述问题得以缓解，贫困地区的教育发展呈现新篇章：一是对口援助显成效。目前，已组织内地 19 个省市对西藏和新疆进行对口帮扶支援，共涉及 386 个项目 85

① 邓志伟：《教育促进中国社会底层向上流动简论》，《教育学术月刊》2013 年第 4 期。
② 余秀兰：《教育还能促进底层的升迁性社会流动吗》，《高等教育研究》2014 年第 7 期。
③ 张娅：《教育能否促进底层社会的向上流动?》，《亚太教育》2016 年第 24 期。
④ 徐水晶：《贫困者的社会流动瓶颈——教育差异与自我淘汰》，《学术界》2016 年第 9 期。
⑤ 朱之文：《扎实推进教育脱贫着力阻断贫困代际传递》，《行政管理改革》2016 年第 7 期。

亿元的资金投入。截至 2014 年，共派出 3000 余人次的支教队伍，共有 14 万人次的教师接受培训，并从中受益。不仅如此，先后在全国组织了 44 所实力较强的理工科直属院校定点帮扶 44 个国家级贫困县的教育工作，各高校在成果转化、产业带动等方面发挥了巨大的优势。二是学前教育跨越式发展。实施学前教育三年行动计划，累计投入 600 亿支持中西部贫困地区学前教育发展，贫困地区学前教育毛入学率在 2015 年就达到了 70%。其中，仅 2011—2015 年，中央就向 G 省转移支付 32 亿元进行贫困地区的幼儿园建设，加上各地财政 37.3 亿元的投入，G 省合计新建幼儿园 4940 所，解决了 47 万幼儿的读书问题，推动了 G 省幼儿教育的跨越式发展。三是特殊教育日益被重视。加大对特殊教育的保障力度，先后投入 78 亿元在中西部地区改建、扩建和新建 1182 所特殊教育学校，基本实现每个县城都有特殊教育学校。①

三是贫困地区人才聚集的成效更显。人才短缺已成为贫困地区脱贫攻坚路上不可忽视的障碍，要让教育成为阻断贫困代际传递的主要途径，就应该为贫困地区聚集人才。事实上，经过多年的教育帮扶，贫困地区的人才聚集已经初显成效：一是少数民族高层次人才提升。教育帮扶以来，先后培养少数民族预科生 40 万人，西藏与新疆班学生 17 万人，招收少数民族高层次人才（硕士生与博士生）3 万多人，为西部地区的人才建设做出了贡献。二是贫困地区乡村教师增加。教育帮扶以来，通过“农村特岗教师计划”“师范生免费教育计划”，累计投入 190 多亿元为中西部贫困地区累计招聘乡村教师 41.67 万名，其中特岗教师 37.17 万名，免费师范生 4.5 万名，受益学校 3 万多所。三是贫困地区技术人才回暖。职业教育是贫困地区技术人才回暖的主要教育方式，据不完全统计，全国 50% 以上的职业院校学生毕业后都去了贫困地区，这为提高贫困地区人口的技术含量、改善劳动力结构提供了重要的支撑。② 尽管目前贫困地区的人才数量和人才质量与实际的需求还有一定的差距，但逐渐聚集在贫困地区的人才队伍，还是为教育阻断贫困的代际传递提供了重要的保障。

---

① 朱之文：《扎实推进教育脱贫着力阻断贫困代际传递》，《行政管理改革》2016 年第 7 期。

② 朱之文：《扎实推进教育脱贫着力阻断贫困代际传递》，《行政管理改革》2016 年第 7 期。

（三）教育五层级阻断贫困代际传递的中国经验

一是坚持政府主导。消除贫困、实现社会公平正义是党和政府义不容辞的责任。为消除贫困，我国各级党委和各地政府纷纷克服困难，切实加强组织领导，将教育扶贫作为重大民生工程，先后出台和颁布了一系列政策文件。例如，G省2016年出台了《G省“十三五”教育事业发展规划》，提出了教育精准扶贫的六项举措①，决定每年压缩行政经费的6%，用于教育精准扶贫②；甘肃省系统推进教育扶贫行动，先后出台了从学前教育、义务教育、职业教育到高等教育的系列教育扶贫政策体系，还对学生发展、师资队伍建设、校舍建设等提出了具体的目标和任务；陕西省将劳动力培训作为教育扶贫的重点，通过“义务教育+职业教育”的“9+2”模式，确保贫困家庭能够通过教育来脱贫。

二是强化分类施策。我国贫困地区幅员辽阔，环境各异，贫困诱因也各不相同，因此在坚持大原则一致的情况下，实行了有差异的教育帮扶举措。事实上，各地在找准自己短板的同时，积极探索了一些个性化举措。例如，针对新疆南疆四地州和西藏的所有农牧民及城镇困难职工家庭，分别实行14年和15年的免费教育。目前，新疆每年的资助资金超过50亿，受益人数已达190万；西藏每年的资助资金达15亿，受益人数超过52.5万人；宁夏在银川建有两所中学，专门招收贫困地区的学生，这些学生不仅能够免费入学，还每年能够得到1500元的资助。③

三是动员社会参与。明确各方权利，清晰各方责任，积极动员社会力量参与到教育扶贫中来。例如，自2008年以来，香港言爱基金会先后在海南建成24所专门招收贫困地区农村孩子的思源学校，累计投入14亿；仅2014年一年，就在中国中东部地区组织了17个职教集团对口帮扶西藏，以及青海、四川、云南、甘肃四省藏区职业教育的发展。

---

① 这六项举措分别是：完善经济困难学生资助政策、完善留守儿童受教育关爱服务机制、提高困境学生学习质量、提高贫困家庭子女就业创业能力、提高农村学生接受高等教育的机会和推进高等院校服务精准扶贫。

② 谢治菊：《大数据驱动下的教育精准扶贫——以CS县智慧教育扶贫项目为例》，《湖南师范大学教育科学学报》2019年第1期。

③ 朱之文：《扎实推进教育脱贫着力阻断贫困代际传递》，《行政管理改革》2016年第7期。

这说明，企业组织、中介组织、公益组织、公民个人等构成的社会力量为教育阻断贫困代际传递提供了重要保障。

四是完善保障机制。在师资队伍方面，保障乡村教师队伍建设，具体体现在以下几个方面：一是出台特困地区乡村教师生活补助政策，提高乡村教师待遇。目前，我国已有22个省的669个连片特困县87%的教师和94%的学校受益该政策；二是改善乡村教师生活条件，累计投入138亿元开展贫困地区乡村教师周转房建设，建设周转房25万套，共有中西部1485个县的乡村教师受益；三是出台乡村教师职称评聘、专业发展、学习培训等方面的倾斜政策，均衡城乡教师资源，有序引导城市教师向农村流动。在资金保障方面，加大经费投入和保障力度，优先保证所有的教育重大项目、教育惠民政策都让贫困地区的孩子享受。其中，仅“十二五”期间，就有90%的中央教育财政资金转移支付给了中西部农村、贫困地区或革命老区。不仅如此，还累计投入1190亿元，全面改善农村贫困地区义务教育阶段薄弱学校的办学条件，实施中小学校舍安全工程和校舍改造工程；累计投入1491亿元，推行农村义务教育学生营养改善计划，按照每天每人4元的标准为贫困地区儿童提供膳食补助，惠及集中连片特困地区669个县学生3200多万人。[①]

四　教育阻断贫困代际传递的政策设计

习近平总书记高瞻远瞩地指出，“让贫困地区的孩子接受良好教育，是扶贫开发的重要任务，也是阻断贫困代际传递的重要途径”。在这里，教育被赋予了新的历史使命——阻断贫困的代际传递，这就要求提供相应的政策体系与制度保障。[②] 因此，设计教育五层级阻断贫困代际传递的政策体系，是落实习近平总书记“教育阻断贫困代际传递”思想的重要路径与保障。根据对致贫原因的不同认识，有学者认为阻断贫困代际传递的教育政策应具有个体主义、结构主义和关系主义三种取

① 朱之文：《扎实推进教育脱贫着力阻断贫困代际传递》，《行政管理改革》2016年第7期。

② 赵为粮：《教育公平的内涵与意义——学习习近平总书记关于教育公平重要论述的体会》，《学习时报》2015年11月19日第8版。

向，并提出要阻断贫困代际传递，需要从人力资本的投入、生产和应用，以及社会关系的重建等方面，提高贫困群体的求学意愿、教育质量和就业质量，增强主流社会对于贫困群体的承认。[①] 这意味着，我国虽已有一些阻断贫困代际传递的教育政策，但这些政策还比较零散，不成体系，需要进行重新设计。

政策设计是指选择适当的政策工具、运用科学的政策方法来达成政策目标的过程。政策设计是政策制定阶段的特殊形式，关涉政策的制定、执行与评估，涉及政策理念、政策主体、受益对象和运行机制。正因为如此，政策设计也被形容为“无所不在的、必要的、困难的”的政策活动。[②] 根据 Linder 和 Peters 的划分，政策设计分为“制定过程的设计”和“政策内容的设计”，并指出政策设计正在从“过程设计”向“内容设计”转变。[③] 此种转变推进了政策设计自身的研究，也标志政策工具进入了研究者的视野，由此衍生出设计的“工具路径”或“政策工具的设计”。[④] 及至 20 世纪 90 年代，政策设计的研究转向了具有复杂特征的“政策组合”，尽管后来被重视分权治理的研究所弱化，但新的混合式的政策工具却应运而生，政策设计的研究仍然被持续关注。正如 Howlett 和 Lejano 所言，理想的政策结果并不会主动转化，而是来自有效的混合式政策工具。[⑤] 进入 21 世纪以来，在 Howlett 等学者呼吁下，“重建政策设计”的主张逐渐成为政策研究领域的新标识。与过去不同的是，21 世纪的政策设计开始转向一些会影响政策问题建构、政策工具选择的情境性因素，如政治环境、工具组合、情景关注等。[⑥] 基

① 孟照海：《教育扶贫政策的理论依据及实现条件——国际经验与本土思考》，《教育研究》2016 年第 11 期。

② 李兵：《公共政策治理框架的建构及其在社会服务领域的运用》，《行政论坛》2018 年第 1 期。

③ Linder S. H，Peters B. G.，“Policy Formulation and the Challenge of Conscious Design” *Evaluation & Program Planning*，Vol. 13，No. 3，1990.

④ L. S. Salamon，M. S. Lund.，*Beyond Privatization*：*The Tools of Government Action*. Washington，D. C.：Urban Institute Press，1989，pp25 – 50.

⑤ Howlett M.，Lejano R. P.，“Tales from the Crypt the Rise and Fall（and Rebirth?）of Policy Design” *Administration & Society*，Vol. 45，No. 3，2013.

⑥ Howlett M.，Mukherjee I.，“Policy Design and Non – Design：Towards a Spectrum of Policy Formulation Types”. *Politics & Governance*，Vol. 2，No. 2，2014.

于此，本部分从政策问题建构、政策工具设计、政策内容设计与政策体系设计四个层面来探讨教育应该如何从五个层级来阻断贫困的代际传递，如图 2—4 所示。

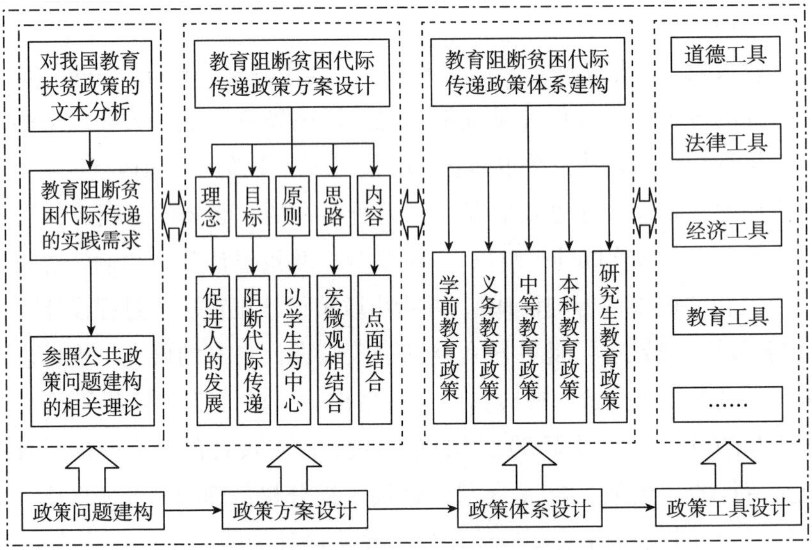

图 2—4　教育五层级阻断贫困代际传递的政策体系

（一）教育五层级阻断贫困代际传递的政策问题建构

公共问题或社会问题进入政策分析或者政策议程后，就变成了政策问题。政策问题是政策制定的首要环节，对政策过程的有效运作具有重要的意义。按照邓恩的观点，问题感知、问题搜索、问题界定与问题陈述是一个完整的政策问题建构过程。相应地，教育阻断贫困代际传递的政策问题建构也应分为这四个环节，其中，问题感知是指某一社会现象被人们发现并扩散，逐渐引起社会公众和政府有关部门关注的过程，这恰能用"教育阻断贫困代际传递的现状"来解释；宏观上整体把握感知到的问题就迫切需要进行多渠道的政策问题搜索，搜索问题的目的不是发现单一的问题，而是发现不同利益相关者的多种问题表达，这恰与"教育阻断贫困代际传递的反思"相契合；政策问题界定解决的是问题由"为什么"向"是什么"的转变，因此需要对"教育阻断贫困代际传递的特征”进行分析；问题描述是对问题性质、价值和意义的阐释，是这一问题区别于其他问题的本质特征，这与“教育阻断贫困代际传递的价值”是吻合的。故此，关于教育五层级阻断贫困代际传递的政策问题建构，可通过实证调查、逻辑反思与文本分析来解决，如图2—5所示。

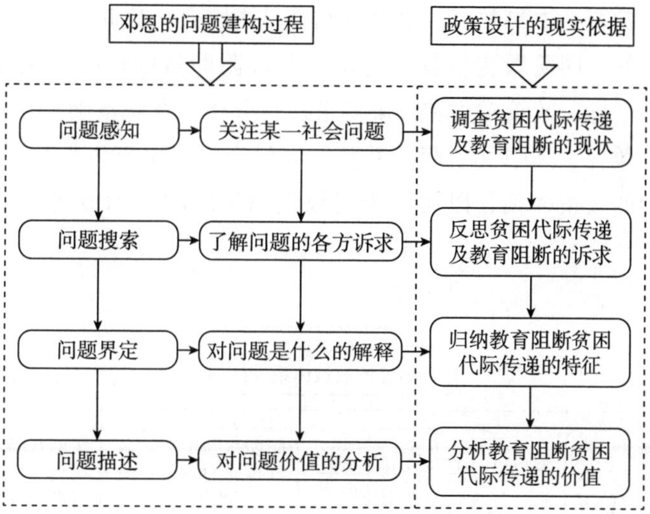

图 2—5　教育五层级阻断贫困代际传递的政策问题建构

（二）教育五层级阻断贫困代际传递的政策方案设计

政策方案是政策分析的产物或成果，是关于解决社会问题、推行政策措施、优化政策活动的制度设想与行动纲领。由于政策方案的核心要素包括价值主张、行动立场、政策规划与利益倾向性，因而设计时需要从方案理念、目标、原则、思路与内容等角度来把握。与其他政策方案不同的是，教育阻断贫困代际传递的政策理念与目标都应是阻断贫困代际传递，促进人的发展，故此方案设计的原则和思路应是在坚持以学生为中心的基础上，结合宏观与微观的政策需要，保障教育对贫困代际传递的五层级阻断。

（三）教育五层级阻断贫困代际传递的政策体系设计

教育阻断贫困代际传递是关系国计民生的重大问题，关系到经济学、教育学、社会学、政治学、文化学等多学科领域，是一个系统工程，仅靠单一的公共政策是无法解决的。因此，需从系统理论出发，将关涉教育阻断贫困代际传递的众多领域进行梳理与分析。同时，教育对贫困代际传递的五层级阻断与教育的五个阶段——幼儿教育、小学教育、中学教育、本科教育、研究生教育基本吻合。故此，应以教育从低级到高级的不同阶段为依据，对每一阶段阻断贫困代际传递的政策立场、政策目标、政策对象和政策要求进行分析。在此基础上，从幼儿教育、义务教育、高中（中职）教育、本科教育和研究生教育五个层面，设计不同的政策体系，以从五个层级阻断贫困的代际传递，如图 2—6 所示。

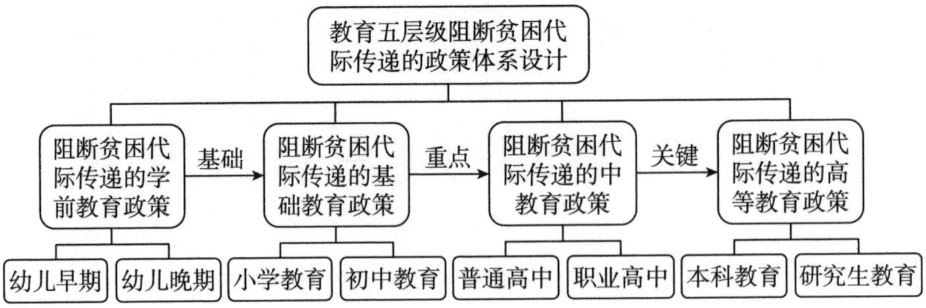

图 2—6　教育五层级阻断贫困代际传递的政策体系设计

（四）教育五层级阻断贫困代际传递的政策工具设计

政策工具是为解决社会问题、达成政策目标而采用的具体方式和手段，是对政策执行过程的一种响应。作为政策实施效果的有效保障，政策工具在政策实践中的重要性日益凸显，研究者也更加注重在执行政策的不同方式与工具之间进行选择和权衡，以达成最优的执行效果。一般而言，根据工具的性质，可将政策工具分为强制性工具、自愿性工具和混合性工具。强制性工具是对作用对象产生直接作用的工具，自愿性工具是由志愿者组织、市场、社区和家庭等自愿完成目标的手段，混合性工具是介于自愿性工具与强制性工具之间的，由政府、市场、社会或家庭共同参与的政策手段。近年来，政策设计的新导向是关注工具设计的复杂性与科学性，强调“工具组合”。按此逻辑，在设计教育五层级阻断贫困代际传递的政策工具时，应考虑混合性工具。也即，一方面，政府应利用政治手段、法律手段与经济手段，出台相应的政策规制，保障贫困人口平等的受教育权；另一方面，也应通过补贴、劝解、说服、税收等方式，培养贫困人群主动接受教育的意识，激发贫困人群的脱贫自觉。

五　教育阻断贫困代际传递的未来图景

习近平总书记指出，教育对贫困地区贫困人口彻底摆脱贫困具有决定性作用。因此，本章探讨的内容，对拓宽教育阻断贫困代际传递的研究视域、丰富教育阻断贫困代际传递的研究工具、构建教育阻断贫困代际传递的理论体系、创新教育阻断贫困代际传递的分析框架、厘清教育阻断贫困代际传递的行动逻辑有重要的帮助和价值。本书最大的贡献是提出了“教育阻断贫困代价传递的五层级分析框架”。之所以认为这是贡献，因为贫困代际传递现象，既是政治学“公平正义”领域的既有议题，也是社会学“阶层流动”领域的核心话语，更是教育学“教育政策”领域的重点话题。虽然已有大量的实验研究指向贫困者的生理机制、心理机制与认知机制，但从认知科学、教育学、政策学相整合的角度，系统地建构与分析贫困代际传递的理论框架、实践场域与政策设计的，还属于首次。本书以人类认知五层级理论为依据，以教育能够提高人类智力为理论预设，将教育阻断贫困代际传递的分析框架界定为五层级框架，即教育是通过提升贫困群体的神经认知、心理认知、语言认知、思维认知与文化认知能力来达成阻断贫困代际传递之目的，故而有一定的创新。

我们知道，教育能阻断贫困的代际传递，但是，教育到底能在多大程度上阻断贫困代际传递，并无系统的评估，更缺乏以学者为代表的第三方的客观评价。为此，在进行政策设计时，应关注以下问题：第一，通过教育供给侧结构性改革，为贫困学生的身心健康与文化特征创造有利条件；第二，从关注分配正义到关注承认正义，重新审视既有制度规则的科学性与合理性，承认贫困学生之间以及贫困学生与非贫困学生之间的差异性，但又不降低对他们的期望，是教育阻断贫困代际传递政策设计的内在要求；第三，政策制定者应认识到贫困的社会建构性与相对性，将贫困的成因置于社会结构之中，这就要求制定阻断政策时，要考虑贫困群体投资教育的意愿、动机，以及接受教育的质量和最终的回报。同时，从社会关系重建的角度，真正消除贫困的代际传递。

当然，为增强教育五层级阻断贫困代际传递的成效，除进一步优化各政策体系的内涵，保证政策体系的一致性、连续性与系统性，调整各政策之间的重复投入、重合现象，协调各政策部门之间的碎片化关系之外，还应科学分析致贫诱因，精准识别教育帮扶对象，合理分配教育扶贫资金，强化教育扶贫政策的执行、监管与评估，提升政策实施的效益。此外，由于贫困代际传递的影响因素较多，家庭因素、人口因素、政治因素、社会因素、文化因素、经济因素、教育因素、环境因素等都会影响，只是教育的影响比重较大；再加上，贫困代际传递的时间耗费较长，短期内难以见成效。因此，要提升教育阻断贫困代际传递的效果，仅仅考虑教育因素还远远不够，还应该从家庭、经济、政治、社会、文化等角度出发，探讨以下保障机制：一是教育阻断贫困代际传递的参与机制。只有社会精英与贫困人群都参与教育阻断贫困代际传递的政策过程，政策内容才能更加契合贫困人群的需求，政策实施才会得到更多人的支持。二是教育阻断贫困代际传递的协商机制。教育阻断贫困代际传递是一个系统工程，需要政府、社会、市场和非政府组织的共同参与，这就需要构建平等的对话机制、协商机制、合作机制与共享机制，使各主体在扶贫中达成共同的目标愿景，实现自主认同。三是教育阻断贫困代际传递的合作机制。当代社会是一个高度复杂与不确定性的社会，这就要求建立为了人的共生共在而建构的合作机制[①]；再加上教育阻断贫困代际传递需要各利益主体——政府、学校、老师、学生、家长之间的密切配合，需要学校教育、家庭教育与社会教育之间的无缝衔接，故而合作机制也是教育阻断贫困代际传递的保障。四是教育阻断贫

① 黄承伟、王猛：《"五个一批"精准扶贫思想视阈下多维贫困治理研究》，《河海大学学报》（哲学社会科学版）2017 年第 5 期。

困代际传递的长效投入机制。教育是从根源上阻断贫困代际传递最重要的手段，是保障2020以后贫困户可持续脱贫的重要途径，但是，与产业扶贫不同，教育阻断贫困代际传递的周期长、效益慢，因而需要长效的稳固投入机制。

第三章　教育扶贫共同体建构的逻辑机理

党和国家历来十分重视贫困问题，甚至在某种程度上可以说，中华人民共和国的发展历程就是一部反贫困的历史。随着中国全面进入小康时代，全面脱贫的攻坚战已经开始。在国家扶贫的宏伟事业中，教育一直都扮演着极为重要的角色。教育对破除贫困人群安于现状、屈从窘境、内化习惯有重要的帮助，而教育短缺则是引发贫困代际传递的罪魁祸首，研究显示，教育对多维贫困的贡献率高达47.27%①；不仅如此，教育短缺还会导致人力资本不足，而人力资本匮乏以及对人力资本投资的过分轻视是贫困的根源②；更重要的是，教育可以给贫困人口创造更多的机会，是确保政治稳定的基础、促进社会繁荣的核心、摆脱长期贫困的关键、切断贫困恶性循环的手段与实现社会阶层向上流动的阶梯。③ 正是由于教育在扶贫中的作用如此重要，与产业扶贫、移民扶贫与项目扶贫相比，教育精准扶贫被认为是最有效、最直接的精准扶贫方式，其在脱贫攻坚中的基础性、先导性、持续性作用不可小觑。基于此，本章从共同体理论出发，以G中学帮扶L中学为个案，对教育精准扶贫的实践探索、行动逻辑与可行路径进行系统的分析。之所以选择“G中学帮扶L中学”这一案例，其原因有三：一是作为全国贫困人口

① 胡兰：《农村教育精准扶贫推进策略研究》，《中国成人教育》2018年第16期。

② 赵建梅：《新农村建设视域中的农村人力资源开发探析——基于舒尔茨人力资本理论的视角》，《华东经济管理》2010年第4期。

③ 柴葳：《教育是最根本的精准扶贫——党中央国务院强力推进教育扶贫工作综述》，《中国教育报》2016年5月3日。

最多、贫困面积最大、脱贫攻坚任务最重的省份之一，G中学和L中学所在的Z省无疑是中国脱贫攻坚的主战场，Z省的脱贫某种意义上就是中国的脱贫，因此Z省教育精准脱贫具有示范作用；二是大部分教育精准扶贫关注的只是校舍建设与师资培训，但该项目从制度建设、教师专业发展、学生成长的角度来帮扶，在师资匮乏、管理薄弱、生源流失的尴尬背后，此种帮扶具有明显的可复制性；三是因为学校是教育帮扶的主战场，所以只有学校能够投入到精准扶贫中去，才能真正实现教育脱贫，从而带动贫困地区教育的均衡发展。进一步分析，该项目是G中学对L中学的点对点精准帮扶，其帮扶的力度、深度和广度较大，帮扶成效显著，案例的典型性可见一斑。

一　教育扶贫共同体建构的缘起与意义

所谓教育精准扶贫，有两种理解：一种认为，教育精准扶贫是“扶教育之贫”，即将教育当成扶贫的关键领域之一，扶贫的任务和目标是实现教育领域的脱贫、促进教育的均衡发展；另一种认为，“依靠教育来精准扶贫”，即将教育作为扶贫开发的手段与工具，通过发展教育来带动贫困地区的发展、克服贫困的代际传递。本章所探讨的教育精准扶贫，主要是第一种理解，即“扶教育之贫”，其理论逻辑在于通过提升贫困地区的办学条件促进教师的专业发展，通过教师的专业发展改变贫困地区的教育理念，进而提升贫困地区学生的核心素养，阻断贫困的代际传递[①]；其核心要素在于通过对贫困地区教育的投入与帮扶，提高当地的教育质量与办学水平，进而实现教育资源的优化配置与均衡发展。[②] 按此理解，教育精准扶贫的对象是贫困地区尤其是连片特困地区的学校、教师与学生，核心内涵是通过精准帮扶改善贫困地区的办学条件、促进教师的专业能力、增强学生的全面发展。

关于教育精准扶贫的研究，学界的探讨主要集中在政策演变、作用

---

① 陈恩伦、郭璨：《以教师精准培训推动教育精准扶贫》，《中国教育学刊》2018年第4期。

② 王嘉毅、封清云、张金：《教育与精准扶贫精准脱贫》，《教育研究》2016年第7期。

范围、实施困境、机制创新等宏观领域。在政策演变方面，从 1994 年的《国家八七扶贫攻坚计划》到 2013 年《关于实施教育精准扶贫工程意见》的出台，教育精准扶贫的重要性日益凸显、功能日益拓展，甚至成为国家“五个一批”精准扶贫最重要的手段，为贫困人口实现可持续脱贫提供了重要的保障①；在作用范围方面，教育精准扶贫包括小学、中学、职业教育与大学等几个阶段，但职业教育阶段使用最多、成效最明显，因为职业教育是培养技能型人才，是最有效的“造血式”扶贫，最能快速提升贫困人口脱贫致富的能力②；在实施困境方面，教育精准扶贫理念的非系统性、操作的非规范性、管理的粗放性、主体的缺失性比较明显③；在机制创新方面，建议健全教育精准扶贫的法律保障机制、供给侧改革机制、合作协商机制与利益共享机制。④ 可以说，现有研究为本章的分析框架与逻辑思路提供了重要的借鉴，但研究的视域大都是经济学、教育学、社会学与 MZ 中学，缺乏政治学、公共管理的理论关照；研究的方法大都是静态描述与质性分析，动态解读与案例分析较少；研究的内容主要是宏观的体制机制与中观的政策实施，鲜有对帮扶双方的行为及心态进行微观分析；研究的空间范围多泛指贫困地区或少数西部地区，对受帮扶学校及其师生的可持续发展关注不够；更重要的是，现有研究忽视了教育精准扶贫需要政府、教育机构、社会和被帮扶对象良性互动的事实，缺乏从共同体的角度来系统思考各参与主体的行为动机与行动逻辑，这对平衡各主体的关系、优化各主体的结构、均衡各主体的利益极其不利，会大大降低帮扶的效果。

其实，已有学者从共同体角度来探讨扶贫各主体及其利益联结机制。例如，徐莉萍等将扶贫投资主体与贫困户之间形成的“风险共担、利益共享”的经济共同体称为利益共同体，并对其绩效进行了评价⑤；谢治菊以塘约村为个案，对该村的扶贫参与主体——政府、村委会、合

① 张翔：《集中连片特困地区教育精准扶贫机制探究》，《教育导刊》2016 年第 6 期。

② 朱爱国、李宁：《职业教育精准扶贫策略探究》，《职教论坛》2016 年第 1 期。

③ 代蕊华、于璇：《教育精准扶贫：困境与治理路径》，《教育发展研究》2017 年第 7 期。

④ 李祥、曾瑜、宋璞：《西部地区教育精准扶贫：内在机理与机制创新》，《广西社会科学》2017 年第 2 期。

⑤ 徐莉萍、凌彬、谭天瑜：《我国农村扶贫利益共同体综合绩效评价模式研究》，《农业经济问题》2013 年第 12 期。

作社、贫困户、村民的相互关系及其行动逻辑进行了建构，这些建构对本章有重要的启发。[①] 一般而言，“共同体”的英文是 Community，最早提出“共同体”概念的是德国社会学家滕尼斯，他在 1887 年发表的《共同体与社会》一文中将“共同体”界定为：建立在自然情感基础上的，具有紧密联系的社会关系或共同的生活方式，以血缘、感情和伦理为纽带，关系亲密、守望相助的群体，主要包括血缘共同体和地缘共同体。[②] 随着“共同体”一词在政治、经济和社会意义上的拓展，这一概念被越来越多的学者赋予了更多新的内涵，及至 20 世纪 80 年代，其定义已高达 140 多条。[③] 整体而言，除“人”这一特殊要素外，共同体的特质并没有达成一致的共识。[④] 一般来讲，地域性、关系性是共同体的核心要素，地域性是先在的，关系性是后来延伸的。正如美国社会学家费希尔曾指出的，社会秩序的保持和社会成员的整合是剧烈社会变迁中的核心问题，故此“共同体”应以社会关系而非地理范围来定义。[⑤] 涂尔干也是关系性共同体思想的代表人物，他的核心则是“机械团结”。所谓“机械团结”，是指个人与社会之间没有中介桥梁，个人直接归属于社会，有机团结的个体共同组成并依赖于社会。因此，“机械团结”的社会是所有成员的共同情感和信仰都被完全吸纳的社会。就此而言，共同体中社会成员的共同观念远远超越了个体观念。[⑥] 波普兰将共同体定义为思想与行动上按普遍道德标准聚合在一起的团体，即为了特定目的而聚合在一起的团体或组织。[⑦] 后来，吉登斯在《现代性的后果》一书中提出了“脱域共同体”的概念，意指传统的、产生于同一时空范

① 谢治菊：《扶贫利益共同体的建构及行动逻辑：基于塘约村的经验》，《Z 省社会科学》2018 年第 9 期。

② ［德］滕尼斯：《共同体与社会》，林荣远译，商务印书馆 1999 年版，第 78 页。

③ 李慧凤、蔡旭昶：《“共同体”概念的演变、应用与公民社会》，《学术月刊》2010 年第 6 期。

④ Hillery, G. A., “Definitions of Community: Areas of Agreement.” *Rural Sociology*, Vol. 20, No. 2, 1955.

⑤ Fischer, C. S., “Toward a Subcultural Theory of Urbanism.” *American Journal of Sociology*, Vol. 80. No. 6, 1975.

⑥ ［英］涂尔干：《社会分工论》，渠东译，上海三联书店 2000 年版第 24 页。

⑦ Dennis E. Poplin, “Communities: a Survey of theories and methods of research” *Social Forces*, Vol. 52, No. 3, 1974.

围的共同体概念正在解构，新型共同体是通过时空重组的方式重构原来的情景。吉登斯之所以认为现代性会导致“脱域共同体”，是因为在现代性背景下，远距离的时间和行为都会对我们的生活产生影响，且这种影响正在加剧，这就是“脱域”①。由此可见，随着时间的推移，共同体概念被不断地瓦解和重构，共同体范围和领域被不断扩大，政治共同体、行动共同体、关系共同体、利益共同体、知识共同体、学术共同体等概念正被广泛使用。正如霍布斯保姆所言，“共同体”一词从来没有像最近几十年来一样不加区别地、空泛地得到使用，因而其原始的地域性和关系性色彩也逐渐被淡化。②

按照张康之的观点，20 世纪后期的共同体呈现出高度的复杂性与不确定性，这就要求建立为了人的共生、共在而建构的合作共同体。合作共同体是合作行动的体系，是高度复杂性和高度不确定性条件下的共同体形式。③ 本章所讲的共同体，指的就是合作共同体。为何教育精准扶贫需要构建合作共同体，因为目前的教育精准扶贫存在以下四方面的弊端：一是扶贫行为短期松散，缺乏后劲。由于具有过程长期性、价值隐藏性和效果迟缓性等特点，教育精准扶贫很难在短时间内看到成效，导致在实际推进扶贫的过程中，往往将区域经济发展等“政绩形式”的扶贫作为扶贫工作的重心和焦点，只将教育精准扶贫看作“任务”进行落实，这将直接导致学校之间的对口交流与合作流于形式，相当程度上忽视教育的长远价值，从而把教育精准扶贫演变成短期化的工作任务。二是帮扶对象缺乏主动，被动接受。按道理，受扶学校应有主动性和选择性，扶贫内容应以受扶学校的内在需求为基础，而不是基于政府的长官意志或帮扶者的意愿来进行，特别是不能在受扶学校不愿意的情况下强加施与。可事实是，部分帮扶以行政命令为主，在没充分考虑学校需求的情况下单方面决定帮扶的内容和形式，帮扶对象只能被动接

① Anthony Giddens, *The consequences of modernity*, Stanford: Stanford University Press, 1991, pp. 2 – 3.

② Hobsbawm E. , *The Age of Extremes: A History of the World, 1914—1991*, New York: Vintage, 1996, pp. 27.

③ 张康之、张乾友:《“共同体的进化”观释义人类社会治理的历史演进逻辑》,《北京日报》2014 年 11 月 3 日第 006 版。

受。三是帮扶关系缺乏平等，单向传递。“帮扶”是强者对弱者的帮助与扶持，彼此的地位肯定不对等，在扶贫中，这种不对等会成为一种“单向度”的、“自上而下”的行为，帮扶学校往往不会主动了解受扶对象的需求，不注意调动受扶学校和教师的积极性，忽视受扶学校和教师的期待，这必将带来事实上的不平等。四是帮扶内容注重形式，忽视内涵。当前的教育精准扶贫缺乏整体的文化设计和纵深规划，没有进行深入的价值思考与思想提炼，无法形成学校发展的核心价值，帮扶的形式、内容、举措随意性强，缺乏稳定性，使教育精准扶贫很难扎根下去，失去了应有的实效性。这四方面的问题是目前教育精准扶贫面临的主要问题，这些问题的成因固然与政策设计、资源困境与个人意志有关，但最关键是没有在扶贫主体之间构建平等的对话机制、协商机制、合作机制与共享机制，以致各主体在扶贫中没有共同的目标愿景，难以实现自主认同、获得组织的归属感，而这些，恰是共同体的基本属性。因为，一个令人满意的共同体应该能及时回应成员的需求，解决成员生活中的困难，化解成员的矛盾，实现成员的归属感。将这一观点映射到教育精准扶贫领域，意味着此扶贫不仅需要进行物质支持，更要强调教育的价值引领，甚至是一起进行精神历练、实现更高境界的教育返乡之旅，从而推动受扶学校的内涵式发展。故此，构建共同体是教育精准扶贫的逻辑起点。

二　教育扶贫共同体建构的案例与价值

党的十八大以来，党中央、国务院将扶贫开发纳入“四个全面”的战略布局。确保全国农村贫困人口实现脱贫，成为 2020 年全面建成小康社会最艰巨的任务。习近平总书记提出了“精准扶贫”的指导思想，并将教育精准扶贫作为国家扶贫开发战略的重要任务，提出了“扶贫先扶智，治贫必治愚”的理念。让贫困地区的孩子们接受良好教育，是扶贫开发的重要任务，也是阻断贫困代际传递的重要途径。为此，2015 年 Z 省出台的《关于坚决打赢扶贫攻坚战确保同步全面建成小康社会的决定》（以下简称《决定》）和《关于落实大扶贫战略行动坚决打赢脱贫攻坚战的意见》（以下简称《意见》），明确指出教育精准扶贫是Z省大扶贫战略的重要举措。为贯彻落实《决定》和《意见》的相关规定，2016年Z省教育厅出台的《Z省教育精准脱贫规划方案(2016—2020年)》指出了Z省教育精准扶贫的七大计划，这些计划为教育精准扶贫提供了重要的保障。

1. 具体做法及成效

为解决位于A市B县L中学管理水平低下、师资力量薄弱、学生流失与辍学严重、学生行为习惯不好等弊端，充分发挥G中学作为省级一类示范性高中的管理与教育资源优势，2014年，B县政府签订帮扶协议，以深层次、立体式的“2+2”扶贫模式，实现两所学校的干部队伍、教师队伍在两校常驻参与管理和互派交流学习，帮助L中学改善学校管理、强化制度建设、提升教学水平，打造教育帮扶从“输血”到“造血”的长效机制。[①] 帮扶协议签署后，通过与L中学领导干部和普通教师深度访谈发现：学校整体办学水平不高，生源质量差，招生没有固定的分数线，学生流失、辍学尤为严重，学生的升学率较低，与周围临近县市相比教学处于较低水平；学校管理制度“有章不依”，一些教师不服从管理，教职员工对学校制度、人事管理、干部任用、奖励绩效等存在意见，认为不够规范与科学；学生行为习惯亟待改进，几乎每一个班级都存在逃课现象，部分男学生抽烟，学生之间因为一些鸡毛蒜皮的小事打架时有发生；教师职业素质亟待提升，高级教师占比不到20%，大多数教师上课还是以传统的讲授法为主，一本书、一支笔、一杯茶是常见现象；教研活动形同虚设，既没有研究教师的“教”也没有研究学生的“学”，更没有研究如何教学结合、教学相长的问题，而是变成了教师的“牢骚会”“抱怨会”，学校管理的“批斗会”[②]。

面对上述问题，在多次协商讨论的基础上，G中学制定了如下的帮扶举措：一是带班子，提升班子领导水平。通过政府关怀建新校、大力配资源、着力抓协调、强力促改革等工程提升班子的荣誉感、责任感、

---

① 王丽、罗羽：《教育扶贫也要“精准”——贵州省GL县教育扶贫调查》，http://www.sohu.com/a/74819041_268507，2018年11月16日。

② 感谢GY市教育局提供的素材。

使命感；通过构建联席会议、对口对标同步、互派项目学习、驻点人员督导等机制，提升班子的教育教学管理胜任能力；通过“造血”“智力”“提质”等一系列举措，提升班子的领导转化力和创新力。二是强教师，提升教师职业化水平。通过G中学教师的榜样与示范，使L中学教师看到标准、找到差距，激发向上的动力；通过对L中学教师的教育和培训，使他们明确要求、找准定位、守好底线；在课题组成员的引领下，对教育教学环节进行过程性的分析和诊断，形成明确的质量导向和公正的价值导向，凝聚人心，同心协力。三是壮学生，激励学生发展内驱力。强化常规管理，使L中学同学明确底线、遵守规范、追求境界，确保教育教学在良好的氛围里良性进展；通过一系列优化生源结构的举措，为教育教学提供良好的环境，努力提升教育教学的效率；通过各类别课程的开发与设置，丰富学校的课程体系，满足并激发同学们的兴趣爱好，引导同学们健康发展；举办G中学与L中学的合作班，与G中学的实验班实施同步教育教学，并建立良性的诊断、竞争机制，提高学生的竞争意识和学习的积极性与主动性。四是增效能，提升学校的管理服务水平。通过选拔配备干部、优化处室配置，为管理提供基础保障；通过与G中学各部门对口对标，实现阶段工作同步并行，优化工作流程；通过互派专项学习，提高管理人员的筹划能力、管理能力、执行能力和操作能力。[①]

经过三年的帮扶，成效比较明显：一是管理规范更加全面。G中学帮L中学修订或新增了18项规章制度，建立了教学质量评价体系，解决了教师上班自由散漫的问题，提升了学校的管理水平。二是校园环境改变明显。校园新增绿化面积30%，实验设施与教学设备投入分别增加468%与100%，也新增不少文化墙、教育基地与录播教室。三是教师能力提升明显。教师的平均年龄由40岁下降至35岁，各级教学名师与骨干教师从4名增至56名，教师教学设计、教学论文、优质课获奖由37人次上升为232人次，科研课题立项由4项上升至9项，指导学生获奖由20人次上升至65人次。这些数据表明，G中学与L中学合作共同体构建以后，对L中学教师的专业发展有很大的帮助，教师的教

① 感谢GY市教育局提供的总结材料。

学水平，校本研修、教育教学科研及学生辅导能力都有了很大的提升。四是学生成绩显著提高。帮扶后，L 中学高考一本、二本的上线率分别提高 190%、200%，由此带来的辐射影响力越来越大，吸引回流优秀教师 20 名到该校任教，吸引回流本县中小学生 1500 名、外县学生 800 名到该校就读。这说明，帮扶后，B 县一中教学学风明显增强，师生面貌大为改观，生源结构显著改善。①

2. 实践价值及意义

在国家教育扶贫政策的指导下，经过深入思考、制订方案与全面实践，G 中学和 L 中学帮扶双方平等相待、互通有无、协同发展，在教育精准扶贫共同体建设的过程中，解决和缓解了部分教育中存在的问题，取得了一些令人欣慰的实践成果，这些实践探索孕育着一些价值思考与实践智慧。

首先，教育精准扶贫的内涵得以丰富。该项目超越传统观念对扶贫工作的理解，在给被帮扶对象各种硬件支持的同时，更强调课程、教学、管理、文化等软件帮扶；从教育自身发展的角度更积极地应对国家宏观政策的要求，让教育的“脱贫”不仅仅是办学条件的改善和摆脱经济的贫困，更是摆脱文化和知识的贫困，而文化和知识的脱贫是更为根本的脱贫，这是教育精准扶贫的内在规定性，更是遵守教育规律的典型表现。这种“精准扶贫”是价值之准、文化之准、生命之准，是真正具有教育学意蕴的精准扶贫，或者说是精准扶贫的教育学样式。

其次，师生的综合素质得以提升。在共同体全覆盖和资源深度共享的基础上，在相互之间真诚的对话交流中，通过 G 中学的积极引领和真诚帮助，L 中学的教师对自身专业的积极体验和感知不断加强。他们将这种情感带到专业发展和日常教育教学中，并合理利用各种载体和途径，展开多种方式的校本研修，专业化程度越来越高，呈现出从新教师到教坛新秀、骨干教师、名教师的结构合理的梯级分布，整体推动了教师的群体发展。同时，L 中学的学生在良好教育生活氛围中，找到差距，激发动力，通过丰富的课程学习，满足了自身的兴趣爱好，打破了过于知识化的传统教育质态，找到了属于自己的生动活泼的学习方式，

① 感谢 L 中学教提供的原始素材。

进一步拓宽视野、增长见识、提升能力、德育孕育，在自身原有的基础上，实现了全面而有个性的主动成长。

最后，良好的教育生态圈得以形成。改变B县落后的教育面貌也是一个拓展性职责。通过G中学的帮扶，L中学的先进办学理念和教育教学水平获得很大提升，成为当地教育的风向标、领头羊和撬动当地教育整体发展的重要支点。L中学前瞻的学校文化追求、先进的教育管理模式、优良的制度设计、缜密的课程体系、有效的教学改进等，都成为其他学校纷纷仿效的对象，从而引领当地其他学校的教育变革，切实优化和改变了B县的教育生态。B县不同学段、不同层次、不同类型的学校进一步重塑学校的教育理念，挖掘学校的内在潜能，相互之间争先恐后、你追我赶，形成了良好的发展氛围。这吸引了更多的小学生和初中生留在B县本地就读，阻止了小学和初中阶段学生较为严重的外流现象，化解学生上学难且获得优质教育更难的社会大问题，从而提高民众对L中学的满意度。此外，区域的优质教育生态又对当地社会生态产生了积极的推动作用，逐步提升群众对政府的信任度和认同感，使人民群众切身体会到政府用心办教育、真心抓教育的教育情怀和实心惠民的担当意识，良好的教育生态圈得以形成。

三　教育扶贫共同体建构的逻辑与机理

教育领域的共同体既是一种学习形式，通过改善学习条件来相互促进；也是一种组织形式，需要建构平等的对话关系；还是一种存在方式，需要有共同的价值规范与制度体系。因此，教育精准扶贫共同体成长的核心要素应是共同的价值规范、完善的制度体系、平等的沟通平台、共享的利益机制。由于共同体成员的行动是集体行动，个体参与集体行动的价值标准是能否在有限的资源内实现成本—收益最大化①；且行动的关键要素是行动者、行动旨向、行动情境、行动规范，因而对于涉及面广泛、参与者众多、需求多样化的共同体而言，要让各成员一致

① ［美］科尔曼：《社会理论的基础》，邓方译，社会科学文献出版社1999年版，第16—35页。

行动达成共同体利益、实现共同体目标，其行动逻辑至关重要。[①] 在本项目中，帮扶者与被帮扶者行动的前提是顶层设计合理、行动的基础是政府支撑、行动的保证是构建机制、行动的形式与目的是平等对话，如图 3—1 所示。这说明，教育精准扶贫共同体要有效运行，顶层设计、政府支撑、机制完善、平等对话必不可少。

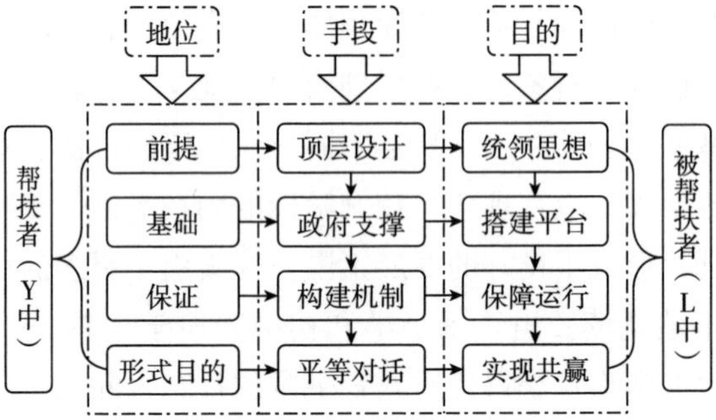

图 3—1　教育精准扶贫共同体的行动逻辑

1. 行动的前提：顶层设计统领思想

奥尔森在集体行动的逻辑中，分析了个体理性与集体理性之间的博弈。他认为，除非强制性规定，寻求自我利益最大化的个人不会按照共同体的利益行事，因为在集体的利益联结中，个体对自利性的考量远远大于集体收益的计算。[②] 这说明，在共同体中，个体是否参与以及多大程度上参与集体行动，取决于两个要素：一是政府的强制性规定；二是个人的受益程度。G 中学帮扶 L 中学的项目首先是政府行为，有强制的意蕴。但是，政府根据被帮扶者的需求，在充分征求多方意见的基础上，进行了全面而明晰的顶层设计，制订了三年的帮扶计划及行动方案，避免了帮扶工作的随意性，这又显示此帮扶有一定的民主性。事实上，通过多轮多种形式的协商对话，进一步深化双方对教育精准扶贫内

① ［美］帕森斯：《社会行动的结构》，张明德、夏翼南、彭刚译，译林出版社 2003 年版，第 75 页。

② Midgley，L.，M. Olson，“The Logic of Collective Action：Public Goods and the Theory of Groups.” *The Western Political Quarterly*，Vol. 22，No. 1，1969.

涵的理解与把握，达成两校之间和师生之间的重叠共识也很重要，这样可推进整个研究的基本框架，研制相关的发展规划，从而使整个项目研究处于一种有序的状态。此外，顶层设计的另一行动是规范制度。针对L中学在考勤、聘任、教学管理、责任认定等多方面存在的制度漏洞，经过前期调研，G中学帮助L中学建立了良好的制度框架，解决了教职工作风散漫、无章可循的窘境，实现了学校秩序的良性运转。最后，帮扶学校通过制定路线图、明确时间表等顶层设计来统领帮扶思想，形成落实帮扶的链条和合力，以一种整体的态势推动教育精准扶贫的发展，由此构成共同体行动的前提。

2. 行动的基础：政府支持搭建平台

在扶贫过程中缺乏制度性行为的政府，却控制着大量的扶贫资源，并承担扶贫效果的主要责任，是扶贫资源分配的决定者和扶贫资源使用的主导者①，因此，提升薄弱学校教育教学质量是教育行政部门的核心任务。在优质学校的帮扶下，政府应发挥强大的作用，加速带动薄弱学校的发展。基于此，在此帮扶项目中，G中学不是与B县教育局和L中学，而是与B县委、县政府签订《合作帮扶办学协议》，协议签署后，县委、县政府从顶层设计上给予了极大的支持：一是成立“G中学帮扶L中学合作办学协调服务领导小组”，由一名县政协副主席常驻学校，负责协调当地所有部、委、办、局。二是明确G中学在帮扶B县合作办学期间享有充分的自主权，L中学实行名誉校长负责制。B县委常委聘G中学校级干部为L中学名誉校长、副校长，B县委组织部聘任G中学中层干部为L中学中层正职的名誉主任。三是积极筹措资金，为L中学搭建了四个平台。通过搭建多个通道，如让L中学参加Z省卓越学校联盟、参加西部教学改革支持计划、参加教育部课题等促进其发展，实现平台资源共享；通过邀请华东师范大学“聚焦课堂”项目组对L中学全体教师进行课堂教学培训，或邀请教育领域专家开展讲座来实现专家资源共享；通过与G中学共享外籍足球教练、外教英语老师、心理健康教育团队、职业生涯指导团队，实现教师资源共享；通过将G中学的课例、教师课件、图库、原创月考卷等学习资源、教

① 唐睿、肖唐镖：《农村扶贫中的政府行为分析》，《中国行政管理》2009年第3期。

师职业发展资源免费提供给 L 中学使用，实现网络资源共享。通过平台资源、专家资源、教师资源与网络资源的共享，G 中学与 L 中学建立了新的利益联结机制，这为共同体的良性运行提供了坚实的基础。

3. 行动的保证：构建机制保障运行

共同体的嬗变源于内外部环境的变化，特别是外部环境的冲击。① 哈贝马斯曾将社会的存在形式分为“生活世界”与“系统世界”两种，共同体的内部世界属于“生活世界”，外部世界是“系统世界”。随着充斥着符号、制度的外部系统世界对内部生活世界的侵入，成员间原有的交往习惯被制度、法律所代替，成为“生活世界的殖民”，重构着共同体成员的行动逻辑。② 即外部系统世界的规范、规则与制度是共同体及成员行动重构的诱因，也是共同体顺利运行的保障。在 G 中学帮扶 L 中学的项目中，正是由于双方协商建立了一系列体制机制，才对 L 中学原有的共同体及成员行为进行了重构，这些机制包括：一是 G 中学名誉校长全面负责制。名誉校长全权代表学校，赋予名誉校长决策权、指挥权、人事权和财务权，健全学校领导组织结构。二是实施名誉副校长定时指导机制。G 中学名誉副校长每周一前往 L 中学抓本周工作的起始和关键环节。三是驻点干部常驻督导机制。G 中学在 L 中学建立帮扶工作组，进行全过程的指导与监督。四是跟岗现场学习机制。L 中学管理团队轮流到 G 中学相应部门跟岗学习，深入 G 中学的管理工作。帮扶三年，L 中学 70% 的教师在 G 中学学习过。五是建立部门对口同步行动逻辑。两校的对口部门就学校教育教学的全方面相互沟通、同步落实、及时反馈。G 中学职能部门开展的相关工作均告知 L 中学，L 中学根据自身发展特色和需要决定是否前往学习。值得一提的是，两校备课组也是对口互动、同步运行的，G 中学各学科备课组在教学进度、教学策略、难度控制、把关命题等关键技术上，对 L 中学进行手把手指导。这些机制有力地保障了共同体的发展。

---

① 朱逸、纪晓岚：《“礼法共同体”的行动逻辑——基于农村新集体化视阈下的村庄图景》，《天府新论》2013 年第 5 期。

② ［英］埃德加：《哈贝马斯：关键概念》，杨礼银、朱松峰译，江苏人民出版社 2009 年版，第 17—22 页。

4. 行动的形式与目的：平等对话实现共赢

腾尼斯认为，共同体是亲密的、单纯的共同生活，它基于血缘、地缘、精神构建而成，成员有着共同的价值取向，彼此之间相互依靠，遵循着默认一致的看法，形成一种持久的支撑与相互的肯定，这是共同体行动的重要参照与准则。[①] 要实现这一目标，平等的协商对话就至关重要。因为在福克斯和米勒看来，虽然政策网络中有“少数人的对话”“多数人的对话”和“部分人的对话”三种形式，但只有部分人的对话是最真实的对话形式，合乎情境的意向性和真诚性，能够避免少数人对话的“专政”与多数人对话的“慵懒”，是一种更加平等的对话形式。[②] G中学帮扶L中学成功的秘诀之一就在于进行了平等的对话与协商。通过对话与协商，形成了牢固的文化价值共识，这是共同体形成的内在追求和灵魂所在，促成了共同体的有效建构。一方面，积极引导L中学规划美好的愿景，建立一流的管理团队和优秀的教师团队，调动L中学干部和教师的主人翁意识和责任，使他们在科学、有效和辛苦的工作中不断增强获得感和成就感，提升对学校的参与度、认同度和满意度。以教师培养为例，G中学教师展开了不同层面的榜样与示范，让L中学教师看到标准、找到差距，激发不断向上的持续动力；同时，制定了教师分类培训、跟岗研修和研讨交流等一系列活动，不断提升L中学教师的专业素养和实践教育教学能力，从而唤醒他们的内在潜能，让他们成为共同体建设的中坚力量。另一方面，G中学在帮助L中学的过程中，也在充分地剖析自我，找出优势和弱项，在帮扶中扬长避短；同时也从扶助对象上发现其优点，诸如艰苦奋斗的精神、教师的敬业、学生的渴学、创造性工作，等等，并以此更新自身观念，砥砺教职工的精神，修正自身的不足，丰富自身的学校文化。在教育扶贫中，平等的对话促成了“在帮扶中学习、在学习中帮扶”的良好格局，最终实现了帮扶双方的共赢。

---

① ［德］滕尼斯：《共同体与社会：纯粹社会学的基本概念》，林荣远译，商务印书馆1999年版，第65页。

② ［英］福克斯·米勒：《后现代公共行政：话语指南》，楚艳红译，中国人民大学出版社2003年版，第143页。

四　教育扶贫共同体建构的路径与愿景

“G 中学帮扶 L 中学”这一案例对共同体建设的启示是：通过协商对话构建共同体的价值规范，通过平等沟通形成共同体的制度体系，通过协同运行搭建共同体的沟通平台，通过资源共享重构共同体的利益机制。经过几年的帮扶，虽然 G 中学和 L 中学的帮扶工作取得了一些成绩，精准扶贫共同体的实践样态初步呈现，共同体产生的效益也得到了家长、社会和行政部门的高度认可；但是，仍然存在一些问题，如管理制度与激励机制不够完善、优质名师不足且分布不均衡、管理水平仍需提升、教师教研教改能力依然不足，等等。因此，从共同体的角度而言，要完善此种帮扶模式，还应考虑以下几方面的问题。

首先，如何激发共同体中受扶学校师生的积极性？要想使教育精准扶贫获得令人满意的实效，就应充分调动广大师生的积极性和创造性，让他们在扶贫实践中真正成为参与者和受益者，使他们的能动性得以充分发挥。教育精准扶贫本身就是为了师生的发展，因此应通过一些有效方式进一步凸显人的作用和价值，如对学生需求的了解要更加具体深刻，为不同学生成长搭建更宽阔的平台；再如，要建设好多元的教师发展平台，完善教师激励机制等可行性制度，制定科学的学校管理、教师发展和学生成长等方面的长期目标和具体的工作指标，制订详细的工作计划和实施方案，加大教育精准扶贫工作的督促和检测，正确评估教育精准扶贫的成效，着重考察人的改变效果等，真正让人站在教育精准扶贫的中央。

其次，如何充分发挥受扶学校自身的“造血”功能？教育是一项百年树人的长期工程，G 中学始终坚持将帮扶工作立于“可持续”的根基之上，牢固树立可持续发展的观念，更加长远地考虑学校的发展，这就必须考虑如何深入推动受扶学校的自主发展。如果对受扶学校进行放手，受扶学校怎样才能拥有可持续发展的能力？如何让文化的价值因子在受扶学校深深地内化和萌发？如何让受扶学校的管理者和教师尽快成长起来？这些都需要进行思考与探索。尽管 G 中学从一开始就尝试打破一般扶贫采取的“输血”模式，尝试努力推进“造血”模式，也取得了一些宝贵的经验，但是这一模式还不是太成熟，尤其在人的培养与机制创新上仍然存在较大的改进空间，而这两方面对于“造血”功能影响巨大。

最后，如何构建可持续的帮扶机制？一是完善激励机制。顶层设计者应将指导专家和受扶老师的待遇制度化，尽可能给老师可持续的物质激励而非简单的精神激励，同时对于效果突出的专家和被帮扶老师给予相应的精神表彰与物质奖励。二是完善沟通机制。建议牵头部门创造机会或平台，给予帮扶专家和受扶老师更多的面对面沟通机会，以增强帮扶的效果。三是构建帮扶反思机制。如果受扶教师坚持进行教学反思，不但对自身的教学能力的提高有重要作用，而且积累大量的专家指导反思的意见，作为其他教师提高教学水平的重要参考。为此，建议搭建基于反思的电子档案评价平台，此平台应包括教师的个人基本情况、职业发展规划、教学资源、个人反思等内容，以促进教师专业发展；应培养教师的反思思维，增强教师自律精神，提升教师自我监控的能力，重视反思方法的应用；应构建适应于教师反思的评价机制，激励其专业发展。

“治贫先治愚，扶贫先扶智”。教育精准扶贫是扶贫的真正基础，是根本性和根基性的举措，是人民过上幸福生活的原动力。正是由于教育在扶贫工作中具有基础性、先导性和全局性作用，这就要求不仅要关注教育对减贫工作的作用，强调“扶贫与扶智”的紧密结合，还要求从共同体的视域出发，在广泛开展教育精准扶贫工作时要立足于当下的扶贫工作实际，注重全局统筹、协调不同利益主体之间的关系，着重关注不同贫困区域、不同贫困类型的教育扶贫工作开展，将眼光放在长远、整体的脱贫工作上，切实提高教育精准扶贫效果的有效性，从根源上彻底解决贫困问题。

第二部分

面向乡村振兴的教育帮扶之东西部协作

第四章　东西部教育扶贫协作的内涵与基础

在党的十九届五中全会上将巩固拓展脱贫攻坚成果和建立农村低收入人口和欠发达地区帮扶机制作为会议的指导思想。党的十八大以来，我国的脱贫攻坚战役已经取得了决定性的胜利，但与此同时，西部地区区位优势相对薄弱、经济社会文化发展滞后、生态环境脆弱、自我发展能力不强等问题凸显，这使当地的脱贫工作极为艰难复杂，已经成为全面建成小康社会的突出短板。在此背景下，党中央、国务院为加快西部贫困地区扶贫开发进程、缩小东西部发展差距，促进共同富裕做出了东西部扶贫协作的重大战略决策。自1996年5月，中央确定北京、上海、天津、辽宁、山东、江苏、浙江、福建、广东、大连、青岛、宁波、深圳等9个东部省市和4个计划单列市与西部10个省区开展扶贫协作，同年10月，中央扶贫开发工作会议进一步作出部署，东西扶贫协作正式启动。20年后，习近平总书记审时度势，把东西部扶贫协作工作提高到了前所未有的地位。2016年7月20日，习近平总书记在银川主持召开东西部扶贫协作座谈会，发表重要讲话。2021年4月8日，总书记再次指出："东西部扶贫协作和对口支援，是推动区域协调发展、协同发展、共同发展的大战略，是加强区域合作、优化产业布局、拓展对内对外开放新空间的大布局，是实现先富帮后富、最终实现共同富裕目标的大举措，必须长期坚持下去。"①组织东部地区支援西部地区20年来党

---

① 习近平对深化东西部协作和定点帮扶工作作出重要指示[EB/OL]，访问于2022年7月3日，http://sc.wenming.cn/tt/202104/t20210409_6008599.shtml。

中央不断加大工作力度，形成了多层次、多形式、全方位的扶贫协作和对口支援格局，使区域发展差距扩大的趋势得到逐步扭转，西部贫困地区、革命老区扶贫开发取得重大进展。在西部地区城乡居民收入大幅提高、基础设施显著改善、综合实力明显增强的同时，国家区域发展总体战略得到有效实施，区域发展协调性增强，开创了优势互补、长期合作、聚焦扶贫、实现共赢的良好局面，这在世界上只有我们党和国家能够做到，充分彰显了我们的政治优势和制度优势。2021 年我国第十四个五年规划中将东西部扶贫协作向东西部协作转化。今后，东西部协作将继续为防止返贫、乡村振兴及迈向共同富裕的道路上发挥积极作用，所以东西部协作和对口支援必须长期坚持下去。其中“组团式”教育帮扶更是作为在东西部协作的主要内容之一。正如 2015 年 11 月 25 日审议通过的《中共中央国务院关于打赢脱贫攻坚战的决定》明确将“发展教育”作为“五个一批”脱贫的重要举措；习近平总书记也多次指出要让贫困地区、西部地区的孩子接受有质量且公平的教育，就要坚持“扶贫必扶智，治贫先治愚”，将教育作为阻断贫困代际传递的根本策略。2015 年，教育部等四部委就联合印发了《“组团式”教育人才援藏工作实施方案》，开创了“组团式”教育帮扶的先河。该模式是过去分散式教育援藏模式的推陈出新，着力从“输血”向“造血”的深度支援转变，实现教育帮扶领域内“单打独斗”向“组团帮扶”的转变。但是可以看出，目前的研究要么多是基于宏观层面的理论研究以及设想，要么是从教育扶贫的角度出发进行探讨，缺乏从帮扶的角度出发进行研究。基于以上原因，本章将从教育帮扶的视角出发，以西部地区为研究对象，以西部地区“组团式”教育帮扶为研究内容，尝试性地对西部地区的“组团式”教育帮扶的现状进行研究及讨论，进而能够让西部地区“组团式”教育帮扶能够更加精准化、均衡化和科学化，提供一些参考和借鉴。

一　东西部教育扶贫协作的内涵价值

东西部教育扶贫协作主要是“组团式”教育帮扶。“帮扶”一词，从字面上的意思来看即是帮助、扶持的意思，而教育帮扶就是指从教育的角度出发，对需要帮助的人进行教育方面的帮助扶持，在推动全国教育优质均衡发展、缩小东西部发展差距、加强民族团结、维护社会和平稳定等方面具有独特功能和优势。① 众所周知，西部地区整体发展相对落后，尤其是教育发展的落后，使其难以有效发挥教育扶贫的功能和价值，因而急需对其进行帮扶和支持。② 通过发达地区的教育部门对相对贫困地区各个类型的帮助来带动相对贫困地区的教育发展，让贫困地区的孩子接受有质量且公平的教育，是教育帮扶的使命和任务，也是携手奔向小康社会的关键③，以此来保障脱贫攻坚的成效。教育帮扶的类型主要涉及教育的培训制度、教育观念的更新、教育人才的交流与互动、两地学校结对关系的建立以及资金援助和毕业生就业工作的推进等方式，从而促进贫困地区的教育能够得到迅速的发展和根本上的改变。基于这些教育帮扶策略的创立、发展中的具体实施方案以及实施中出现的演变，从而分析出教育帮扶对于贫困地区稳定持续发展的意义。所以本书所讨论的教育帮扶是在东西部协作之下的教育帮扶，将“教育帮扶”定义为从国家层面对贫困地区提出相关的教育保障的建议，开展教育理念和教学方法的帮扶行动，使得贫困地区能够在这样的帮扶条件下能够持续稳定的脱贫。

1. 帮扶内涵

东西部扶贫协作的关键在于提升民族地区和贫困人口的自我发展能力，形成稳定脱贫和持续发展的有效机制，而稳定脱贫和持续发展有效机制建立的关键在于教育帮扶，以及由此带来的贫困代际传递阻断。因此，2015 年 11 月 25 日审议通过的《中共中央国务院关于打赢脱贫攻坚战的决定》明确将“发展教育”作为五个一批脱贫的重要举措；习近平总书记也多次指出要让贫困地区、民族地区的孩子接受有质量且公平的教育，就要坚持“扶贫必扶智，治贫先治愚”，将教育作为阻断贫困代际传递的根本策略。可见，教育帮扶是东西部扶贫协作的主要内

① 郑刚：《建立教育对口支援长效机制的政策分析》，《中国教育学刊》2012 年第 7 期。

② 江星玲、谢治菊：《协同学视域下东西部教育扶贫协作研究》，《民族教育研究》2020 年第 6 期。

③ 谢治菊：《教育五层级阻断贫困代际传递：理论建构、中国实践与政策设计》，《湖南师范大学教育科学学报》2020 年第 1 期。

容之一，也是实现东西部教育均衡发展的关键。然而，受体制机制、政府政策、思想观念、行为模式等因素的影响，东西部扶贫协作在理念、人才、资金和项目等方面还存在一些障碍，因此需要激发东西部扶贫协作的合力，从教育这一基础性要素入手，阻断贫困代际传递。正因为如此，东西部扶贫协作中的“教育帮扶”才得到了国家层面的高度重视。需要特别说明的是，东西部扶贫协作下的教育对口帮扶，初期的帮扶形式是派出零散的支教教师，有的叫也“教育对口支援”，现在已发展为大规模“组团式”帮扶了。为准确表达东西部扶贫协作下的教育帮扶，我们将其称为“东西部教育扶贫协作”。

所谓“东西部教育扶贫协作”，是指在东西部扶贫协作的框架下，按照平等协商、自愿参与、合作共享的对话原则，东部对西部教育进行精准、系统、全面帮扶的过程，该协作有以下特点：第一，是在东西部扶贫协作的前提下进行的，东西部扶贫协作主要强调东西对西部的帮扶，包括产业帮扶、旅游帮扶、医疗帮扶、教育帮扶、就业帮扶等，考虑到教育具有扶贫的功能，对阻断贫困代际传递具有重要的价值，因此教育帮扶是东西部扶贫协作最重要的内容；第二，东西部教育扶贫协作是将“教育”作为协作对象，是东部扶西部的“教育之贫”，是典型的“教育帮扶”；第三，东西部教育扶贫协作是一种“点对点”的精准帮扶，其帮扶的形式主要有管理输入、教学帮扶、培训指导等，帮扶的目的是促进贫困地区学生的行为改善和学业进步、增强教师的教学水平和专业发展、提升学校的教学效果与社会影响、促进当地的教育水平与教育发展；第四，“东部对西部的教育帮扶”是东西部教育扶贫协作的首要内涵，但此协作也需要在坚持“平等协商、自愿参与、合作共享”的基础上，实现东西部教育的双向互动、共同发展和协同治理。

目前，东西部教育扶贫协作的主要方式是“组团式”教育帮扶。“组团式”教育帮扶是促进民族地区教育发展的一种援助模式，是提高民族地区教育质量、促进教育公平的重要手段，是发挥东西部扶贫协作中教育基础性、先导性、根本性作用的重要手段，意指由对口支援省（区、市）和省内中心城市及有关部门单位，按需组团选派优秀管理人员、支教队伍、培训团队，专门针对民族地区一个贫困县或一所薄弱学校开展的教育对口支援新模式。早在 2015 年，教育部等四部委就联合印发了《“组团式”教育人才援藏工作实施方案》，开创了“组团式”教育帮扶的先河。该模式是过去分散式教育援藏模式的推陈出新，着力从“输血”向“造血”的深度支援转变，实现教育帮扶领域的“单打独斗”向“组团帮扶”的转变，这种转变是新时代教育援藏工作模式和实施路径的一次重大创新。随后的 2016 年 8 月，全国百强名校长、杭州学军中学校长陈立群受邀到 GZ 黔东南州台江 MZ 中学支教并担任校长，由此拉开了东部各省“组团式”帮扶 GZ 教育的序幕。为强化这一行动的实践价值，增强教育在东西部扶贫协作中的作用，实现东部省份如广东、浙江、上海等对 GZ 教育的全方位扶持，2019 年 3 月 30 日，GZ 省深化教育医疗组团式帮扶工作推进会在 GY 召开，会上下发了省委组织部等四部门联合印发的“教育医疗组团式帮扶工作指导要点”；2019 年 4 月 9 日，GZ 省教育厅结合指导要点，正式下发了《GZ 教育组团式帮扶实施方案》。这一将“组团式教育帮扶”正式命名的标志性文件，规定帮扶的主要地区是 GZ 的民族地区与深度贫困地区，不仅表达了省委省政府想利用东西部扶贫协作平台补足 GZ 教育短板的急切愿望，也突显出新时代扶贫扶智的迫切要求。因此，尽管运行的时间不长，但截至 2019 年 12 月，全省 8 个市（州）66 个贫困县共有 2632 所乡镇中心校以上的学校都与东部省份建立了一对一的教育帮扶关系。由此可见，作为东西部扶贫协作最重要的内容，无论是新疆、西藏还是 GZ 民族地区，“组团式”教育帮扶的价值都得到了有效凸显，如何在凝练经验的基础上，系统分析其核心要素、运行机制、实践困境、典型案例和优化路径，对发挥民族地区的教育扶贫功能、带领贫困人口一起奔小康具有重要的意义。

2. 帮扶主体

“组团式”教育帮扶的实现需要充分调动多方利益相关者的积极性，让政府、学校以及教师和学生都参与到民族教育扶贫工作中去，形成各个主体之间互相配合、优势互补的协同效应，加强民族教育扶贫的凝聚力和向心力，提高扶贫效率效益，形成全方位的民族教育扶贫实现保障。①

从政府主体来看，作为能够分配公共资源的公共服务者，在教育帮扶的进程中政府自然是拥有主导性的地位的。而政府作为教育帮扶的主体，在对优化顶层设计上具有至关重要的作用，通常来说，在结对帮扶的两地之间，政府往往会互派人员挂职，在教育帮扶中，两地教育部门的一些领导干部互相到对方的属地部门进行挂职学习，通过一段时间的挂职后帮扶方充分了解了当地情况后因地制宜地给出一些解决方案和建议，而被帮扶方在发达地区学习后找到自身的差距与不足，在挂职结束后回到当地解决当地所面临的问题。同时，政府部门还可以充分发挥自身的主导作用，在社会上去寻求更多的资金以及其他方面的支持。

学校作为“组团式”教育帮扶中的主体，在教育帮扶的过程中起到的作用同样也不能忽视。在东西部两地之间，西部贫困地区的学校基本上都与发达地区的学校签订了一对一的结对帮扶协议，通过这样的帮扶模式，实现结对帮扶的全覆盖。在结对帮扶的学校中，帮扶方还派遣学校优秀管理干部到贫困地区学校担任挂职副校长或者教学管理的指导员，通过这样的方式全面地了解清楚贫困地区学校的教师教学能力、学校设施设备等情况，从而来促进学校层面管理思维以及教学方式的改变。

从教师及学生的层面来看，这两个主体作为教育帮扶的直接受益对象，在教育帮扶的工作中发挥重要作用。在教育帮扶中对教师的教学、教研能力的提升是十分明显的。因为在帮扶中，不仅仅是让发达地区学校的优质教师来到贫困地区学校进行帮扶，还组织贫困地区学校的教师共同到发达地区学校去进行挂职学习。而对于学生而言更是如此，通过与来帮扶的教师交流学习，打开了思维，同时在遇到暑假时一些地方还会组织贫困学校的学生到发达地区开展“夏令营”活动，以此方式来帮助学生立志、笃志、酬志，促进学生的全面发展。

3. 帮扶方式

“组团式”教育帮扶方式在不同历史时期体现出不同的特征，历经

① 袁利平、张欣鑫：《教育扶贫何以可能——多学科视角下的教育扶贫及其实现》，《教育与经济》2018 年第 5 期。

了20世纪50年代以内地抽调教育人才的模式、70年代以定区定校包干的模式以及90年代“对口支援、定期轮换、分片负责”的模式。[①]进入21世纪的东西部扶贫协作阶段，则进入了多元组团模式，准确来说我们将3人或3人以上对一个点进行帮扶定义为“组团式”帮扶。由于每个区域有每个区域的特性，所以，发达地区选派优质教师到贫困县开展“组团式”教育帮扶工作的帮扶方式也有所区别。目前来看，主要的帮扶方式有以下几种。

一是通过派遣优秀教师到各个县里开展帮扶支教工作，持续增强教育帮扶的力量的方式。前来帮扶支教的教师还对所帮扶的学校进行诊断式的教学视导，通过对学校教学视导、诊断与分析，加强教学过程管理，抓好教学常规、深化教学改革，提高教育教学质量和学校办学水平，促进学校内涵发展进行了精准把脉，在所帮扶地的教育系统中受到了良好的反响。同时贫困地区的教师以及专业技术人也到发达地区进行跟岗学习，充分地利用好发达地区的优质教育资源，以此来不断地提升自身的教学水平和专业技术。不仅如此，在派遣到贫困地区学校的优秀教师当中一人作为当地学校的挂职副校长，从学校的管理层面对当地学校进行帮助，通过这样的指导模式，引进先进教育理念，推动学校“查问题、促改进”，提升学校教学教研业务水平。

二是加强交流培训的方式。开设“小学校长”“小学教研”等专场，覆盖所结对帮扶的县，突破县域限制，始终把提升贫困地区的师资力量放在重要位置。同时，运用线上平台的相关技术，将帮扶地与被帮扶地的中心校进行线上集体备课研讨活动，把教师能力培养提升向更远的学校延伸。充分将发达地区的先进信息技术、智能技术资源借鉴运用起来，协商共建互递课堂、创客教室等硬件资源，协调两地公共服务云平台进行用户认证对接，通过建立完善远程教学等机制，打破在线课堂、在线进修壁垒，保障远程培训制度化、长期化、规范化，提升教育水平。不仅如此，还提供“上门式”指导调研服务。由被帮扶地区的政府组织，把前来帮扶的人员力量进行一个整合，集中的对贫困县的某

① 徐姗姗、羌洲：《新时期教育扶贫模式的重大创新：“组团式”教育人才援藏》，《中国藏学》2018年第3期。

一个学校在发展中存在的问题进行把脉问诊。同时，还组织教育部门相关领导到学校进行调研指导教科研工作并随机进行“推门听课”教研活动，进一步提高课堂教学的有效性。

三是两地联合办学的方式。通过两地之间联合办学达到从“打造一批带不走的教师队伍”迈向“打造一批带不走的优质学校”的目标，从而促进当地教育的长久可持续发展，并且通过这样的途径培训被帮扶学校师资，提升薄弱学科的教研水平。同时支持援建各类场室，发动社会力量资助贫困学生，聚焦薄弱方面重点帮、全面扶，以点带面，加快两地教育大融合，促进贫困地区教育质量全面提升。不光如此，同时还会组建一个优质的团队，由当地的优秀教师有过学校领导经验的老师担任校长，再配备几位到发达地区专门培训的同志担任副校长以及到贫困地区来挂职的副校长组成一个专班，以此来对学校的建设和管理提出建设性的建议。

4. 帮扶价值

传统的教育帮扶模式的特点主要是分散式援教、外部援助、大水漫灌等特征①，与之相比，“组团式”教育帮扶的特点主要是集中式、内生性、精准性等，其价值主要体现在以下几个方面：

一是推进了贫困地区的贫困人口素质增长。在扶贫的目标上重点培育贫困对象的自我发展能力，在扶贫进程中，将扶贫同扶志、扶智相结合，将输血与造血相结合，激发贫困对象内在动力，增强自我发展能力，形成持续反贫困机制②，这不仅只是针对学生课本上的知识来展开，同时也强调了对思想、价值观、意识形态的教育与培养、帮助贫困地区的贫困学生建立一种正确的价值观和思想意识。通过这样的教育帮扶对教育进行改革，可以丰富贫困地区学校的教学课程，使得贫困地区的学生也能享受到更多的素质教学内容。例如艺术相关的课程。除此之外，教育帮扶的内容还包括将发达地区的优秀教师请到贫困地区的学校进行授课，通过现场观摩发达地区优秀老师的授课可以让贫困地区的老

① 王学男：《公共政策评估框架下深化“组团式”教育人才援藏的政策研究》，《民族教育研究》2020 年第 4 期。

② 江星玲、谢治菊：《协同学视域下东西部教育扶贫协作研究》，《民族教育研究》2020 年第 6 期。

师能够直观地感受到差异，补足自身的不足之处。

二是促进了贫困地区经济的快速发展。建立了双向流动的帮扶模式，在现有已建立帮扶关系学校的基础上，进一步完善校际对口帮扶，通过多种形式继续深入推进互派校长、教师交流，共同开展教育教学研究，全面提升被帮扶地教师队伍的教育管理水平，发挥示范引领作用。同时，要有针对性地对全州贫困家庭和高职中专以上学生开展精准教育帮扶，打开培训和就业通道，以此来确保贫困地区经济的持续且快速的发展，从而阻断贫困的代际传递。

三是保障了民族平等发展的权利。“组团式”教育人才援助西部地区在价值选择上，促进了民族平等团结、社会稳定及我国社会整体进步。[①] 由于贵州的大部分贫困地区都是少数西部地区，与发达城市相比，教育资源、教育水平等都是相对滞后等。在这样的情况下，要谋求西部地区的教育稳定和发展则需构建一套行之有效，符合西部地区实际情况的方式，而“组团式”教育帮扶正好能够保障少数民族的教育水平并且一定程度上补充了教育资源的不足。所以正是这些特点使“组团式”教育帮扶模式成为一种先进、有效的教育帮扶模式。

二　东西部教育扶贫协作的理论基础

1. 教育公平理论

春秋末期我国著名的大思想家、大教育家孔子在其一生的教育事业中提出了有教无类的观点，认为每一个人都有接受教育的机会并且应该根据学生自身的特点对其进行教育。孔子认为不论学生的贫富贵贱都应当以一样的眼光来看待学生，正是由于这样的思想才使得在那个时代里的学风不断地变好。在西方，古希腊著名教育学家柏拉图最早曾提出了教育的对象应该要包含所有的自由民，他认为国家应当担负起管理教育的责任。由此，柏拉图提出了要实施义务教育的主张，他认为人的基础教育十分重要，尤其是针对哪些还没有形成自身性格的孩子而言。[②] 同

① 刘复兴：《教育政策价值分析的三维模式》，《教育研究》2002 年第 4 期。

② ［古希腊］柏拉图：《理想国》，张子箐译，光明日报出版社 2006 年版，第 172—173 页。

时，亚里士多德也曾提出要用法律的形式来保护自由民享受教育的权利。①

现当代许多的学者也对教育公平理论进行了探讨，同时，对教育公平理论做了很大程度的补充。美国著名的学者科尔曼对现当代的教育领域进行了一次普及面很广的调查，通过调查后他认为社会经济发展的不平等可能会导致教育领域出现不公平的现象。他认为有着更优越的社会经济地位以及生活环境的家庭的学生，更有机会取得更好的成绩。而瑞典著名的教育学家托尔斯顿·胡森将教育公平分为了教育的起点公平、教育的过程公平、教育的结果公平三个方向。首先教育的起点公平就是指人人都应该有权利享受公平接受教育的权利，只有实现了在起点上的公平，才有机会去实现其他方式的公平。过程公平是指在受教育的过程中，每个人都应该有追求更高学术成就的机会，同时也要保证其受教育的质量。而结果公平就是指在实现了以上两个公平后，能够对学生因材施教，最后公平的取得在学术上的成就。②

从以上各个学者对教育公平理论的分析来看，要实现教育公平是一个从初级到高级的过程，但是要实现这样的教育公平则需要从国家的层面出发，对弱势的群体进行一些政策上的倾斜，目前的"组团式"教育帮扶正是这样的方法，他能够尽可能地让由于经济差异所产生的一些不平等得到改善，同时也能很好地使落后地区的人们看到教育上的差距，从而激发出自身的内生动力，促使教育公平的实现。

2. 协同理论

协同学理论由德国物理学家赫尔曼·哈肯（Hermann Haken）创立，研究各种不同性质的微观子系统（如电子、原子、细胞等）所构成的各种系统，并关注子系统是怎样通过合作及彼此间协同、竞争使系统在宏观结构上产生在时间结构、空间结构或功能结构上的相变。③ 简言之，协同学是研究系统如何从无序到有序、从有序转变为

---

① ［古希腊］亚里士多德：《政治学》，吴寿彭译，商务印书馆 1983 年版，第 406—407 页。

② ［瑞典］托尔斯顿·胡森：《平等——学校和社会政策的目标》（上、下），张人杰译，《外国教育资料》1987 年第 3 期。

③ 郭治安：《协同学入门》，四川人民出版社 1988 年版，第 2 页。

新有序状态的理论。[①] 若要运用协同学的原理分析和研究系统相变[②]的状态或情况，要求所研究对象应具备与协同学理论相契合的特性。东西部教育扶贫协作系统具备这些条件和特性，具体体现在以下几个方面，见图 4—1：

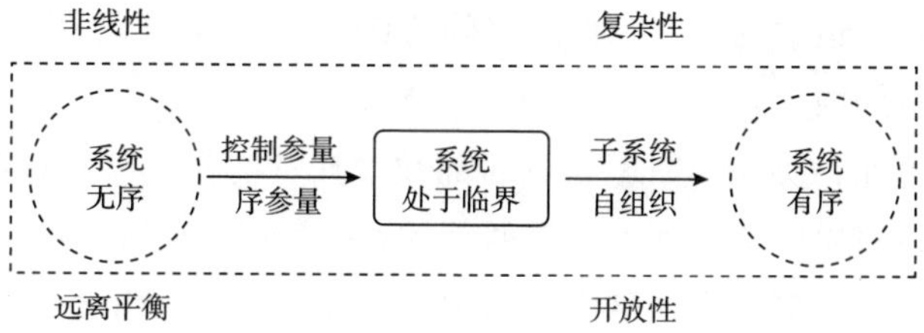

图 4—1　协同学视域下的东西部教育扶贫协作

一是东西部教育扶贫协作是一个复杂开放的系统。就其复杂性而言，主要体现在以下几方面：一是教育扶贫是转变人的思维、认知、理念的过程，而人本身具有复杂性；二是东西部教育扶贫协作系统是由政府相关部门、学校、企业、社会组织等多个子系统组成且这些子系统之间是相互影响、不断变化的；三是东西部教育扶贫协作系统是跨省市、跨部门的扶贫合作。就其开放性而言，东西部教育扶贫协作系统并不是孤立封闭的，需要不断地与外界进行物质、能量和信息的交换。

二是东西部教育扶贫协作系统内部存在非线性作用。系统的非线性作用是指自变量、因变量之间并不是简单的线性关系，难以运用常规逻辑对其变化结果进行预测。[③] 对东西部教育扶贫协作系统而言，它涉及帮扶人员、帮扶对象、帮扶内容、帮扶环境等多个要素，而这些要素之间并不是简单的因果关系，而是相互影响、相互制约的，难以用普遍简单的规律加以概括。同时各个地区扶贫对象需求不同、致贫因素各异，

① ［德］赫尔曼·哈肯：《协同学——自然成功的奥秘》，戴鸣钟译，上海科学普及出版社 1988 年版，第 11 页。

② 协同学认为物质所处的不同结构或状态称为不同的相，如气体、液体和固体就是空间结构不同的三种相。在一定条件下，系统从一种相转变为另一种相的现象称为相变。

③ 张立荣、冷向明：《协同治理与我国公共危机管理模式创新——基于协同理论的视角》，《华中师范大学学报》（人文社会科学版）2008 年第 2 期。

扶贫文化、理念不同及精准识别、管理、监督机制等差异，使得扶贫效益或模式难以放之四海而皆准。因此，东西部教育扶贫协作系统内部存在许多非线性作用。

三是东西部教育扶贫协作系统远离平衡状态。东西部教育扶贫协作系统远离平衡状态是指政府、企业、学校、社会组织等扶贫子系统处在一个相对独立运动的状态，彼此之间合作关联性不够强，尚未形成协同有序的扶贫局面。

综上可知，协同学原理与东西部教育扶贫协作具有良好的契合性。因此，可以将协同学原理引入东西部教育扶贫协作研究之中。基于协同学视角分析东西部教育扶贫协作，主要从以下三个方面着手：首先，以典型案例为突破口，阐述东西部教育扶贫协作的协同效应初步形成的条件和过程；其次，反思东西部教育扶贫协作协同效应尚未真正形成的表现；最后，提出优化策略促进东西部教育扶贫协同效应的形成，推动东西部地区教育协同发展。

三　东西部教育扶贫协作的协同机理

目前，我国东部地区有 9 个省（直辖市）和 13 个大城市与西部多个省市建立了对口帮扶关系。其中，贵州曾经是全国贫困人口最多、脱贫任务最重的省。2016 年东西部扶贫协作座谈会在银川召开后，调整上海市、苏州市、杭州市、广州市、大连市等 7 个城市一对一帮扶贵州除贵阳市之外的 8 个地州市，广州市对口帮扶黔南州州和毕节市两个市（州）。近年来，7 个大城市不断加大东西部扶贫协作的力度。截至 2019 年 12 月，贵州 8 个市（州）66 个贫困县共有 2632 所乡镇中心校以上的学校都与东部城市建立了“一对一”或“多对一”的教育帮扶关系。其中最为典型的是杭州市委组织部派任全国百强名校长陈立群同志担任台江民族中学的校长，并先后派出 21 名学科专业教师协助其开展支教工作，从而开启了贵州省东西部教育扶贫协作的新篇章，为台江乃至贵州打赢脱贫攻坚战铺就坚实之路。

台江民族中学是 TJ 县唯一一所普通全日制高中，长期存在因教学质量差而导致优质生源外流及贫困学生辍学、失学率偏高等问题。陈立群校长团队为改变这一局面，采取了一系列的扶贫措施，具体包括：第一，制定了包括《TJ 县民族中学职工考勤处理办法》《教师课堂教学常规》等在内的 16 项学校管理规范和制度；第二，改善教学环境和基础设施，如 2019 年借助杭州市资助的 2000 万元为民中再建一栋综合性教学大楼，以改善学校信息化、智能化教学环境；第三，采用“走出去，引进来，强发展”等方式，优化教师队伍，培养优质人才，为其培养一支高质量的教师队伍；第四，借助社会力量，帮助贫困学生立志、圆梦，如中国华侨基金会、浙江省甘霖基金会资助创办“甘霖班”和“树人班”以培养家庭困难、成绩优异的学子；第五，扶家长的志，让百姓们充分认识到教育对于改变贫穷落后面貌的重要意义。台江民族中学在陈立群及支教团队的扶贫带领下，教学质量显著提升。2018 年有 901 名学生参加高考，其中有 450 名同学达到本科录取分数线，有 8 名同学超过 600 分，打破了 TJ 县 11 年来高考没人考过 600 分的历史记录。2019 年高考，一本、二本上线人数相比 2018 年分别增加了 34 人和 111 人，取得了历史最好成绩。2020 年高考成绩再创历史新高：一本上线 270 人，比上一年增加 163 人；二本以上上线 809 人，比上一年增加 248 人，本科上线率从原来的 10% 提高到现在的 79. 2% 。

台江民族中学之所以取得优异的成绩，原因是多方面的，主要是教育扶贫协作多元主体——政府、企业、学校、社会组织等构建了良好的扶贫局面，而参与其中的帮扶人员、帮扶对象间也建立了平等协商的协作关系，初步实现了协同扶贫效应。那么，台江民族中学教育扶贫协同效应是如何形成的呢？其具体协同机理如下。

首先，控制参量是教育扶贫协同效应形成的外部条件。控制参量是指外界环境对系统相变起决定性作用的各种因素之和。它通过对物质流、能量流、信息流等调控和输入，从而对系统内部施加作用，使系统内部子系统的关联增强或减弱，促进或阻碍系统的演变进程。因此，控制参量是系统协同有序的前提。在教育扶贫协作过程中，如果控制参量对扶贫协作系统不利，则会弱化子系统间的关联性，使得各子系统各自为政，系统会偏离平衡状态，处于混沌和无序状态；反之，增强各子系统间关联性，促使系统内各要素间协同有序运行，使系统逐渐趋于平衡状态。

就台江民族中学教育扶贫协作系统而言，一是省级政府领导高度重视，不仅在顶层设计上制定了相关的扶贫政策和方案，如《贵州省深度贫困地区脱贫攻坚行动方案》《贵州省深度贫困地区教育精准脱贫三年攻坚行动（2018—2020年）》等，而且多次调研考察，了解所需、提供所能，给予扶贫人员生活、工作补贴和保障，提供政府层面的支持和配合。这对扶贫工作的开展和扶贫方案的实施起到了至关重要的作用，增强了扶贫子系统之间的关联性，深化了彼此相互合作与交流。二是舆情民意、社会监督的作用。如陈立群校长放弃百万年薪到贵州扶贫支教得到社会各界的赞扬，新华网、人民网等媒体纷纷对其报道，这种正面宣传和报道既起到了监督作用，又促进了台江百姓对陈立群团队扶贫工作的肯定和认可。政策的支持和社会监督给台江民族中学扶贫系统提供了良好的外部保障条件，同时也增强了系统的开放性。

其次，序参量是教育扶贫协同效应形成的内在动因。协同学认为序参量是由系统内部子系统通过协同、竞争相互作用而产生的，同时又通过制约、支配子系统的运动，从而达到对整个系统演变过程进行支配之目的。[①] 序参量是系统协同有序的关键要素，若序参量对系统内部子系统支配得好，系统有序化程度高，由此产生的协同作用将会助推内部子系统和各要素产生协同放大效果，从而使系统达到高效协同状态，反之，会阻碍系统内部各子系统及要素间的协作，从而使系统处于低效协同状态。因此，序参量是系统演化和协同有序的内在动因。

对台江民族中学教育扶贫系统而言，虽然在扶贫初期，扶贫各子系统相对独立行动，彼此间关联性较弱，系统序参量也难以形成。[②] 但随着上级领导的高度重视、扶贫政策制定、扶贫协议的签订及新闻媒体的宣传，控制参量逐步达到阈值。与其同时，陈立群校长礼贤下士、率先垂范的领导力，感染了台江民族中学的教师、学生和家长，推动彼此相互信任，融为一体，携手同行，形成相互尊重、平等协商、友好合作的良好局面。另外，在贵州、浙江两省政府推动及媒体

① 李汉卿：《协同治理理论探析》，《理论月刊》2014年第1期。

② 朱飞：《协同学视阈下的高校多元协同创业教育研究》，《高等工程教育研究》2016年第5期。

的宣传报道下，很多企业和社会组织主动参与，纷纷捐款捐物，形成政府、学校、企业、社会组织等广泛参与扶贫的格局，进而推动系统序参量“协同扶贫绩效”逐步产生。“协同扶贫绩效”既支配政府、学校、企业及帮扶人员、帮扶对象等子系统的行为，又受这些子系统行为的制约和影响。如图 4—2 所示，在序参量的作用下，扶贫协作系统达到高效有序协同状态，自组织运动产生，从而形成协同扶贫效应，使得扶贫效益最大化。

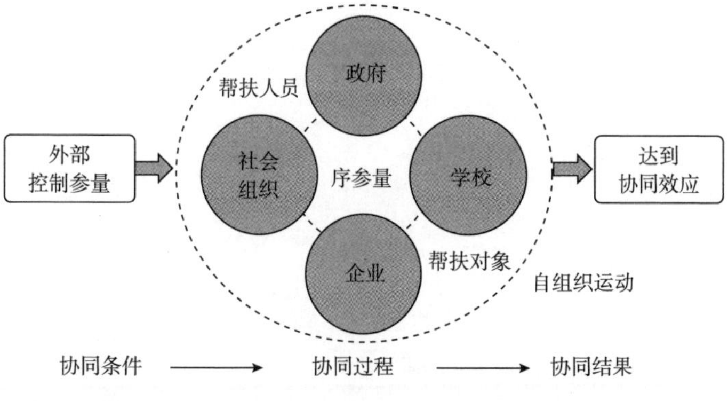

图 4—2　东西部教育扶贫协作协同效应的生成

当然，台江民族中学扶贫工作协同有序进行，除有扶贫协作机制、政策等控制参量的外在影响以及协同扶贫效益序参量的制约外，扶贫主体的参与动机、行为对整个扶贫过程的有序推进也有重要影响。从心理学角度看，主体行为的直接动机是满足自身利益的诉求，动机不同，其行为和扶贫结果必然千差万别。在台江民族中学扶贫系统中，政府的动机是政策目标的达成；企业、社会组织的动机是盈利、企业宣传及社会责任；扶贫人员动机是帮助贫困学生提高成绩；贫困学生的动机是通过学习改变命运等。在扶贫初期子系统为满足自身利益，竞争多于合作。而随着外部控制参量的积极介入，主体间的合作多于竞争，他们逐步认识到共同利益的实现是满足自身利益的前提条件，推动他们在扶贫理念、动机上达成协同，表现在行为上即是深化合作、建构良好的协作关系。从协同结果来看，协同是有序之源，主体间的行为协同助推他们无需外界影响可形成自组织运动，自然能够达到“1+1>2”的协同扶贫效应。但陈立群校长“不为功利，不求功德，只为心愿”① 的扶贫动机和精神在教育扶贫协同效应的形成中发挥了重要作用。

① 陈立群于2016年从浙江省杭州学军中学退休后，婉拒民办学校高薪聘请，主动到TJ县支教助学，不为功利，不求功德，只为心愿。他支教分文不取，反而自费资助学生、奖励教师30万余元。他爱生如子、不求回报，被学生亲切称为“名校长爸爸”。引自新华网《退休校长陈立群：真情献给大山》，http://www.xinhuanet.com/local/2020-11/24/c_1126780238.htm，2020年11月24日。

第五章　东西部教育扶贫协作的模式与逻辑

东西部协作背景下的“组团式”教育帮扶意指由对口协作的东部地区根据贫困县教育帮扶需求，组团选派支教团队和培训指导团队，通过按需帮扶、协同用力的方式，专门针对一个贫困县或一所薄弱学校实施管理输入、示范引领和培训指导，进行“重塑性”和“植入式”帮扶的模式。此种模式摒弃了单打独斗的传统帮扶弊端，能够实现帮扶理念从单独到合作、帮扶主体从一元到全员、帮扶内容从支教到管理、帮扶目标从扶智到志智双扶、帮扶结果从输血到献血的转向，并从“好组织 + 好中共党员”“好机制 + 好团队”“好老师 + 好学生”“好资源 + 好平台”四个层面对中国教育帮扶的运行逻辑进行建构。随着东西部协作的深入推进，为进一步助推受扶地提升教育治理能力、实现教育治理体系的现代化，则需要一方面从帮扶团队、帮扶对象、帮扶周期、帮扶效应方面优化已有的帮扶模式；另一方面需站在更高的层面，关注东西部之间“组团式”教育帮扶的协同治理问题。

一　研究背景与问题的提出

随着 2020 年 12 月脱贫攻坚战的圆满收官，困扰中国上千年的绝对贫困问题得到了历史性解决，中国的农村问题也发生了历史性转移，从贫困治理转向了乡村振兴。在此背景下，2021 年 2 月 25 日，习近平总书记在全国脱贫攻坚总结表彰大会上指出，下一阶段农村工作的重心是在巩固脱贫攻坚成果的基础上全面推进乡村振兴。要实现脱贫攻坚成果的巩固并有效衔接乡村振兴，就要建立返贫监测机制与可持续增收长效机制，坚持志智双扶，阻断贫困代际传递。要阻断贫困代际传递，教育的作用不可小觑。世界银行的研究显示，家庭劳动力教育年限每增加 3 年，贫困发生率则会下降 9%，增加至 12 年以上，贫困发生率几乎为 0。[①] 这说明，教育在阻断贫困代际传递方面具有基础性、先导性与根本性作用，开展教育帮扶是拔掉穷根、巩固脱贫攻坚成果的根本途径。

东西部教育扶贫协作是指东西部协作中的“组团式”教育帮扶。“组团式”教育帮扶是促进西部地区教育发展的一种援助模式，是提高西部地区教育质量、促进教育公平的重要手段。“组团式”教育帮扶是一种教育对口帮扶。就发展历程而言，教育对口帮扶开始于中华人民共和国成立，形成于 1980—1999 年间，飞速发展于 2000 年新世纪以来[②]；从类型来看，“组团式”教育帮扶主要包括援藏与援疆的教育帮扶、东西部协作下的教育帮扶与各省区内的教育帮扶。[③] 本章所研究的是东西部协作背景下的“组团式”教育对口帮扶。

东西部协作始于 1996 年的对口帮扶，经过 2016 年在银川召开的东西部扶贫协作会议的强化，实现了从倡导性制度到规范性制度的转变，并成长为一项具有中国特色的“发展制度”。尤其是，自 2017 年 8 月印发《东西部扶贫协作考核办法（试行）》后，扶贫协作工作由“软约束”转变为“硬约束”，标志着该项工作正式走向制度化与规范化。[④] 为在“十四五”期间进一步发挥该制度的优势、巩固脱贫攻坚成果、促进乡村振兴有效开展，党的十九届五中全会将这一制度从“东西部扶贫协作”改为“东西部协作”，并明确指出“十四五”期间要进一步坚持和完善该项制度。2021 年 4 月 8 日，习近平总书记对深化东西部协作和定点帮扶工作再次做出重要指示，要求完善东西部结对帮扶关系，拓展帮扶领域，健全帮扶机制，形成区域协调发展、协同发展、共

---

① 包晓光、张贵勇：《教育扶贫的价值和路径》，《光明日报》2018 年 8 月 28 日第 13 版。

② 宝乐日：《对口支援西部地区民族教育回顾与展望》，《内蒙古师范大学学报》（哲学社会科学版）2010 年第 1 期。

③ 郑刚：《完善教育对口支援政策模式的构想》，《中国民族教育》2015 年第 12 期。

④ 江星玲、谢治菊：《协同学视域下东西部教育扶贫协作研究》，《民族教育研究》2020 年第 6 期。

同发展的良好局面。

东西部协作的关键在于提升西部地区贫困人口的自我发展能力，形成稳定脱贫和持续发展的有效机制，而稳定脱贫和持续发展有效机制建立的关键则在于建立东部对西部的教育帮扶，以及由此带来的贫困代际传递阻断。因此，2015 年 11 月 25 日审议通过的《中共中央国务院关于打赢脱贫攻坚战的决定》明确将“发展教育”作为“五个一批”脱贫的重要举措；习近平总书记也多次指出要让贫困地区的孩子接受有质量且公平的教育，就要坚持“扶贫必扶智，治贫先治愚”，将教育作为阻断贫困代际传递的根本策略。可见，教育帮扶是东西部协作的主要内容之一，也是实现东西部教育均衡发展的关键。然而，受协作机制、协作模式、协作考核等因素的影响，东西部协作在理念、人才、资金和项目等方面还存在一些问题，急需激发东西部协作的合力，从教育这一基础性要素入手，阻断贫困代际传递。正因为如此，东西部协作中的“教育帮扶”才得到了国家层面的高度重视。需要特别说明的是，东西部协作下的教育对口帮扶，初期的帮扶形式是派出零散的支教教师，现在已发展为大规模“组团式”帮扶。

“组团式”教育帮扶是由对口协作的东部地区根据受扶地帮扶需求，组团选派支教团队和培训指导团队，由选派引进的优秀校长植入引领，汇聚各方力量，按需帮扶、协同用力，专门针对一个贫困县或一所薄弱学校实施管理输入、示范引领和培训指导，进行“重塑性”“植入式”帮扶的模式。[①]“组团式”教育帮扶的“重塑性”是指将贫困地区的教学理念、教研内容、教育思维都进行重新塑造；“植入式”则是指帮扶主体对受扶方进行管理上的输入与技能上的培训，从制度建设、管理设计、技能提升等方面来改变当地的教育教学情况。

“组团式”教育帮扶一词最早出现于 2014 年，当时西藏拉萨市率先在全国开展了“组团式”教育人才援藏计划。随后的 2015 年，教育部等四部委就联合印发了《“组团式”教育人才援藏工作实施方案》，正式开创了“组团式”教育帮扶模式的先河。该模式是过去分散式教

① 杨刚：《推动教育组团式帮扶向纵深发展——访贵州省教育厅党组书记朱新武》，《当代贵州》2019 年第 21 期。

育援藏模式的推陈出新，着力从“输血”向“造血”的深度支援转变、从“单打独斗”向“组团行动”转变，这些转变是新时代教育援藏工作模式和实施路径的重大创新。① 随后的2016年8月，浙江杭州学军中学原校长陈立群受邀到贵州黔东南州台江民族中学支教并担任校长，由此正式拉开了东西部协作背景下东部“组团式”帮扶西部教育的序幕。为强化这一行动的实践价值，增强教育在东西部协作中的作用，实现东部省份对西部教育的全方位扶持，贵州省率先行动，于2019年3月30日召开了深化教育医疗“组团式”帮扶工作推进会，会上下发了省委组织部等四部门联合印发的“教育医疗组团式帮扶工作指导要点”；2019年4月9日，贵州省教育厅结合指导要点，正式下发了《贵州教育组团式帮扶实施方案》。这一专门针对东西部协作背景下“组团式”教育帮扶的标志性文件，不仅表达了贵州省委省政府想利用东西部协作平台补足贵州教育短板的急切愿望，也凸显出新时代扶贫扶智的迫切要求。因此，尽管运行的时间不长，但截至2020年12月，全省8个市（州）66个曾经的贫困县大部分乡镇中心校以上的学校都与东部省份建立了“一对一”的教育帮扶关系，逐步探索了不同的帮扶模式，如职业教育的“订单班”模式、三都“民族班”帮扶模式、“1+N”共享成长模式、“6+”模式、职教“3+1+X”等。② 不仅如此，受扶学校学生成绩普遍提升，其中提升比较明显的有贵州台江民族中学、独山三中、罗甸一中、荔波高中、纳雍五中等，与原来相比，这些学校的中考率、高考率都实现了历史突破，远远高出当地同类学校。在贵州的辐射带动下，重庆、云南、甘肃、宁夏等西部十二省也纷纷仿照，与东部帮扶省份协商后，先后开展了“组团式”教育帮扶活动，成效也比较明显，如云南怒江州民族中学首届“珠海班”50名学生，2020年高考平均分达到600分，一本上线率100%，创怒江州历史最好成绩。③ 由此可见，作为东西部协作最重要的内容，“组团式”教育帮扶的价值

① 杨明洪：《扶贫模式与援助方式的双重转换：“组团式”援藏的实践与启示》，《西北民族研究》2018年第4期。

② 谢治菊：《推进东西部教育扶贫协作的协同治理》，《广州日报》2020年5月11日第10版。

③ 数据来源于《云南怒江州2020年东西部扶贫协作自评报告》。

都得到了有效凸显。

帮扶初期，职业教育是“组团式”教育帮扶的重点领域。之所以如此，是考虑到职业教育参与扶贫具有受众面广、扶贫对象文化要求低、见效快和政策好等优势，在管理重塑、师资培养、学生发展、提高劳动者素质等方面已取得显著成效[①]；同时，职业教育在乡村振兴、科教兴国、巩固脱贫攻坚成果等方面具有无可替代的特殊使命，因而帮扶初期是志智双扶的首选。[②] 后来，随着人们对帮扶幼儿教育、基础教育、中等教育重要性程度的加深，帮扶对象逐渐向这些领域倾斜。这可从广州市2020年起开始大规模“组团”帮扶贵州毕节市、黔南州易地扶贫搬迁社区建幼儿园、中小学窥知一二。但无论哪个阶段的“组团式”教育帮扶，从目前运行比较成熟的“滇西模式”“喀什模式”“贵州模式”来看，基本存在顶层设计不完善、协作机制不健全、协作关系待理顺、实际需求不能有效满足、软件建设待提升等问题。[③] 究其深层原因，信息不完全、认识局限性带来的有限理性使目标受众难以正确认知该项目短期与长期的成本和收益，从而导致教育选择的偏误。[④] 站在这个角度，虽然东西部协作下“组团式”教育帮扶所组建的帮扶团队，是一个学习共同体、情感共同体、价值共同体，但若不能在包容、协商、担当的基础上积极合作，仍然可能面临输血与造血、眼下与长远、帮扶教育与教育帮扶等关系处理的困境。如何在凝练实践经验的基础上，从理论上分析其运行的核心要素、逻辑机理、本土建构和未来图景，对发挥西部地区的教育扶贫功能、助推西部地区的乡村振兴具有重要的意义。

---

① 李尧磊、韩承鹏：《东西部职业教育协作参与滇西扶贫的模式研究》，《中国职业技术教育》2018年第9期。

② 管培俊：《西部地区同步小康与职业教育的使命》，《教育研究》2018年第2期。

③ 张晨：《职业教育“东西部扶贫协作”中的问题与实践研究——以上海对口支援喀什地区为例》，《教育发展研究》2018年第7期。

④ 祝慧、雷明：《东西部扶贫协作场域中的互动合作模式构建——基于粤桂扶贫协作案例的分析》，《苏州大学学报》（哲学社会科学版）2020年第1期。

二　传统教育帮扶的特点与弊端

习近平总书记在《摆脱贫困》一书中提道："越是贫困的地方就越是要兴办教育，否则就会更加贫困。"[①] 足见教育对于摆脱贫困的重要意义。但已有研究发现，越是贫困的家庭反而越不愿意自己的孩子接受教育，这是贫困代际传递的重要原因。[②] 这说明，教育扶贫是提升人口整体素质，使人全面发展，从而最终能够彻底战胜贫困的主要途径。[③] 中华人民共和国成立以来，我国的教育扶贫经历了重点保障贫困群体受教育权的普惠型资助式教育扶贫阶段、大力提升贫困地区教育扶贫质量的专项式共享式教育扶贫阶段、全面促进贫困群体内生发展能力的精准式多元化教育扶贫阶段。[④] 这里所指的传统教育帮扶模式，主要是指前两个教育扶贫阶段的帮扶模式，即 2013 年精准扶贫之前的帮扶模式。这一模式跨越的时间长、变迁的内容多，虽然方式有所不同，但主要的内容不外乎是以下几点：一是"请进来"和"送出去"。"请进来"是指邀请发达地区学校的优秀管理人员与一线老师到贫困地区培训、教研、支教或讲学等，"送出去"是指将贫困地区的老师送到发达地区学校去学习；二是通过国家专项资金来改善贫困地区的办学条件，大力开展基础设施建设；三是教研互动，即让东西部的老师加强教学上的交流，通过交流提升乡村教师的教研水平；四是通过政府、企业、社会组织及爱心人士对当地的贫困学生进行直接或间接的资金、物资以及心理层面的帮扶。

仔细思考，传统帮扶呈现出以下特点：一是以"输血式的财政援助"为主。传统教育帮扶模式大多是通过国家的财政补助及社会的捐赠资金来进行，虽然这能够在一定程度上缓解西部地区的教育困境，但还是"治标不治本"，难以构建长效机制。二是以"笼统式的整体帮

---

① 习近平：《摆脱贫困》，福建人民出版社 2014 年版，第 173 页。

② 张锦华：《教育溢出、教育贫困与教育补偿——外部性视角下弱势家庭和弱势地区的教育补偿机制研究》，《教育研究》2008 年第 7 期。

③ 谢君君：《教育扶贫研究述评》，《复旦教育论坛》2012 年第 3 期。

④ 王瑜、叶雨欣：《多源流理论视角下我国教育扶贫政策的变迁分析》，《当地教育论坛》2020 年第 6 期。

扶”为主。传统的教育帮扶，不管是对学前教育、义务教育、职业教育还是高等教育，不论是对贫困地区的学生、老师还是学校，都是以整体性的笼统式的帮扶为主，帮扶的精准性不足。三是以“一刀切的帮扶方式”为主。传统的教育帮扶，难以做到与帮扶地的实际需求相结合，帮扶方式的个性化、差异化不够。

可以说，传统的教育帮扶模式是一种“单打独斗”的帮扶模式。“单打独斗”的本意是独自一个人做事，本章取其象征意义，即形容教育帮扶的主体、内容、方式和成效比较单一，具体表现在：一是帮扶主体单一。帮扶质量易受帮扶主体、客体、介体和环体四个因素的影响，其中帮扶主体是关键。[①] 真正意义上的教育帮扶是需要社会各界共同参与的，通过吸纳社会力量才能更有效地实现教育公平。正因为如此，有人认为，解决教育扶贫问题的核心是对基础薄弱的贫困地区分配更高层、更丰富的帮扶主体。[②] 而传统的教育帮扶主体通常以政府为主，市场、社会与公民的参与较少，参与的积极性不高。二是帮扶内容单一。传统帮扶内容以捐钱捐物为主，没有因地制宜的帮扶方案和深入的帮扶内容，难以从根本上解决西部地区教育薄弱问题。[③] 例如，从对义务教育的帮扶来看，基本就只是涉及了“两免一补”的政策；而对于支教的老师也仅仅只是简单地给学生上课，而对于给贫困地区老师进行教学技能上的培训更是少之又少。三是帮扶形式单一。传统教育帮扶形式除送钱送物之外，再就是“送教下乡”。目前，“送教下乡”仍然停留在简单的传授教学技能，在培育带不走的高水平教师队伍方面还捉襟见肘，所以帮扶效果不理想。站在这个角度，无论是为了提升西部地区群众的长期学习能力还是科学技术水平，都应当从传统的教育帮扶形式之外寻求新的帮扶形式。[④] 四是帮扶效果单一。虽然传统的教育帮扶对提

---

① 柳礼泉、杨葵：《精神贫困：贫困群众内生动力的缺失与重塑》，《湖湘论坛》2019年第1期。

② 陈志、丁士军、吴海涛：《帮扶主体、帮扶措施与帮扶效果研究——基于华中L县精准扶贫实绩核查数据的实证分析》，《财政研究》2017年第10期。

③ 王文、贾霓：《义务教育精准扶贫中的问题与改进路径——基于武陵山集中连片特困地区调查》，《中国行政管理》2019年第2期。

④ 文燕银、陈琳、张高飞、毛文秀：《教育扶贫新阶段：精准扶智2.0》，《现代远程教育研究》2020年第5期。

高受扶地教育水平、促进受扶地教育发展有帮助，但它所采取的以“输血式”为主的帮扶举措，让帮扶效果不甚理想，难以形成长效机制。①

三　东西部教育扶贫协作的模式转向

“组团式”教育帮扶改变了过去分散式的、单打独斗式的帮扶模式，通过建立东部对西部的管理输入、培训指导、教师支教等方式，先集中力量在每个县建设一批示范性的小学、初中或高中，再带动与辐射到县城的其他学校，进而全面提升受扶地的教育教学水平。② 为系统诠释“组团式”教育帮扶是如何实现中国教育帮扶模式转向与建构中国教育帮扶本土话语体系的，本章所使用的案例与数据，一方面来自课题组自2016年以来对贵州省8个地州市20多个县“组团式”教育帮扶的跟踪调查，调查的方式是集体座谈、深度访谈与问卷调查；另一方面来自课题组成员多次在青海、甘肃、贵州、云南、湖南、内蒙古等6个省的观察、走访与调研。调研发现，“组团式”教育帮扶具有推进推动贫困地区人口素质增长、促进贫困地区经济快速发展、推动贫困地区人权事业保障等特点③，能够助推教育帮扶模式实现五个转向。

1. 理念转向：从单独、协作到合作

“组团式”教育帮扶无疑是一种相对科学的制度设计，主要原因在于它首先能有效解决帮扶理念的转向问题，使其从过去单独的帮扶理念转向协作甚至合作的帮扶理念。曾有人指出，我国教育帮扶存在的大多数问题是思想观念、制度建设和帮扶理念方面的问题。④ 一些人认为，教育帮扶就是简单的“结对子”式的，是“点对点”“单对单”的帮

① 童春阳、周扬：《中国精准扶贫驻村帮扶工作成效及其影响因素》，《地理研究》2020年第5期。

② 羌洲、曹宇新：《文化资本视角下民族教育扶贫的实现机制——以“组团式”教育人才援藏为例》，《西北民族研究》2019年第2期。

③ 杨明洪：《扶贫模式与援助方式的双重转换：“组团式”援藏的实践与启示》，《西北民族研究》2018年第4期。

④ 代蕊华、于璇：《教育精准扶贫：困境与治理路径》，《教育发展研究》2017年第7期。

扶。这样的帮扶理念有一定的弊端。而“组团式”教育帮扶正是将这种“单打独斗”的帮扶转换为协作甚至合作理念的帮扶模式。协作与合作皆有两人或多人相互配合共同完成某一任务之意，但在人类社会的治理模式中，他们却是两种不同的治理形态，协作是合作的初级形态与工具理性阶段，主要强调任务的完成而不是共赢的格局。① 正因为如此，作为一种政府指令性的帮扶手段，东西部协作背景下的“组团式”帮扶首先让教育帮扶理念从“单独”走向了“协作”，因为“组团式”教育帮扶是与“十三五”时期的脱贫攻坚战一同成长的，这一时期的“组团式”教育帮扶，是以利益追求特别是受扶地的教育水平提升为目的，其构建的帮扶关系主要是受两地帮扶协议而非道德的制约，是需要帮扶两地部门、团队和人员共同来完成的，所以这一时期的帮扶又被称为“东西部教育扶贫协作”②。但随着教育帮扶的逐渐深入，尤其是“十四五”时期将以“两保持三加强”③ 的原则来推进东西部协作，“十三五”时期以“协作”为主要理念的教育帮扶模式，虽然能完成协作任务，但不一定会带来互惠共赢的局面。事实上，整个“十三五”时期的“组团式”教育帮扶，都是以东部向西部的资源输出为主，难以形成互惠共赢的格局，故而在东西部扶贫协作“组织领导、人才支援、资金支持、产业合作、劳务协作、携手奔小康行动”6 大考核要素中，教育帮扶的考核内含于人才支援指标中，所以“十四五”期间要转向以“合作”为主题要义的帮扶关系。合作意味着，“十四五”时期的“组团式”教育帮扶既应注重关系也应注重实质；既要照顾过程又要考虑结果，以实现帮扶双方的共生共赢、互惠互利为目的，是一种更高形态的“差异互补机制”。

2. 主体转向：从一元、多元到全员

“组团式”教育帮扶实施以来，帮扶的主体也从一元转变到多元再到全员。也即，随着“组团式”教育帮扶的发展，帮扶的主体在不断

---

① 张康之：《“协作”与“合作”之辨异》，《江海学刊》2006 年第 2 期。

② 江星玲、谢治菊：《协同学视域下东西部教育扶贫协作研究》，《民族教育研究》2020 年第 6 期。

③ 保持东部对西部资金与人才的投入力度，加强东西部间的劳务协作、产业协作与消费协作。

扩大，具体表现在：一是“组团式”教育帮扶的“团”一般是由三个人以上组成，这超越了传统以“一人支教”为主的帮扶弊端，让帮扶主体的数量从一员到多元演进。二是从主体功能来看，“组团式”教育帮扶的主体，既有教学管理人员，也有教学培训人员，还有支教教师队伍，所以，其主体功能从原来单向的“支教”功能转向了集“管理、培训、支教”等于一体的复合功能。三是从主体类型来看，传统的帮扶主要由政府来主导，通过政策的倾斜来改善贫困地区的教育问题，扶贫资源也应由政府来进行统一分配。[①] 当然，政府主导的教育帮扶，一定程度上也可以实现教育扶贫的“跨越式”发展。[②] 不过，效率低下的弊端也比较明显，更难以支撑初始成效的可持续发展。“组团式”教育帮扶则打破了这一藩篱，逐渐引入了市场与社会的因素，由此构成了政府、市场、社会共同帮扶的“大格局”，这与2015年10月16日习近平总书记在减贫与发展高层论坛上提出的“大扶贫体系”相吻合。事实上，从学校的层面出发，“组团式”教育帮扶是由管理人员、培训人员、支教人员共同组成的一个教育帮扶团队，这一帮扶形式首先丰富了帮扶人员的构成，因为其组成的团队成员中，既有体制内的学校领导及老师，也有市场化的教育行政人员及其帮扶理念，还有社会组织身份的工作人员。例如，贵州的独山三中，受广州大学附属中学“组团式”教育帮扶5年左右，成效十分显著，从全县倒数第三名的中学一跃成为全州第一名的中学，成功的秘诀在于有效糅合了广州的先进办学理念、公益组织运营观念与贵州的公立办学体制，将公立学校“私营化”运营，引入了竞争要素与末尾淘汰制，同时按照社会企业的形式来运行。站在这一角度，“组团式”教育帮扶的主体类型，实现了从政府为主向政府、市场与社会共同协作的转变。可见，东西部协作背景下“组团式”教育帮扶的主体，包含了丰富的实践样态，既可以指组团主体的多元化——如“银龄”队伍、“三名”队伍、“老校长下乡”队伍等，也可以指不同学校的跨地域帮扶，还有政府、高校、市场、民间社会力量所组的团。这种不同主体共同参与、多方协同、多元共治的帮扶机

① 魏向赤：《关于教育扶贫若干问题的思考》，《教育研究》1997年第9期。
② 景志明：《西部地区教育跨越式发展的思考》，《云南社会科学》2001年第5期。

制，是适应我国教育治理体系和治理能力现代化的必然要求。①

3. 内容转向：从支教、培训到管理

有学者通过文献梳理发现，教育扶贫的典型模式有5种，分别是“证书式”“订单式”“联动式”“服务式”以及“互联网+”教育帮扶模式，其中运用最多的就是“订单式”的教育帮扶模式。② 尽管如此，哪怕是以3年为一个轮回的“组团式”教育人才援藏模式，与前述五种模式相似，都呈现出“单向度”“僵化”“计划经济”“高成本”“低效益”等特征。③ 其主要原因在于，这些模式帮扶的内容往往比较单一，以支教或培训为主。而“组团式”教育帮扶是以“六结合三能力”为特征，通过优秀支教团队的精神引领和文化植入，能够实现“制度建设、学生培养、资金帮扶、人才支持”的协同发展，以及“机制创新、管理移植、观念传播、利益共享”之协作目的，能够充分体现东西部协作背景下教育帮扶的本质要义。④ 由此，“组团式”教育帮扶的内容，从以往只是简单的支教转向了支教与培训结合，再转向支教、培训与管理的深度融合。调研时发现，“组团式”教育帮扶取得明显成效的贵州，其广州派遣来的团队成员一般由3—5人组成，这些人到贵州各县后，一般由1人挂职该县教育局副局长或兼学校副校长，或专门挂职学校副校长，负责传播先进的教育教学理念与科学的课堂教学技能；1人挂职教导处主任或学科组组长，负责带动学校或学科的发展；1—3人负责具体学科如英语、数学、语文、历史、体育、美术等的支教工作。这样的帮扶设计，既照顾了宏观层面的教育理念，也关照了中观层面的学校发展与微观层面的课堂建设，让帮扶的内容从原来单向度的支教转向了教育教学理念培育、管理转变、制度建设、技能培训与学科发展，使帮扶的内容越来越丰富、成效越来越显著、影响越来越大，仅贵

① 齐林泉：《以组团式帮扶多向协同精准强教——教育部中学校长培训中心精准帮扶贵州教育探索》，《中国教育报》2019年9月4日第5版。

② 袁利平、万江文：《我国教育扶贫研究热点的主题构成与前沿趋势》，《国家教育行政学院学报》2017年第5期。

③ 杨立昌、杨跃鸣、曹薇：《“后脱贫时代”教育对口支援机制创新研究——基于“组团式植入”帮扶案例分析》，《凯里学院学报》2020年第2期。

④ 杨立昌、杨跃鸣、曹薇：《“后脱贫时代”教育对口支援机制创新研究——基于“组团式植入”帮扶案例分析》，《凯里学院学报》2020年第2期。

州一省，“十三五”期间就涌现出了“独山三中”“纳雍天河实验小学”“台江民族中学”“荔波高级中学”以及“越秀班”“黄埔班”“大连班”等名校名班，也让陈立群、詹雯、黄小林、陈光荣、袁闽湘夫妇等带领的帮扶团队走入了千家万户。

4. 目标转向：从扶智、扶志到志智双扶

贫困问题的核心在于：一是贫困群体自身没有改变意愿，因缺乏行动预期、行动能力而不想、不能通过行动来改变贫困生活的处境；二是贫困群体本身因政府政策、社会环境、资源状况、社会支持等原因，虽然努力但无法采取改善、提升自身生活质量的行动。所以，反贫困的核心是解决政策、资源、机会问题，以及贫困群体的行动意愿、行动预期、行动能力、行动机制问题。考虑到扶志主要是扶思想、扶信心，扶智主要是扶思路、扶技能，前者关涉个体心理即脱贫意愿，后者关涉个体能力即脱贫行动，二者共同解决的是贫困群体的“脱贫意愿、脱贫预期和脱贫能力”问题，且这些问题除与个体因素有关之外，还与家庭情况、教育支持有关。因此，如果说“组团式”教育帮扶的首要目标是“扶智”，即通过强化管理、转变思维、增强技能、开展培训、进行支教等来增强学生的发展能力、拓宽学生的眼界思路、丰富学生的知识阅历、提高学生的升学比例。那么，随着教育帮扶的深入，尤其是2018 年 11 月 17 日国务院扶贫办等 13 个部门联合发布《关于开展扶贫扶志行动的意见》后，“组团式”教育帮扶自然而然带有“扶志”的功能。“扶志”可以使一个人具有现代性，一个具备了现代素质或现代性的人应该具有一整套能够在现代社会中比较顺利地顺应生活的价值观、生活态度和社会行为模式，进而能从根上阻断贫困的代际传递。[①] 而到了今天，“组团式”教育帮扶则转向了典型的“志智双扶”，即既帮助贫困学生树立志气、增强信心、更新观念、转变思想，也增加贫困学生的智慧、知识与技能，这能够让贫困学生以更加积极、开放、包容的心态接受新生事物、增加社会流动、摆脱土地束缚，进而获得丰富的社会阅历，降低行为保守性和心理封闭性，增强自我依赖和自我效能感，这

① 周晓虹：《流动与城市体验对中国农民现代性的影响——北京“浙江村”与温州一个农村社区的考察》，《社会学研究》1998 年第 5 期。

些特征恰恰是英格尔斯笔下现代性个体的表现。①

5. 结果转向：从输血、造血到献血

传统的教育帮扶模式以捐钱捐物为主，仅仅实现了“输血”的功能，会使贫困人口产生“等靠要”的不良思想②；后来的帮扶以单向度的“支教”“培训”等为主，带有一定的造血功能。但由于单纯的“支教”和“培训”并不能打造一支带不走的“高水平教师队伍”，故而这样的输血功能并不强大，这可以从“组团式”教育人才援藏支教行动中看出端倪。虽然这一帮扶模式对实现西藏教育的“跨越式”发展、增进西藏各族的“五个认同”、增强中华民族共同体意识有促进，但仍然存在受援双方理念融合不够、援助资源使用效率低下、学生高层次需求得不到满足、造血功能并未真正建立等问题。③ 东西部协作背景下的“组团式”教育帮扶是从多个方位来对贫困地区进行帮扶，是嵌入“示范校”并带动全县乃至全州、全省教育发展的帮扶，这样的帮扶一旦形成较好的成效，被帮扶的主体就能够产生“造血”的功能。这样的“造血”功能不仅可以维持受扶学校与地区教育水平的高质量运转，真正阻断贫困的代际传递，还能让受扶对象积累到一定程度时具有献血能力。也即，当受扶主体通过教育摆脱贫困后就能够将自身的成功经验进行复制推广，甚至有多余的力量来“献血”帮扶其他地区，使其他被帮扶主体也产生自我“造血”的功能，进而建立巩固脱贫攻坚成果的长效机制。之所以有这样的效果，是因为“组团式”教育帮扶解决的可是“导致贫困发生的关键问题”，提升的是贫困人口的可行能力。④

值得关注的是，“组团式”教育帮扶所实现的模式转向，是逐次进行的，即先实现第一个阶段到第二阶段的转向，再实现第二个阶段向第三个阶段的转向。不同的是，有的模式转向在“十三五”东西部扶贫

① 谢立中：《关于所谓“英格尔斯现代化指标体系”的几点讨论》，《江苏行政学院学报》2003 年第 3 期。

② 王志章、郝立、黄明珠：《政策营销、政策执行与精准扶贫政策满意度》，《贵州财经大学学报》2019 年第 5 期。

③ 杨明洪：《对口援藏机制创新与绩效提升：“组团式”教育援藏的调查与分析》，《西北民族大学学报》（哲学社会科学版）2021 年第 1 期。

④ 杨明洪：《扶贫模式与援助方式的双重转换：“组团式”援藏的实践与启示》，《西北民族研究》2018 年第 4 期。

协作的背景下已全部完成，如帮扶内容从支教、培训到管理、帮扶目标从扶智、扶志到志智双扶、帮扶主体从一元、多元到全员，但有的转向则需要在“十四五”东西部协作阶段才能全面实现，如帮扶理念从协作到合作、帮扶结果从造血到献血的转向。尽管如此，作为一种理论建构，“组团式”教育帮扶模式的“五个转向”，仍然有深刻的价值意义。

四　东西部教育扶贫协作的运行逻辑

今年是“十四五”规划的开局之年，也是乡村全面振兴的初始之年。虽然脱贫攻坚战已经结束，但如何巩固脱贫攻坚成果，如何实现脱贫攻坚与乡村振兴的有效衔接，如何全面推进乡村振兴，教育帮扶的作用仍不可小觑。在乡村振兴阶段，东西部协作的任务、目标、内容和举措将会发生变化，“组团式”教育帮扶的环境也已悄然转移，承担的任务也更加艰巨。为此，剖析“十三五”期间“组团式”教育帮扶所折射的价值意蕴，以及此价值意蕴对教育帮扶的本土建构意义，具有重要的作用。

1. 思想建构：发挥“好组织＋好中共党员”的引领模式

为实现“组团式”教育帮扶的本土建构，首先应从思想上入手，通过发挥好组织和好中共党员的作用来进行引领。“好组织”的意思是实施“组团式”教育帮扶的顶层设计与机构设置比较合理，能够有力保障帮扶方案的实施。例如，在贵州省八个地州市上报的《“组团式”教育帮扶工作实施方案》中，都成立了专门的领导机构或工作专班，机构与专班由帮扶两地的相关工作人员组成，下设办公室，负责“组团式”帮扶的日常管理、运行、考核与服务；同时，建立了县委书记联络对接受扶学校的领导机制，明确县委书记、教育局副局长定期深入学校了解情况的工作机制，这是通过做好组织建设来保证“组团式”教育帮扶顺利实施的典型例证。当然，“组团式”教育帮扶关涉人员调配、监督控制、服务保障等诸多环节，只有发挥各级党组织的领导协调作用，建立帮扶双方定期会晤的协商机制，增强党组织的监督保障职能，发挥中共党员干部的先锋模范作用与战斗堡垒价值，才能取得好的成效。因此，要想做好“组团式”教育帮扶，仅有一个好的组织体系还不够，还需要有优秀的人来带领，这时候，帮扶人员中的中共党员干部便发挥了示范带头作用，正所谓“基层的治理要坚持以党建引领、以人民为中心，把中共党员干部的力量贯穿到各个领域”①。这一点，贵州 ZY 县做得比较好。他们不仅成立了“组团式”教育帮扶的专班，还在教育系统中组建了 43 支中共党员先锋队，每支队伍选派 1 名第一书记、2 名先锋队队员到帮扶村开展教育帮扶工作。“好组织 + 好中共党员”的引领模式，可以充分发挥帮扶团队的战斗力、凝聚力与辐射力，大大提升帮扶的成效。

2. 逻辑建构：构建“好机制 + 好团队”的思维模式

从顶层设计来看，在帮扶过程中，由于双方学校工作安排的需要和人事管理权限的制约，大多数时候是派学科骨干帮扶薄弱学校的学科建构，真正意义上的互派实职参与学校管理的帮扶欠缺。而挂职干部因身份比较尴尬，在学校管理中不能真正发挥主导学校改革弊制的作用，难以对受扶学校产生实质影响，因而有时会出现帮扶中的“权力空转”“流于形式”等困境，进而阻碍帮扶成效。然而，被中宣部评为“时代楷模”的陈立群校长及其团队，却以任职校长及学校核心领导职位的方式帮扶贵州台江民族中学，探索了“任职帮扶”的成功模式，建立了一套“组团式”教育帮扶的多元化激励体系；以“集团化”办学著称的广州大学附属中学，采取“1 + X”的帮扶方式，实现了贵州独山三中的跨越式发展，这些都是“组团式”教育帮扶机制创新的有益尝试，值得进一步优化后在全国推广。

当然，帮什么、怎么帮是教育帮扶最为关键的问题，而团队的组建形式不仅决定了帮什么，还关系到怎么帮的问题。在实际运行中，部分“组团式”帮扶中的团队成员要么来自同一个区、要么来自同一所学校，团队成员的多元化、异质性不明显。同时，团队成员往往是以体育、音乐、美术、生物等非主体学科老师为主，且每个学校只有 2—3 名帮扶老师，与每个年级 8—10 门课的要求相去甚远，难以实现各学科的均衡发展。因此，组建一支由“好校长、好老师、好培训专家”组

① 陈东辉：《基层党建引领社会治理创新的探索与路径》，《理论与改革》2019 年第 3 期。

成的优秀帮扶团队，实现精准、无缝、按需帮扶则尤为关键。广州市在“组团式”教育帮扶过程中建立的“按需选派”帮扶团队和“能进能出”考核机制，无疑为选派优秀的教师团队提供了重要保障。由此，要从逻辑上来建构“组团式”教育帮扶，“好机制＋好团队”的思维模式是必不可少的。

3. 行动建构：打造“好老师＋好学生”的双赢模式

要想增强“组团式”教育帮扶的成效，应更多思考如何培养一支“带不走”的管理队伍与教师队伍，如何利用东西部协作资源将外地的优秀教师与管理人员“请进来”、将本土的骨干教师与管理队伍“派出去”。例如，贵州省成立的名校长领航工作室依托帮扶的优秀校长来培养当地的管理队伍，建立的省级乡村名师工作室助推教师研修共同体；云南省通过选派老师到对口帮扶的上海市跟岗学习、嵌入培训、深度研修，推进教师专业发展。尤其是，广州天河区派驻到贵州 NY 县帮扶的黄小林副校长，放弃百万年薪，利用一年的时间，在当地成功地打造了一支“带不走”的高三教师队伍。“毕竟，高中是基础教育的出口，教育帮扶能使老百姓直接受益的就是高考，影响一个家庭脱贫致富的关键也是高考，因此对当地高中教师个人业务能力、学科团队建设、高考备考策略等方面的帮扶尤为重要，而高中老师培养难度相对较大，高考备考经验丰富的老师更是稀缺资源。”访谈时，黄校长如是说。这些事实说明，就行动上而言，打造一支“带不走”的好教师队伍，是“组团式”教育帮扶的主要逻辑。

“组团式”教育帮扶在打造出一批好老师的同时，也应培养出一批优秀的学生。通过帮扶激发一种蓬勃向上的斗志精神，培育贫困学生的志气、志向和志趣，是“组团式”帮扶的使命所在。就如青岛市相关学校对贵州安顺市关岭布依族苗族自治县民族高级中学的帮扶一样，考虑到课堂是学生的主阵地，青岛帮扶学校采用导学案的方式，充分利用课堂时间提高学生的学科素养，将青岛各科精品导学案输送给关岭民中，以帮助学生高校学习，让学生更有愿景、信任感、互惠感和获得感。贵州黔南州罗甸一中，经过广州市越秀区三年的帮扶，所在的“越秀班”47 名学生，一本上线 46 名，上线率 97.8%，是全校平均一本上线率的 4 倍多，学生受益十分明显。这意味着，就“组团式”教育帮扶的本土意蕴而言，打造一组“好老师+好学生”的双赢模式，是从行动上建构的重要内容。

4. 技术建构：搭建“好平台+好资源”的共享模式

利用信息技术促进教育变革的观点由来已久，这可用世界各国近年来开展的教育教学改革实践来佐证。技术促进的教育变迁，可从课堂教学变革、学习环境变化、学习方式创新、教育资源共享、教育平台发展等角度来理解。① 众所周知，任何地区的优质教育资源都是有限的，对东部帮扶方而言，“十三五”期间的帮扶任务都比较繁重，如广州市以一城之力对口帮扶（支援）全国6省8个地区，帮扶需要投入的人力、物力、财力可想而知。再加上自身的学生数量比较庞大，优质师资资源也不一定能有效满足教学需求，因此不可能对帮扶地区每一所学校都进行深度帮扶。对受扶方而言，接受帮扶和外出学习的机会毕竟有限，因而急需引入数字化平台和资源，扩大帮扶的辐射面。难能可贵的是，在实践中，贵州省CS县以云录播平台为载体采用的“大数据+教育”帮扶模式，广州市采取的“以点带面”的帮扶策略，都是重点帮扶县城某一学校后，通过“好平台+好资源”的共享机制扩大受益面，进而全面提升帮扶质量。由此可见，“组团式”教育帮扶的技术建构，就是通过“好资源+好平台”的孵化，从而改变受扶群体的认知方式与学习手段、参与群体的参与方式与参与关系、帮扶双方的帮扶环境与帮扶机会，进而达成高品质的帮扶效果。②

① 祝智庭、管珏琪：《教育变革中的技术力量》，《中国电化教育》2014年第1期。

② 王奕俊、吴林谦、杨悠然：《受教育者成本收益视角的东西部职业教育协作精准扶贫机制分析——以“滇西实施方案”为例》，《苏州大学学报》（教育科学版）2019年第1期。

第六章　东西部教育扶贫协作的困难与展望

作为东西部协作的主要内容之一，“组团式”教育帮扶最初的概念来源于人才援藏计划，指以集中力量选派内地优质教育人才援藏为手段，带动和培训当地教师，加强西藏教师队伍建设，提高西藏学校教育教学管理水平，实现西藏整体教育内涵式发展。[①] 正如2015年11月25日审议通过的《中共中央国务院关于打赢脱贫攻坚战的决定》明确将“发展教育”作为五个一批脱贫的重要举措；习近平总书记也多次指出要让贫困地区、西部地区的孩子接受有质量且公平的教育，就要坚持“扶贫必扶智，治贫先治愚”，将教育作为阻断贫困代际传递的根本策略。直到2015年，教育部等四部委就联合印发了《“组团式”教育人才援藏工作实施方案》，开创了“组团式”教育帮扶的先河。这样的帮扶模式是过去分散式教育援藏模式的推陈出新，它主要着力于从“输血”向“造血”的深度支援转变，实现教育帮扶领域的“单打独斗”向“组团帮扶”的转变，这种转变是新时代教育援藏工作模式和实施路径的一次重大创新。所以本章所探讨的“组团式”教育帮扶就是在这样的背景下将其运用在教育帮扶当中，而“组团式”教育帮扶就是指将发达地区派遣到贫困地区的帮扶人员以及当地的优秀教师共同组建成一个团体对贫困地区的教育方面进行帮助。

---

① 羌洲、曹宇新：《文化资本视角下民族教育扶贫的实现机制——以“组团式”教育人才援藏为例》，《西北民族研究》2019年第2期。

一　东西部教育扶贫协作的运行困难

教育帮扶是我国扶贫工作中的重要组成部分，它能够有效地遏制因短暂的“输血式”帮扶而造成的返贫现象，然后再通过“造血式”的帮扶实现稳固脱贫。[①] 但从目前“组团式”帮扶在西部各省的实施看来，仍然存在一些问题，这些问题包括以下几个方面。

一是帮扶对象待调整。现有的帮扶模式一般是“强强联合”，即组团帮扶每个贫困县最好的一所学校。“强强联合”虽然有利于优化教学资源配置，容易出成果，但长此以往，必将进一步拉大受扶地各学校之间的差距，这与国家要实现教育优质资源均衡发展的目标有差距。不仅如此，现有的帮扶对象主要以小学、初中等义务教育学校为主，学前教育与高中阶段的帮扶相对较少。学前教育主要是开发智力、培养儿童的学习习惯，比较重要。

二是帮扶周期待改进。大多数老师的帮扶时间是在6—12个月，帮扶周期相对较短。对于帮扶专家来说，来到一个陌生的环境不仅需要一段时间来调整，使自己适应当地的风俗习惯、气候环境等，同时还需要一些时间来系统了解和诊断受扶学校存在的问题，如果帮扶周期仅仅为6—12个月，对于学生来说，刚刚适应一位教师的教学风格，老师就要调走，这不利于学生学习；对于老师而言，也许刚刚适应受扶地的环境就要回到原单位，真正能够实施帮扶的时间不多，这也不利于提高帮扶成效。

三是帮扶经验交流不够。受扶省内之间、市（州）内之间甚至县与县、学校与学校之间帮扶交流的机会不多，当地教育局也鲜有组织经验交流、课堂观摩、集体讨论等交流平台，帮扶经验难以有效传播，示范带动作用不明显。

四是受扶理念待转变。东西部协作强调帮扶双方相互协作、相互协商、共同发展。而作为受扶方，其干部思维观念对帮扶成效起着关键作

---

① 周丽莎：《基于阿玛蒂亚·森理论下的少数民族地区教育扶贫模式研究——以新疆克孜勒苏柯尔克孜自治州为例》，《民族教育研究》2011年第2期。

用。不过，部分受扶教育部门和学校领导干部对“对口帮扶”认识不够深入，思维转变不够彻底，不敢大胆放手、放权让帮扶干部在当地开展教学改革和尝试，担心打乱和破坏其原有的教学秩序，也担心帮扶干部离开后已进行的改革难以持续和深入。因此，面对帮扶资源，部分学校缺乏长远规划，对自身的需求认识不清，不能有效利用帮扶资源来开展教育教学改革。

二　东西部教育扶贫协作的机制藩篱

不仅如此，站在更高的层面，从全国来看，我国东西部教育扶贫协作尚处于起步阶段，还有一些机制层面的问题需要完善，具体表现在：一是顶层设计待优化，帮扶力量未能完全发挥积极影响；二是扶贫协作关系待理顺，平等互助关系并未完全形成；三是协作平台待完善，开放有序系统并未完全建立。

（一）协作顶层设计待优化

顶层设计是指运用系统论的方法，从全局的角度，对某个项目的各个方面、层次以及要素进行统筹规划、资源配置、制订方案的过程。从协同学视角看，科学的顶层设计是确保控制参量发挥积极作用的关键，是系统有序形成的前提。然而，目前东西部教育扶贫协作顶层设计还存在如下问题。

首先，国家要求东西部扶贫协作是基于“西部所需、东部所能”来开展帮扶，实现供需平衡，从而促进双方协同发展。然而，在调查中发现，东部地区的“所能”有时候并非是西部地区的“所需”，供需不匹配导致教育帮扶难以有效进行。例如，某县第三中学需要教学经验丰富的校长对整个学校的管理进行改革，而东部某地区只选派了几名学科骨干教师去帮扶。究其原因是对口帮扶三中的城市同一时间要帮扶6个省（自治区）的8个地区，帮扶任务较为繁重，不能完全满足多个受扶地区多元化、个性化的帮扶诉求。另外，在帮扶对象选择上以县级层面教学质量较好的学校为主，而较少选择农村偏远地区的学校，这将使得西部贫困学校间差距进一步扩大，难以实现国家教育优质均衡发展目标。

其次，东西部教育扶贫协作中组织协调机制不够健全，存在扶贫协作人员不稳定、协作机构不齐全等问题。在调研中了解到，东西部教育扶贫协作的工作人员一般都是从其他单位和部门临时借调过来的，对扶贫精神、政策理解不够深入透彻，以致扶贫政策在层层传递过程中不断损耗，最终基层执行人员获取的信息可能已偏离原政策的初衷。这一点，正如访谈时LL县支教的C老师[①]所言，他说：

政策执行当中，每一层都在丢失一些东西。学校教师在执行任务时总觉得是上级领导要求的，缺少对上级扶贫精神的领悟，难以将扶贫精神贯彻到位。说明老师们没有从思想上意识到政策执行的重要性。仅仅机械地完成任务，缺乏思想认同，这是一个很大的问题。

最后，目前东西部教育扶贫协作缺乏完善、系统的激励机制和保障措施，现有的津贴补助费用不同区域标准不一，有些区甚至发放不及时，这在一定程度上挫伤了他们扶贫工作的积极性。

（二）协作关系待理顺

良好的协作关系是帮扶精准性、针对性、有效性的前提，是帮扶人员实现帮扶价值的基础，也是激发和培育被帮扶人员内生动力的关键。[②] 调研发现，目前良好的东西部教育扶贫协作关系并未完全建立，具体表现为：一是多元扶贫主体地位不平等，一方面政府部门处于主导地位，占有绝对优势，对其他社会组织参与形式和活动过程进行把控，社会组织往往需要政府审批才可开展活动[③]；另一方面部分帮扶人员具有来自发达地区的优越感，认为自己“高人一等”，而帮扶对象因自己经济贫困、能力不足往往有自卑情绪，认为自己“低人一等”，这种不对等的协作关系，使得部分帮扶人员难以融入被帮扶学校，双方自成一体缺乏足够信任。这种缺乏信任的协作易导致“团体”之间的隔阂和

---

① 男，汉族，57岁，党员，挂职副局长、副校长，访谈时间为2019年12月20日。

② 祝慧、雷明：《东西部扶贫协作场域中的互动合作模式构建——基于粤桂扶贫协作案例的分析》，《苏州大学学报》（哲学社会科学版）2020年第1期。

③ 吴映雪：《精准扶贫的多元协同治理：现状、困境与出路——基层治理现代化视角下的考察》，《青海社会科学》2018年第3期。

矛盾，表现在行为上即是双方协作紧密度不够，扶贫工作不能顺畅开展，扶贫效益受损。L 县帮扶团队就遇到了这样的事情：

我们打算 3 月份在学校举行一次比较大型的誓师大会，一些教师反对，认为规模太大，不会成功。可我们帮扶人员坚持要做这件事，而且校长也认为这很值得去做，可是学校教师却给我们设置一些障碍。例如，誓师大会举行那天县里已经通知会停电，学校办公室的老师也接到电话了，却没有人通知我们，他们故意隐瞒此事，所有人都知道会停电，只有我们团队跟校长还蒙在鼓里，以致誓师大会那天差点出了洋相。

二是目前东西部教育扶贫协作仍采用的是自上而下的政府主导模式，社会组织、非营利机构、扶贫对象等广泛参与教育扶贫协同治理的格局并未形成。① 受扶教师思想观念相对落后，不能深入理解扶贫协作精神，参与帮扶工作的主动性、积极性不够；企业、社会组织也仅仅停留在捐款捐物层次，缺乏更深入帮扶协作；贫困学生的家长由于文化知识有限、教育程度偏低，对孩子读书存有错误认识，有家长甚至要求孩子辍学外出打工，这给扶贫协作工作带来许多困难和挑战。

（三）协作平台待完善

从协同学视角看，健全的协作平台不仅有利于子系统间信息的共享，也有利于扩大系统的开放性，增强系统与外界信息、能量、物质的交换。然而，目前东西部教育扶贫协作系统却缺乏有效的协作信息交流共享平台。具体表现是：首先，扶贫协作子系统间难以有效实现信息共联共享，扶贫数据系统依旧处于传统的孤立化形态，全国教育扶贫系统与地方教育扶贫系统间没有很好地对接，系统间存在着较大的缝隙，在此架构下收集到的数据也呈现出孤立化和条块化，扶贫工作人员要在多个平台上重复录入数据，既浪费了基层扶贫人员时间和精力，又增加了扶贫工作额外的负担和压力。例如，某县教育局必须一次次通过各种渠道人工排查省外、省内县外关于本县贫困学生受资助情况，更新本县贫困学生资助相关数据。其次，信息更新不及时。调查中发现，全国扶贫

① 代蕊华等：《教育精准扶贫：困境与治理路径》，《教育发展研究》2017 年第 7 期。

系统每个季度才开放一次，导致扶贫数据不能及时填报和更新，既降低了扶贫工作效率，也不利于接受外界监督和帮扶。最后，没有采用新技术对扶贫项目资金进行动态监管，使得扶贫工作人员难以把握扶贫资金流向和使用效率，难以对资金使用过程进行监管，整个扶贫协作系统处在一个相对封闭的状态，这阻碍了扶贫协作系统有序运行。

三 东西部教育扶贫协作的未来面向

要解决上述问题，一方面应从帮扶团队、帮扶对象、帮扶周期、帮扶效应方面优化已有的帮扶模式。例如，进一步扩大“团”的规模与范围、丰富“团”的成员与形式，选派教学管理人员到受扶地任职而非挂职；进一步将帮扶对象从学前教育与高中教育转移，动员一批经验丰富、身体好的退休教师组成“教育帮扶专家团”，对受扶地的高三老师进行短期培训；进一步科学化制订帮扶周期使其形成三年的闭环，加大帮扶的师资数量与质量，还要增加帮扶的时间、丰富帮扶的形式；进一步转变受扶理念制定帮扶规划，发挥帮扶优势，深度开展帮扶经验交流会、座谈会，促进不同县域之间相互学习，加强不同县域学校之间的交流与互动。

同时，东西部教育扶贫协作还需要从以下几个方面进行改进和完善，以真正达到教育扶贫协同效应，实现扶贫效益最大化，推动协作双方协同治理、共同发展。

（一）优化顶层设计，保障帮扶团队发挥积极作用

顶层设计的精确性、系统性、可行性不仅决定着扶贫政策能否落实到位、扶贫资源能否合理分配、扶贫效益能否最大化，而且决定协同扶贫效应能否形成、控制参量能否发挥有效作用的关键。首先，由国家层面统筹协调规划，对帮扶和被帮扶的城市和地区所需和所能方面进行供给侧改革，综合评估不同城市不同区域的综合实力，包括教育、医疗、产业、经济等，根据综合实力和目前帮扶情况调整帮扶范围和内容。在调研中发现，不少城市和区域经济实力并不强，扶贫任务较为繁重，甚至达到帮扶极限，偏离帮扶双方共同发展、协同发展目标。需要国家层

面系统评估和统筹，适时动态调整东西部协作帮扶关系，协调帮扶双方供需平衡。其次，优化帮扶模式，根据学校定位和发展特色，开展从幼儿园到职业学校不同层次、不同阶段帮扶，加大对农村薄弱学校帮扶力度。再次，完善东西部扶贫协作组织协调机制，如成立教育扶贫协作专门部门，设立正式编制的岗位，聘用长期稳定的员工，明确协同治理和发展的权责关系，优化权责分配管理机制。最后，应建立利益激励相容机制，给予比较充足的物质保障，建立赏罚分明的奖惩制度。[①] 通过建立多样化、差异化、弹性化的激励措施，构建“干与不干、干多干少、干好干坏”的差异性奖励体系，以提高扶贫主体的积极性。

（二）理顺协作关系，增强帮扶团队的辐射功能

良好的协作关系是系统序参量形成的关键，而序参量是驱动扶贫协作子系统开展扶贫工作有序进行的内在动力，是支配整个扶贫系统形成有序结构的内在因素。因而，协作关系的优化可从以下几方面着手：首先，构建东西部扶贫协作利益共同体。将自我利益与公共利益交叉重叠，甚至扩大公共利益的范围，促进平等协商对话、相互配合完成各项扶贫工作。其次，政府要转变服务职能，积极引导社会力量广泛参与，为社会组织、企业提供参与的制度条件、社会基础、舆论导向和自由空间，并给予一定的话语权，促进多元主体协同参与扶贫格局形成。最后，在培育协同扶贫观念的同时，优化“组团式”教育帮扶中“团”的组建。从人类学角度看，“团”本身具有界限，在扶贫过程中由于地域、文化不同，自然会形成帮扶人员、被帮扶对象各成“一团”，这种天然形成的屏障，导致帮扶人员难以融入被帮扶对象的团体之中。因此，在“组团式”教育帮扶中，建议将本地优秀教师和帮扶人员共同组建“团”，这样可打破“团”的地域，促进帮扶双方协作关系建立，增进彼此信任，从而推动帮扶双方平等协商开展扶贫工作。

（三）完善协作平台，确保帮扶协作系统开放有序

系统的开放性是进行物质、能量、信息交换的前提，是系统有序结

① 丁煌、汪霞：《地方政府政策执行力的动力机制及其模型构建——以协同学理论为视角》，《中国行政管理》2014 年第 3 期。

构形成的基础。为确保系统的开放有序和信息共建共享，在扶贫过程中，首先，应充分利用大数据、物联网等技术搭建全国教育扶贫协作信息平台，将不同省市县、不同部门扶贫数据根据需要进行整合、优化，将填报和查询信息的功能进一步升级智能化，减轻扶贫人员重复填写或查询信息的负担，将扶贫协作信息平台的开放周期缩短，可根据需要改为半个月或一周一次，便于扶贫干部及时更新扶贫数据。其次，建立基于区块链技术的大数据平台，实现扶贫过程动态化和透明化。该平台可设置如下功能模块：一是协作项目和资金管理功能模块，建立动态项目管理库，监管全国的扶贫项目；二是信息公开公示模块，实时动态显示协作进程信息；三是区块链存证问责功能，将相关的教育扶贫协作数据、工作记录等信息存入区块链，形成监督和问责证据。

换言之，应站在更高的层面，关注“组团式”教育帮扶的协同治理问题。为何未来的“组团式”教育帮扶需要协同治理而不是协作治理、合作治理？因为，这三者虽然都强调治理主体的多元性、治理目标的整合性与公共权力的分散性，但与协同治理相比，协作治理更倾向于多元主体的权力共享与资源共用，强调多元主体而非内容、方法、技术的协作，强调任务的完成而不是双赢的实现；以信任为前提的合作治理，强调打破政府为中心的政策体制，强化多元主体的平等参与、互惠共赢。① 而协同治理是联邦德国物理学家赫尔曼·哈肯 1971 年提出来的，与多中心治理、网络治理、整体治理等有莫大的关系，几经发展已经形成一种整合多种治理理论的新思想。② 与协作治理、合作治理相比，协同治理中的“协同”内涵更加丰富，既可以是主体的协同、内容的协同，也可以是方法、手段与技术的协同；既可以是去中心化的协同，也可以是以政府为中心的协同；既强调共同任务的完成，也关注共赢目标的实现，是以相互配合、协作行动、共聚力量、共享成果的方式

① 颜佳华、吕炜：《协商治理、协作治理、协同治理与合作治理概念及其关系辨析》，《湘潭大学学报》（哲学社会科学版）2015 年第 2 期。

② 黄巨臣：《农村教育“技术治理”精细化：表现、局限及其应对——基于协同治理理论的视角》，《湖南师范大学教育科学学报》2018 年第 4 期。

达成整体功能大于各部分功能之和。[1] 协同治理与“组团式”教育帮扶是高度契合的，因为二者都需要多元的主体、共同的愿景、动态的过程与明确的目标；由于具有公共产品供给与区域协调发展的属性，“组团式”教育帮扶的主体不能去中心化，还应该以政府主导或政府引导为主，所以不适合“合作治理”。具体来说，“组团式”教育帮扶的多元参与主体之间、多环节帮扶过程之间、多层次帮扶内容之间、多种类帮扶技术之间、多维度帮扶结构之间等，都需要协同配合，发挥整体效应，这样才能从根本上解决现有模式优化后的长效机制问题。目前，“组团式”教育帮扶协同治理的顶层设计、机制建设、文化供给、具体内容、保障体系已基本具备，但需要进一步深化与发展。

站在这个角度，东西部协作下的“组团式”教育帮扶，虽然是一种协作关系，但其根本目的还是为了促进不同区域之间的教育协同均衡发展。回首过去，在协作关系形成的初期阶段，“组团式”教育帮扶是以东部对西部的单向度帮扶为主；面向未来，在协同关系即将成熟的乡村振兴阶段，在东西部“消费协作、劳务协作、产业协作”的强化下，要进一步助推帮扶两地提升教育治理能力、实现教育治理体系的现代化，东西部教育协同也必将成为题中之义。[2] 因此，从协同治理的角度来展望“组团式”教育帮扶的未来面向，具有重要的价值。要做到协同治理，首先协作理念应从“打造一批带不走的教师队伍”迈向“打造一批带不走的优质学校”，厚植学校内生自主发展潜力，让贫困地区真正长期受益；其次，考虑到国家扶贫战略工作重点地区具有跨省区或跨省市和多为少数西部地区的特点，应从宏观上由国家层面来统筹，建立跨省区或跨省市间的教育协同机制；再次，考虑到东西部教育扶贫协作对提升西部地区学生智力、心理、语言、思维和文化水平具有重要的意义，因此应从以“神经认知、心理认知、语言认知、思维认知和文化认知”为核心要义的人类认知五层级理论出发，建构东部对西部的五层级教育帮扶体系，实现帮扶对象五层级认知的协同转变。复次，应

---

① 颜佳华、吕炜：《协商治理、协作治理、协同治理与合作治理概念及其关系辨析》，《湘潭大学学报》（哲学社会科学版）2015 年第 2 期。

② 江星玲、谢治菊：《协同学视域下东西部教育扶贫协作研究》，《民族教育研究》2020 年第 6 期。

通过完善顶层设计、政策体系、监督机制和考核方式，实现教育帮扶理念、帮扶目标、帮扶内容和帮扶手段协同发展；最后，应构建基于区块链技术的教育帮扶大数据协同平台，提高帮扶的效率和效果，增强帮扶的精准性、针对性和公平性，提升帮扶管理的透明化、精细化和科学化。

党的十八大以来，以习近平同志为核心的党中央实施精准扶贫、精准脱贫，加大扶贫投入，创新扶贫方式，扶贫开发工作呈现新局面，脱贫攻坚战取得了决定性胜利。与此同时，西部地区区位优势相对薄弱、经济社会文化发展滞后、生态环境脆弱、自我发展能力不强等问题凸显，这使得巩固脱贫攻坚成果变得极为艰难，也使乡村振兴短板更加突出。在此背景下，东西部协作背景下的“组团式”教育帮扶成为加速西部地区发展、缩小与东部地区差距的重要战略。虽然“十四五”期间东西部协作的重点将会从脱贫攻坚转向乡村振兴，但最新的政策导向仍然是强调“两保持三加强”，即“保持东部对西部资金与人才的投入力度，加强东西部间的劳务协作、产业协作与消费协作”。所以，从长远来看，东西部协作背景下的“组团式”教育帮扶一方面为推动国家教育治理能力与治理体系现代化、深化教育区域合作、推进东部教育对西部的平等协作提供了途径；另一方面为更多贫困家庭子女直接受益、为更多东部学校的治理方式植入西部、为受扶地教育行政部门留下可供借鉴的教育善治案例提供了样本。

第三部分

面向乡村振兴的教育帮扶之数据驱动

第七章 “大数据+教育”精准扶贫探析

教育扶贫理论起源于西方的反贫困理论，在研究反贫困的历史演进里，学者由研究单一的收入致贫转向多元分析，逐渐提出要从人的角度出发来消除贫困。“人们消除贫困的最终目的绝不是为了赋予权利、增加收入和提高能力，而是通过这三种举措来实现人自身的全面发展，从根上消除贫困。”① 以习近平总书记为代表的党中央、国务院深刻认识到了这一点，提出了“内源式扶贫”的思想，注重贫困地区及人口发展的内生动力，将物质扶贫与精神扶贫相结合，提出“扶贫先扶志，治贫先治愚”的理念。确实，贫困人口集聚区长期形成的贫困文化，不仅会让贫困户形成胆怯懦弱的不良习性，还会影响其下一代的人生发展轨迹，这种贫困文化一日不除，就无法斩断精神贫困所造成的贫困代际传递。而要根除这种贫困文化，教育的作用就极为重要。让贫困地区的孩子们接受良好教育，具有“教育一人，影响一家，带动一村”的功效，是扶贫开发的重要任务，也是阻断贫困代际传递的重要途径。当然，教育扶贫有很多特点，如覆盖广、效果深、周期长、见效慢、投入大等，但最大的特点，是可以从五个层级来阻断贫困的代际传递，即教育可通过提升贫困学生的神经认知水平、心理认知水平、语言认知水平、思维认知水平和文化认知水平来阻断贫困的代际传递。②

---

① 谢治菊：《论贫困治理中人的发展——基于人类认知五层级的分析》，《中国行政管理》2018 年第 10 期。

② 谢治菊：《教育五层级阻断贫困代际传递：理论建构、中国实践与政策设计》，《湖南师范大学教育科学学报》2020 年第 1 期。

一 大数据驱动教育精准扶贫的缘起

“扶贫先扶智，治贫先治愚”，人力资本缺乏是不少地区贫穷、落后的重要原因，研究显示，教育对多维贫困的贡献率高达 47.27%。①正是认识到教育在脱贫中的基础性、先导性和关键性作用，早在 2013 年，国务院就下发了专项通知，正式启动教育扶贫工程；2015 年，习近平总书记在全面深化改革领导小组会议上明确指出，要大力发展乡村教育，有效阻止贫困在代与代之间的传递，定向施策，精准发力；同年审议通过的《关于打赢脱贫攻坚战的决定》，更是明确将“发展教育”作为五个一批脱贫的重要举措，坚决阻止贫困现象代际传递。在此背景下，2013 年出台的《关于实施教育扶贫工程的意见》、2016 年出台的《教育脱贫攻坚“十三五”规划》和 2018 年出台的《深度贫困地区教育脱贫攻坚实施方案（2018—2020 年）》，成为教育扶贫领域最重要的三大纲领性文件。② 这说明党中央、国务院高度重视教育扶贫工作，有针对贫困户就业能力和自我发展能力专项培训的扶贫举措，有在义务教育阶段改善学生营养、学校硬件设施、提升教师能力的专项举措，也有关于精准招生、精准资助和精准就业的职业教育举措。③

调查发现，硬件建设、经费资助、师资培训、招生政策倾斜是目前我国“扶教育之贫”的重要举措，但随着国家经济水平的提升和教育扶贫投入的增加，大部分地区的办学条件已有所改善，师资和学生反而成为明显的短板。虽然国家在师资培训方面已出台了一系列新政，如 2010 年的《中小学教师国家级培训计划》、2015 年的《乡村教师支持计划（2015—2020 年）》等，但教师培训的科学性、针对性、目标性不强，培训效果不理想，不利于教师的专业发展。④ 至于对学生的帮扶，

① 胡兰：《农村教育精准扶贫推进策略研究》，《中国成人教育》2018 年第 16 期。

② 谢治菊：《教育五层级阻断贫困代际传递：理论建构、中国实践与政策设计》，《湖南师范大学教育科学学报》2020 年第 1 期。

③ 张俊、赵丽汝：《精准扶贫下的农民工继续教育机制创新》，《中国成人教育》2018 年第 7 期。

④ 俞建芬：《精准扶贫视域下乡村教师培训的困境与出路》，《教育科学论坛》2018 年第 5 期。

目前的举措也是以赠送营养餐、学习用品等外在的手段为主，鲜有通过精确手段提升学生学习效果的精准帮扶举措，更谈不上学生综合能力的发展。

在此背景下，要想教育精准扶贫的"精准"二字落到实处，就应使用新工具，正所谓"工欲善其事，必先利其器"，而大数据就是实现这一目标的有效手段。所谓大数据，是指需要新处理模式才能具有更强的决策力、洞察发现力和流程优化能力的海量、高增长率和多样化的信息资产。也即，大数据不能靠传统的处理软件在短时间内完成数据集合，也超过了任何一个计算机的处理量，具有数据量大、类型多、处理速度快、价值密度低等特点。① 根据这些特点，大数据在教育精准扶贫方面必将有所作为。事实上，与传统的扶贫方式相比，大数据能够让教育扶贫实现资助对象精准、资金发放精准、招生对象精准、培养过程精准、就业辅助精准、脱贫成效精准等六个"精准"，助力贫困学生无后顾之忧地完成学业。② 因为大数据拥有强大的分布式存储能力，能够实现传统常规软件无法处理的海量数据的数据统计、处理、挖掘和分析，可以迅速高效而稳定地采集、处理、共享海量的数据信息，具有数据量大、类型多、处理速度快、价值密度低等特点。在与其他技术相配合的情况下，大数据平台的优势更为明显，例如，与区块链技术的深度融合可以提升大数据平台的安全性，与云计算技术相结合可以提升大数据平台的运行效率，与人工智能技术相结合可以大幅提升大数据技术的生产力。③ 因此，借助大数据开展教育精准扶贫，能够建立"用数据说话、用数据决策、用数据管理、用数据创新"的长效扶贫机制④，实现精准识别、精细管理、精确监控和科学评估，可以为贫困地区受扶老师、学生提供更具针对化、个性化、差异化、智能化的帮助和服务。

---

① 谢治菊：《大数据时代公务员心态建设探讨》，《中南大学学报》（哲学社会科学版）2018 年第 4 期。

② 王钰：《以大数据分析技术促教育精准扶贫》，《电子技术与软件工程》2017 年第 23 期。

③ 冀昊悦、高迎、卢山：《基于大数据技术的精准教育扶贫研究》，《科技风》2019 年第 22 期。

④ 王钰：《以大数据分析技术促教育精准扶贫》，《电子技术与软件工程》2017 年第 23 期。

事实上，我国各地已纷纷开展实践探索，将大数据应用于教育精准扶贫领域，先后开发了大数据学生资助系统、大数据教师帮扶系统、大数据学生营养餐系统、大数据学生心理服务系统、大数据教学督导系统等10多个大数据与教育精准扶贫有关的系统，涌现出大数据教育精准扶贫的“贵阳模式”和“甘肃模式”。例如，甘肃省已借助大数据分析技术构建教育扶贫“大数据”应用格局，对全省88万建档立卡贫困户子女进行清单式管理和动态监控，真正为教育贫困的精准识别、精准决策、精准执行提供科学依据①；贵州省通过大数据对学生的德智体进行监测，对积累的监测数据进行系统分析，以发现教育短板和质量洼地，形成区域质量预警模型。② 但仔细分析发现，现有的“大数据+教育”精准扶贫实践，主要是运用大数据对教育领域的扶贫进行宏观管理与动态监控，仅限于质量监控、数据监测等方面，并未涉及对微观的帮扶对象——学生和老师进行“点对点”的能力提升，这与“育成一人、脱贫一户、幸福一家”的阻断贫困代际传递的教育扶贫目标相去甚远。

在实践探索的过程中，大数据驱动教育扶贫的理论探讨也较多，这些探讨主要分为以下几个方面：一是诠释教育精准扶贫的价值内涵。例如，王嘉毅等认为，教育精准扶贫就是采取特殊措施精准发力，着力扩大农村教育资源③；余应鸿认为，教育精准扶贫属于“造血式”扶贫，它能有效提升贫困人口的人力资本和社会资本④；陈恩伦、郭璨提出，教育精准扶贫是通过提升贫困地区的办学条件促进教师的专业发展，通过教师的专业发展改变贫困地区的教育理念，进而提升贫困地区学生的核心素养，阻断贫困的代际传递的过程。⑤ 可见，教育精准扶贫的目标是实现教育领域的脱贫，促进教育的均衡发展，进而发挥教育的扶贫功能，阻断贫困的代际传递。因此有学者认为，教育精准扶贫要经历两个

---

① 封清云等：《大数据支持的甘肃省教育精准扶贫科学决策研究》，《电化教育研究》2017年第12期。

② 黄健：《大数据推进教育精准扶贫》，《中国教育网络》2018年第5期。

③ 王嘉毅、封清云、张金：《教育与精准扶贫精准脱贫》，《教育研究》2016年第7期。

④ 余应鸿：《乡村振兴背景下教育精准扶贫面临的问题及其治理》，《探索》2018年第3期。

⑤ 陈恩伦、郭璨：《以教师精准培训推动教育精准扶贫》，《中国教育学刊》2018年第4期。

阶段，先“扶教育之贫”，再“依靠教育来扶贫”[①]。在研究教育精准扶贫的内涵价值时，不同学者对各主体所发挥的作用有不同的看法。例如，有的学者强调教师在教育精准扶贫中的关键性作用，认为扶贫的重点在于提升贫困地区的师资水平和办学水平，从而起到提升当地人力资本的作用。正因为如此，才应推动“扶教师之贫”与“依靠教师扶贫”的价值共生，构建以教师为主体的教育贫困信息多元化收集与应用机制。[②] 而有的学者则认为，教育精准扶贫需要多方参与，这样才能形成系统衔接多元互动的机制，增强扶贫效果。例如，段从宇、伊继东认为教育精准扶贫的系统推进，需要横向上“家庭教育、学校教育、社会教育、自我教育”和纵向上“基础教育、中等教育/职业教育、高等教育、老年教育”的统筹和协调互补。[③] 刘航、柳海民认为，教育精准扶贫应站在教育本体立场确认对象，解决面向办学主体、师资队伍、受教育群体三个方面的问题。[④] 这说明，政府、学校、教师、学生和家长都要在教育精准扶贫中发挥重要作用，但其中最关键的是学生和教师，这与“育成一人、脱贫一户、幸福一家”的阻断贫困代际传递的教育扶贫目标更加接近。至于教育精准扶贫的困境与出路，余应鸿认为目前存在扶贫对象识别模糊、帮扶项目与贫困者需求脱节、帮扶措施缺乏针对性等问题。[⑤] 代蕊华、于璇发现，目前教育精准扶贫在思维理念、制度建设、扶贫方式以及社会力量参与等方面存在诸多矛盾和问题。[⑥] 任友群等指出，以往的教育扶贫工作存在教育目标失当、对象失焦、重点失实、布局失准等问题，“走向精准”是教育扶贫工作的必然取向。[⑦] 为

---

① 谢治菊：《大数据驱动下的教育精准扶贫——以 CS 县智慧教育扶贫项目为例》，《湖南师范大学教育科学学报》2019 年第 1 期。

② 谢治菊、夏雍：《大数据精准帮扶贫困地区教师的实践逻辑——基于 Y 市“大数据 + 教师专业发展支持系统”的分析》，《现代远程教育研究》2019 年第 5 期。

③ 段从宇、伊继东：《教育精准扶贫的内涵、要素及实现路径》，《教育与经济》2018 年第 5 期。

④ 刘航、柳海民：《教育精准扶贫：时代循迹、对象确认与主要对策》，《中国教育学刊》2018 年第 4 期。

⑤ 余应鸿：《乡村振兴背景下教育精准扶贫面临的问题及其治理》，《探索》2018 年第 3 期。

⑥ 代蕊华、于璇：《教育精准扶贫：困境与治理路径》，《教育发展研究》2017 年第 7 期。

⑦ 任友群、郑旭东、冯仰存：《教育信息化：推进贫困县域教育精准扶贫的一种有效途径》，《中国远程教育》2017 年第 5 期。

走向“精准”，就应充分利用教育信息化手段和大数据技术来优化。因此，新阶段的教育精准扶贫应聚焦于构建以“精准识别—精准资助—精准培养—精准监管—精准就业”为主线的“六方联动”新机制，这“六方”是指政府、学校、教师、学生、家长和社会。[①]

可以说，大数据技术的蓬勃发展，让教育信息化由1.0进入2.0时代，也让教育扶贫从1.0版本转变为2.0版本。之所以这样判断，一是我们参照了“狩猎社会是1.0、农业社会是2.0、工业社会是3.0、信息社会是4.0、超智能社会是5.0”的提法；[②] 二是与传统的扶贫方式相比，大数据能够实现教育扶贫对象识别精准、资金发放精准、培养过程精准、就业辅助精准、脱贫成效精准，加速助力贫困学生无后顾之忧地完成学业。[③] 在与其他技术相配合的情况下，大数据教育扶贫平台的优势更为明显。例如，与区块链技术的深度融合，可以提升大数据平台的安全性；与云计算技术相结合，可以提升大数据平台的运行效率；与人工智能技术相结合，可以大幅度提升大数据技术的生产力。[④] 因此，借助大数据开展教育扶贫，能够建立“用数据说话、用数据决策、用数据管理、用数据创新”的长效扶贫机制，实现精准识别、精细管理、精确监控和科学评估，可以为贫困地区被帮扶老师、学生提供更具针对化、个性化、差异化、智能化的帮助和服务。由此，本文将大数据驱动的教育扶贫，称为教育扶贫的2.0版本，即教育精准扶贫阶段。

基于此，本章拟以CS县“志智双扶”的智慧教育项目为例，系统探讨大数据提升教育精准扶贫对象——老师和学生能力的逻辑机理、运行机制与可行路径。本章可能的创新在于：以具体的项目为个案，深度剖析大数据助推教育精准扶贫的逻辑机理与运行机制，并对大数据提升贫困地区教师教学能力、学生学习能力的实践过程进行系统诠释。

---

① 陈恩伦、陈亮：《教育信息化观照下的贫困地区教育精准扶贫模式探究》，《中国电化教育》2017年第3期。

② 周利敏、钟海欣：《社会5.0、超智能社会及未来图景》，《社会科学研究》2019年第6期。

③ 王钰：《以大数据分析技术促教育精准扶贫》，《电子技术与软件工程》2017年第23期。

④ 沈忠华：《新技术视域下的教育大数据与教育评估新探——兼论区块链技术对在线教育评估的影响》，《远程教育杂志》2017年第3期。

二　大数据驱动教育精准扶贫的价值

随着“互联网+”、人工智能、大数据等信息技术向经济社会领域的逐步渗透，新的技术范式已从支持性工具变成了行业变革的重要驱动力，教育领域也不例外。信息技术，尤其是大数据对教育的核心影响，主要在于这些技术将人、财、物和知识空前地联结起来，并催生了教育决策、教育资源共享方式、教育传播途径的深刻变化。根据图灵奖获得者吉姆·格雷的划分，科学研究有实验科学、理论科学、计算科学和数据密集型科学四种范式，信息技术的发展为数据密集型科学研究范式提供了基础与支撑，这一范式通过对教育教学行为数据的采集、建构与挖掘，以可视化的方式和大数据的思维，推动教育管理从经验判断向数据驱动、从局部向系统、从线性向扁平化、由静态向动态的转向，此种转向有利于发现教育内外部各要素与结构之间的关联性，引导教育行为更加科学化与规范化。

大数据驱动的教育研究，具有全样本、交互式、全景式、全过程、全透明的特征。[①] 将这一特征映射到精准扶贫领域，可理解为大数据的大样本、大价值和大规模、大系统将驱动教育扶贫对象识别的精准性、帮扶管理的精细化、帮扶举措的精确性和帮扶结果的高效性，实现帮扶过程的科学化、专业化与智能化。根据汪磊等人的研究发现，虽然数据采集的人工化与数据分析的简单化会降低大数据与精准扶贫之间的耦合性，但基于大数据技术的扶贫耦合机制却能够提升精准扶贫的绩效，揭示精准扶贫机制由政府驱动向数据驱动的演化趋势。[②] 由此推知，大数据与精准扶贫之间有较强的耦合性，这一耦合性在教育领域是否以及多大程度上存在，目前没有科学的推论和判断，仅可从大数据驱动智慧教育的发展中窥知一二。所谓智慧教育，是将大数据信息技术应用于教育

---

① 王战军、乔刚：《大数据驱动的教育研究新范式》，《北京大学教育评论》2018 年第 1 期。

② 汪磊、许鹿、汪霞：《大数据驱动下精准扶贫运行机制的耦合性分析及其机制创新——基于 GZ、甘肃的案例》，《公共管理学报》2017 年第 3 期。

过程，实现教育整体变革的新型教育模式。① 根据 IBM 的界定，智慧教育有五大路标，分别为学生的技术沉浸，个性化、多元化的学习路径，服务型经济的知识技能，系统、文化和资源的全球整合以及教育在 21 世纪经济中的关键作用。智慧教育的真谛是运用智能化技术构建智能化环境，师生借助智能化环境实现教学（学习）理念、教学（学习）方式和教学（学习）场域的转变。为满足此种转变，教育管理系统就需要以丰富教育资源为基础、以推动智慧教学为核心、以实现个性化教育为目的、以促进师生发展为宗旨，这些要求正是大数据驱动的教育精准扶贫所能够带来的。

众多经济学家通过调查分析，论证了教育在促进经济发展和消除贫困方面的积极作用，据此提出应当通过加大资本投入和提升人力资本水平来发挥教育在促进经济发展和消除贫困方面的功能。随后，社会学领域反贫困研究的兴起，极大地扩展了教育扶贫理论的研究范畴，认为文化、观念、社会变革、制度、政策、权利等因素是贫困的主要成因，并提出了贫困文化论和权利贫困论。无论是贫困文化论还是权利贫困论，都强调教育对打破贫困文化与贫困观念的作用，认为教育对优化社会结构、促进权利分配公平有明显的推动，教育公平理论由此产生。教育公平理论认为，教育对社会公平正义具有重要的促进，因此，教育系统应重点考虑受教育者的起点公平、机会公平和过程公平问题。正因为教育具有“育民启民、安民富民、化民强民”的巨大功能与价值，习近平总书记才在多种场合提出了“治贫先治愚”“扶贫必扶智”“扶贫先扶志”的扶贫理念。确实，从历史与现实的角度看，贫困地区的贫困孩子因经济、文化、教育的影响而不能得到良好启蒙，并在“贫困文化”与“贫困环境”中形成胆怯自卑、保守懦弱等不良性格并影响到其一生成长与发展，造成贫困代际传递。故此，无论从政治学、经济学、教育学还是社会学的角度，教育对阻断贫困代际传递都具有重要的作用，若将大数据的精准思维与教育的扶贫功能有效结合，必将推动教育扶贫领域的科学化与智能化，提高智慧治理的成效。

---

① 柯清超：《大数据与智慧教育》，《中国教育信息化》2013 年第 12 期。

三 大数据驱动教育精准扶贫的案例

作为全国的“数谷”中心，贵州省在大数据驱动教育精准扶贫方面走在了前列。依据《贵州省“十三五”教育事业发展规划》，教育脱贫是全省“六大脱贫攻坚战”之一，主张用共享发展的理念引领教育公平与教育扶贫，决定每年压缩6%的行政经费用于教育精准扶贫，将实施学生精准资助惠民计划、教师队伍素质提升计划等八项计划，让贫困家庭学生有更多机会接受高质量的教育。为提升教育扶贫的成效，省委省政府采取“一对一”结对子帮扶的形式，让省内教育发达的地区帮助教育落后的地区，贵阳市教育局对CS县教育局的帮扶就是典型的代表。CS县隶属于黔南布依族苗族自治州，总人口25.66万人，少数民族人口占56%，以布依族、苗族为主，是国家级贫困县。2017年3月，在充分调研试点的基础上，为扩大优质教育资源的辐射力、实现教育均衡发展，CS县将全县20多所中学合并为4所，合并后的民族中学排位第一，广顺中学排位第二。考虑到贵阳市是“中国数谷”，且大数据在贵阳市教育领域的应用已有丰富的经验，涵盖教育管理、安全管理、招生管理、质量提升和精准扶贫等十大关键领域，经过前期调研和有序的组织策划，2017年9月，贵阳市教育局运用大数据驱动教育的方法和“互联网+教育”的思维模式，在CS县广顺中学、民族中学建立了智慧教育扶贫项目，帮助提升学生学业成就、促进教师专业发展、提升课堂教学效果。该项目包括“大数据+教师专业发展支持系统”“大数据+学生学业成就提升系统”“家校融合亲子系统”三大系统，已运行一年且成效明显的是前两个系统。其中，“大数据+教师专业发展支持系统”是以云录播系统为平台，通过“听课—评课—反馈—指导—跟踪”的专家指导模式，以及“讲课—反思—提问—改进—提升”的教师发展模式，采取3名专家指导引领1名受扶老师的“3+1”形式，提升教师课堂水平、促进教师专业发展。该系统能针对受训老师的个人需求进行个性化、针对性帮扶，比“一对多”的“集中培训、送教下乡、远程培训、校本研修”等帮扶模式更加精准，指导更加精细，对贫困地区教师专业能力的强化、教学方法的改进、教学技能的提升、教学效果的改进有重要的实践价值。同时，该系统还通过教师间资源共享、共评互评、协作学习，不断优化课堂教学，能提升贫困地区教师课堂教学能力和水平，提高课堂教学效果；通过贵阳专家团队对扶贫学校教师进行各类培训，能提升教师理论水平、教育理念和教学技能，从而提高教师的整体素质。也即，“大数据＋教师专业发展支持系统”的特点在于运用大数据平台实现帮扶的科学化、精准化、个性化与针对性，提升帮扶效果，促进教师专业发展。

“大数据＋学生学业成就提升系统”以IPAD为载体，通过大数据靶向提升系统和基于常规作业的认知诊断系统收集学生的学习行为数据和学生评价数据，形成“问题发现—拍题上传—个性讲解—共性学习—靶向练习—成绩提升”的学业成绩提升闭环系统，结合教师课堂教学及时干预，让学生在不断纠错的过程中实现学业成绩提升。通过该平台，可为学生提供学习问题与难题的在线辅导、纠错服务，帮助学生第一时间解决学习问题；可积累形成学生个性化的错题本，诊断学生学习难点、盲点、薄弱点，靶向推送学习内容，引导学生定期订正复习、反思，促进学业提升。

大数据驱动教育精准扶贫贵阳模式的价值在于：第一，能够助推教育精准扶贫新模式的形成。通过大数据思维和互联网平台，面向学生和教师提供直截了当的教育服务，解决教师专业发展和学生学业成就等关涉教育质量的根本性问题，形成完整、系统的大数据教育精准扶贫新模式。① 该模式以学生发展为中心，用大数据思维、互联网技术，让最优质的资源，直接、具体、快捷地服务于师生最迫切的需求，让贫困学生接受公平有质量的教育，能提高精准扶贫对象的获得感和满意度，是提升贫困地区教育质量的根本，为贫困地区的教育发展、阻断贫困代际传递走出了一条新路。② 调研访谈时贵阳市教育局局长指出，贵阳市大数据驱动教育精准扶贫模式是高起点、高品质的教育精准扶贫，这在全国

---

① 鄂璠：《当“长顺学生”遇到“GY老师”：用凌云方法破解壮“智”难题》，《小康》2018年第6期。

② 罗海兰：《GY大数据助力长顺教育扶贫》，《GY日报》2017年9月4日第2版。

尚属首次，是教育发展、教师发展、教育质量监测、学生学业成就评估以及贵阳大数据产业发展需要的一次有益尝试。第二，能够实现针对性帮扶。贵阳市教育局帮扶CS县的大数据驱动教育精准扶贫项目，可以记录学生包括问题数据、行为数据在内的学习轨迹，通过轨迹进行分析、诊断和预测，识别出学生潜在的共性问题和个性问题，由此制订个性化、差异化、精细化的帮扶路径，为学生学习提供实时支持；同时，通过将教师上课、专家打分及评价、受训老师教学反思等视频、文字材料进行保存，形成新的数据平台，平台定期对教师成长过程、专家指导过程、学生课堂行为进行大数据分析，作为评价帮扶成效和教师专业发展的依据。第三，能够促进贫困地区教师能力的提升。现有的教师精准扶贫模式已不能有效满足贫困地区的教育需求，急需创新扶贫手段和扶贫方式来达成时代的教育扶贫目标。在此背景下，“大数据+教师”精准扶贫模式应运而生，该模式跳出了传统的教师能力提升方法的窠臼，以大数据平台为载体，通过“专家课堂点评—教师教学反思—教师能力提升”的方式，让3名专家对1名老师的教学理念、教学方法、教学设计、教学素养进行全方位帮扶，并通过大数据系统动态监控帮扶过程，及时了解帮扶成效，对提升教师能力有重要的价值。

四　大数据驱动教育精准扶贫的成效

教育之所以具有扶贫功能，其实践逻辑在于通过教育提高贫困人口的发展能力，增强贫困人口脱贫的内生动力，提高贫困地区的教育水平，促进教育资源的均衡发展与社会阶层的合理流动。[①] 当然，有了大数据的支撑，这一逻辑的重点转向了“精准”二字，即通过大数据让教育精准扶贫的对象识别更加精准、管理过程更加精细、需求定位更加精确、反馈控制更加有效。

1. 对教育扶贫对象进行精准识别，提升帮扶的针对性

数据是信息的载体，信息是客观事物的表征，大数据技术就是从各

① 向雪琪、林曾：《我国教育扶贫政策的特点及作用机理》，《云南民族大学学报》（哲学社会科学版）2018年第3期。

种各样的数据中快速获取有价值的信息。大数据是对复杂系统的一种把握工具，运用大数据来把握社会经济的复杂系统，有助于贫困地区找到最适合当地的发展方式，促进该地区长远、持续和平衡发展。[①] CS 县的智慧教育扶贫项目首先运用大数据来对帮扶对象进行精准识别。在“大数据 + 教师专业发展支持系统”中，试点的 MZ 中学和 GS 中学教师分别为 167 人和 135 人，为提升帮扶的针对性，GY 市教科所组织专家团队开发了科学的教师帮扶测试系统，该系统由笔试和面试两部分组成，笔试包括专业理论、课程标准、职业认知、学科知识、教材理解、教学设计、试题命制 6 个方面，专业理论占 50 分，其余指标各占 10 分，合计 100 分；面试包括专业理论、专业技能、专业素养、职业认知 4 个方面，分别占 20 分、40 分、30 分和 10 分，合计 100 分。笔试由自愿报名的老师自己作答，面试由 GY 市教科所遴选的 135 名指导专家分组进行。笔试、面试结束后，根据二者相加的综合成绩进行大数据分析，在英语、数学和外语中选出综合成绩排前 10，物理与化学中选出综合成绩排前 6 的老师。考虑到教师的发展潜力和提升效果，再通过大数据对入围老师的专业理论、专业技能进行综合评价，重点选取专业理论较扎实、专业技能不太成熟、有发展潜力的老师，共选出 42 名教师，其中语数外各 5 名，物理与化学各 3 名。在 GS 中学八年级 9 班与 10 班、MZ 中学 14 班开展试点的“大数据 + 学生学业成就提升系统”中，老师以 8 人为单元将班级学生分成若干小组，小组同学遇到错题后拍照上传至装有试题库的 IPAD，并通过 IPAD 的自动解题功能实现错题解答。系统定期对上传的错题进行分析，得出出错率较高的题型，发现出错率较高的学生，教师根据系统提供的大数据对错题率较高的题型进行讲解、巩固与强化，对错题率较高的学生制订个性化帮扶举措，有效提升帮扶对象的针对性。

2. 对教育扶贫过程进行精细管理，增强帮扶的科学性

现代管理走向精细化的前提是大数据，大数据可通过数据整合提高工作效率、节省工作成本，通过智能化监管简化审批流程、提高使用效

① 郑瑞强、曹国庆：《基于大数据思维的精准扶贫机制研究》，《贵州社会科学》2015 年第 8 期。

率，通过分析帮扶对象的价值偏好契合公众需求、实现弹性管理。简言之，大数据能够通过让海量、动态、多样的数据有效集成为有价值的信息资源，为开展科学管理、精细服务提供强大的信息基础。[①] 在 CS 县智慧教育扶贫项目中，大数据的这一功能更为明显。首先，运用大数据的分析功能对学生和教师帮扶过程进行动态管理，为 GY 市教育局调整帮扶方案提供科学依据。例如，对于“大数据 + 学生学业成就提升系统”的载体——乐冲刺系统，大数据分析出使用初期学生的积极性不高，后来慢慢上升至 60 多次，到 3 月份迅速下降至 23 次，4 月份开始攀升至 98 次，这说明学生对该系统作用的认识是一个螺旋式上升的过程，如表 7—1 所示。再如表 7—2 所示，使用乐冲刺练习作业时长最长的是数学，截至 4 月底总练习 528. 10 分钟；做题量最多的是英语，做 494. 88 道题；做题效率最高的是数学，平均每分钟做 1. 41 道题；正确率最高的是数学，高达 72. 67%，错题数为 103. 65；订正率最高的是物理，高达 93. 49%。这些大数据说明，数学使用乐冲刺系统的效果更好，化学和物理的使用效果相对较差，这为政府和学校修订学生学业成就帮扶方案提供了科学的依据。

表 7—1　　学生学业成就提升系统使用频次　　（单位：次）

学校	班级	学科	10 月	11 月	12 月	3 月	4 月
广顺中学	八（9）	数学	2	20	11	2	14
		物理	2	12	5	0	9
	八（10）	数学	2	11	5	14	29
		物理	3	5	6	3	23
民族中学	八（11）	数学	0	3	2	0	0
		物理	0	3	2	0	0
	八（14）	数学	2	15	24	2	14
		物理	0	3	9	2	9
合计			11	66	60	23	98

数据来源：作者根据调研材料自制。

① 鄂璠：《当“长顺学生”遇到“贵阳老师”：用凌云方法破解壮“智”难题》，《小康》2018 年第 6 期。

表 7—2　　学生学业成就提升系统使用情况大数据分析　　（单位：次）

学科	练习时长（分钟）	做题量	做题效率（分钟/题）	正确率	订正率	错题数
数学	528.10	374.98	1.41	72.67%	80.69%	103.65
英语	363.76	494.88	0.74	59.13%	64.46%	191.73
物理	411.53	492.27	0.84	71.49%	93.49%	136.57
化学	419.49	477.29	0.88	69.46%	86.21%	143.45

数据来源：作者根据调研材料自制。

再如，“大数据+”教师专业发展支持系统，截至2018年6月底，计划上课数1185节，实际上课891节，实际录播率75.19%；专家实际打分765次，实际打分率为85.86%；专家实际上传评课449次，上传率58.69%；受扶教师实际上传教学设计405次，上传率45.45%；受扶教师上传教学反思56次，上传率6.29%，如表7—3所示。这些数据说明：第一，帮扶专家参与该项目的积极性、责任心比受扶教师更高，完成的任务更为圆满；第二，受扶教师上传教学设计、教学反思较少，24.81%的人没有参与直播，这为管理部门的精细管理提供了有效的依据。事实上，上学期期末即2017年12月，市教育局、公司和学校已发现并高度重视此类情况，经过座谈和走访发现，未参与录播的老师都有特殊情况，2名教师怀孕、1名家里人生重病；同时，由于参与录播老师的课程量很繁重，除当班主任外，每周还有16—25节不等的课程，一些老师没有时间写教学反思、上传教学设计。当然，没有上传教学设计的另一个原因在于由于时间有限、工作繁忙，部分老师认为自己的教学设计还不够完善，没有精力修改，所以没有上传。这说明，大数据为帮扶过程的精细管理提供了有力的支撑。

表 7—3　　教师专业发展支持系统使用情况　　（单位：次）

月份	计划上课	实际直播数	评课数	评论数	上传教学设计	上传教学反思
9月	126	107	81	35	37	0
10月	126	121	95	56	60	0
11月	210	151	138	88	80	17

续表

月份	计划上课	实际直播数	评课数	评论数	上传教学设计	上传教学反思
12月	126	102	99	63	63	12
上学期小计	588	481	413	242	240	29
3月	168	143	131	86	62	10
4月	150	75	66	42	32	8
5月	194	140	111	55	52	5
6月	85	52	44	24	19	4
下学期小计	597	410	352	207	165	27
总计	1185	891	765	449	405	56

数据来源：作者根据调研材料自制。

3. 对教育扶贫需求进行精确定位，强化帮扶的专业性

大数据是实现帮扶充分化、便利化和精确化的可靠途径。大数据具有的量化、全面、精准的分析功能，无疑对因时、因地、因人制宜的教育帮扶提供了强大的技术支持。通过大数据分析能够精确获取教育帮扶对象的需求，提供更加个性化和便利化的服务，从而使服务的主动性更为增强、服务方式更为灵活、服务内容更加丰富、服务质量更加高效。CS县智慧项目中的教师专业发展支持系统打破了贫困地区传统教师能力提升的弊端，通过3位名师对课堂的点评和帮扶，对教师自身知识的更新和积累、对教师教学水平的提升和教学技能的强化、对教师教学理念的转变和教学情感的认同有重要的帮助。正如访谈时大多数老师所表示的，此系统让他们的教学理念转向了注重学生核心素养的培养和课标的作用，改变了他们"满堂灌"的教学方式，能提升他们的专业能力和教学能力。事实上，计算机测试系统大数据显示，教师们最需要帮扶的能力是把握课程标准、进行教学设计和提升课堂教学技能，帮扶前的测试值仅为3.9、4.8、5.7（总分为10分）。根据这一特点，市教育局和教科所组织专家进行了精心安排，通过反思、观摩、示范教学等方式，对参与老师的上述能力进行强化。强化后，受扶教师上述三方面的能力分别提升到7.5、8.7、9.2分，提升幅度达80%以上。能够佐证这一观点的还有另外一组数据，经过对39名参与教师（3名教师因怀

孕或家里有事中途退出，故原42名教师只剩下39名）的问卷调查发现，86.7%的被调查者认为被帮扶后形成了自己独特的教学风格，教学设计能力有了明显提升；90%认为自己可以根据学生的状况变化及时调整课堂教学，在教研、教改方面的能力明显提升；83.3%感觉自己的课堂组织更加灵活，93.3%感觉自己结合课标驾驭课堂的能力有明显提高。正如访谈时GS中学L教师谈到，被帮扶前，她很少关注“课标”的要求，解读“课标”也有困难，导致在教学中比较随意，重点不突出；被帮扶后，专家首先要解读“课标”，要就根据“课标”进行教学设计。不仅如此，受扶教师的整体能力都得到了提升，其中提升最多的是物理老师，平均提升50分；其次是英语老师，平均提升44分；提升最小的化学老师，也提升了32分，如表7—4所示。这组数据说明，无论是哪个学科，受扶教师的教学技能及其综合能力都得到了明显的提升。究其原因，主要是帮扶时充分考虑并精确定位了教师的实际需求，帮扶的专业性更强、个性化更明显，故而成效更好。

表7—4　受扶教师平均测评分数变化情况　（单位：分）

科目	前测（2017年9月2日）	中测（2018年1月9日）	阶段性测评（2018年9月7日）	增幅
化学	130	152	162	32
数学	113	132	150	37
物理	118	125	168	50
英语	133	155	177	44
语文	144	153	178	34

数据来源：作者根据调研材料自制。

4. 对教育精准扶贫结果进行及时反馈，强化帮扶的有效性

在大数据时代，网络信息技术的迅速发展使得社会治理结构的扁平化和过程的协商化特征日趋明显，使得公共治理网络不存在严格的等级结构，权威分散在互动的行为者之中并且具有流动性，这为结果反馈的及时性提供了组织保障与技术支撑。① 例如，CS县智慧教育扶贫项目

① 陈潭：《大数据驱动国家治理的未来图景》，《光明日报》2018年4月9日第11版。

基于作业大数据和教师反馈信息大数据的认知诊断效果比较明显。所谓认知诊断，是将认知过程与测量手段结合起来，从认知心理学的角度分析老师教授和学生答答题所应用的知识与技能，获得老师与学生认知模式差异的诊断信息。[①] 如表7—5所示，从纵向来看，仅2017年下半年，无论从直播课教师教学目标的达成率、专业知识的强化度还是专业素养的提升率、教师品质的增强度来看，语文教师的效果是较差的，这也与表4专家对语文教师教学能力评价的分数增长不高契合；相应地，语文课学生学习积极性与个人品质的改进方面也处于劣势。相反，化学老师在知识的强化、目标的达成方面占有优势，这直接导致化学学生在课前准备、学习积极性与个人品质的增强方面处于优势，处于相同优势的还有物理，它在提升教师教学素养和学生品质方面成效最明显，分别占67.31%和70.08%。就横向而言，在教师和学生的测量指标中，该系统对教师品质和学生学习积极性的帮扶效果不明显，帮扶率未超过50%。2017年12月，大数据系统及时将这一信息反馈给帮扶专家、学校、市教育局与教科所，相关主体即使对帮扶方案进行了调整，重点提高对语文老师的帮助举措以及对教师品质、学生积极性的帮扶，提升了帮扶的成效。那么，该系统是如何运用大数据来提高学生的成绩呢？教师每日登录系统查看统计数据，了解学生完成作业、班级错题本、错题订正情况，分析典型错题；下次课开始教师展示数据，对典型错题进行重点讲解，强化薄弱点，分层布置作业；单元结束前，教师进行阶段性小结，登录系统查看本单元阶段学生常错题、错题订正情况、拓展复习情况，结合作业批改分析教学薄弱环节，并进行针对性改进。同时，监测部门可根据学生作业完成的大数据，分析教师布置作业的数量、难度分布，学生完成的时间段、时间点以及完成质量与知识点掌握情况的关系；分析教辅题目的质量，并分析其与知识点掌握的关系；分析比较不同科目间作业布置与完成情况对学生学业水平的影响以及差异；分析在小测验、“每周一练”等测试完成后作业的针对性，以及对知识点掌握的影响；针对每个知识块，建立符合CS师生能力水平的教学模式。

① 余娜、辛涛：《认知诊断理论的新进展》，《考试研究》2009年第3期。

表 7—5　　教师专业发展支持系统各级目标达成率

直播课数（节）		教师				学生		
		目标（%）	知识（%）	素养（%）	品质（%）	准备（%）	学习（%）	品质（%）
语文	105	55.24	55.24	60.95	39.05	89.52	40.95	60
数学	99	70.71	70.71	62.63	43.43	82.83	47.47	65.66
英语	105	73.33	71.43	59.05	46.67	81.90	44.76	58.10
物理	52	65.38	67.31	67.31	42.31	80.77	46.15	73.08
化学	56	87.5	76.79	62.50	39.29	83.93	42.86	66.07

数据来源：作者根据调研材料自制。

可见，CS 县智慧教育扶贫项目运用大数据进行教育精准扶贫的机理在于：通过记录、积累过程数据集，采用大数据思维进行挖掘分析，为教育管理部门、学校、教师提供帮扶对象的数据支持和报告反馈，持续跟踪提升效果，及时调整方法策略；同时，利用互联网平台系统，在学校、教师、家长、学生、专家之间建立良好的沟通渠道和机制，重点关注贫困家庭学生、留守儿童健康成长，缩小贫困地区学生与发达地区学生的差距，促进教师的专业发展，提升学生的学业成就。

五　大数据驱动教育精准扶贫的逻辑

GY 市在 CS 县实施的大数据驱动教育精准扶贫是一种典型的项目制。项目制是新时代中国精准扶贫领域一种新的国家治理体制，指为消除贫困，政府将政策意图融入项目中，通过对官僚制内外资源进行整合，以财政转移支付的方式实现反贫困目标的一种新型国家治理方式。[①] 事实上，虽然项目制被广泛地应用于扶贫领域，但更多应用于经济扶贫领域，教育扶贫领域的少之又少，GY 市对 CS 县的大数据驱动教育精准扶贫便是典型代表。分析发现，经过一年的运行，该项目成效显著，不仅教师的教学理念明显转变、教学技能明显提升、综合素养明显增强，学生的不良行为规范也得到矫正，学生的学业成绩更是大幅度

① 渠敬东：《项目制：一种新的国家治理体制》，《中国社会科学》2012 年第 5 期。

提升。首先是受扶班级的成绩排位有提升。例如，GS 中学 HTM 老师带领的 14 班，在七年级时因没有得到帮扶，2017 年春季期末统考，整个年级共 14 个教学班，其数学成绩为年级倒数第一名；帮扶一年后，学生成绩大幅度提高，一跃进入年级第六名。其次是同一教师教授录播班级与非录播班级成绩差异明显。选取 8 个同时开展“云录播课堂”的语数外班级和同一老师教授的 8 个非云录播班级为研究对象，将实验组和对照组 2017 年 6 月和 2018 年 6 月前后的成绩变化进行 SPSS 中的 T 检验，结果发现，第一，经过一年的帮扶，实验班语文、英语两科平均成绩都显著地高于“云录播课堂”实施前（$P<0.01$），分别高 6.81 分和 6.31 分；第二，在“云录播课堂”实施后，实验班语文、外语两科平均成绩显著高于对照班相应课程（$P<0.01$），分别高 6.14 分和 4.14 分，这再次说明精准扶贫班级的平均综合成绩在大幅度提升。① 为何短短一年，长顺教育扶贫项目的成效如此显著？因为项目的主导者——GY 市教育局通过完善的机制将众多利益主体如政府、学校、公司、家长、学生、专家等联结了起来，形成一个利益共同体，并在共同体塑造的“项目制”中开展互动博弈，“权力—资本—技术”成了博弈的关键要素。

1. 政策主导与融合：大数据驱动教育精准扶贫的权力逻辑

在教育精准扶贫网络中，政府通过“项目制”将权力下沉至具体的学校。按照权力行动者的排序，权力关系网络具有明显的差序格局，政府制定者处于核心位置，政策执行者处于中间位置，政策受益对象处于权力关系的末端。因此，理论上，在本章的运行中，政策的制定者——GY 市教育局在项目的设定、执行、监督和考核方面都享有较大的自主权，而项目的受益对象——两所学校及其相关的老师和学生因缺少政治资本而缺乏话语权。但是，由于加入了“大数据”这一要素，实现了米勒公共能量场的转换，项目决策者与受益者之间的平等互动得以实现，决策者根据受益者的需求制定政策，受益者配合决策者的要求开展活动，权力层层转移所致的“弱化”以及由此产生的“再造”行为并没有发生。也即，由于大数据可以引发治理结构的扁平化与治理过程的协商性，该项目中政策制定者的主导不仅没有带来支配效应，反而

① 感谢 CS 县教育局提供的统计数据。

产生了与受益者之间的融合，这也是GY市教育局所制订的帮扶计划、实施方案、遴选标准和考核体系得以顺利推行的原因。可见，大数据对彼得原理所坚持的权力运行的“加权”效应具有消解作用，这会让项目运行的权力网络处于平等而非支配的地位，进而提升实施效果。

2. 利益竞争与均衡：大数据驱动教育精准扶贫的资本逻辑

出于对自身利益的考量，参与者从理性经济人角度出发，追求自己在项目中的最大利益。因此，在CS县项目的实施初期，因大大增加了工作量却没有物质上的劳动报酬，参与教师与专家曾经抱怨和懈怠，这也是为何受扶教师与学生中间的成绩有下降的主要原因；同时，学校试图通过该项目获取额外的资金，其中一个学校打报告向上级申请配套经费就是典型的例证，毕竟项目制的核心是行政资源的分配。[①] 然而，在项目走向正轨之后，市教育局马上意识到了这一点，通过完善激励机制来激发参与老师和专家的积极性，其激励的内容如下：参与该项目的老师和专家在评优评奖和职称评聘中享有优先权，参与的老师和专家认定一定的工作量，该工作量可折抵普通教学工作量。尽管调查时发现激励所设定的工作量普遍没落实，但优先评优评奖在2017年的年终考核和2018年的名师竞选中得到认可，参与的老师中有7名年终被评为优秀，有2名获得QN州教学名师。再加上，大数据与互联网大大降低了各参与主体之间的沟通成本，让受扶对象与专家之间的交流变得更加容易与节省，故而市教育局采取的这种利益平衡方法打破了不同主体存在的“项目即资金”的惯性思维，在不断接触的过程中形成了“政府—学校—老师—学生—家长—公司”之间的利益网络。在这个网络中，政府的诉求是出政绩，得到上级政府和社会认可；学校的诉求是通过此项目扩大知名度与名誉度，以获取更多的资源；老师、学生、家长的诉求是通过提高教师的教学能力来提高学生的学业成就，让学生有更理想的升学率；公司的诉求是将该项目做大做强，以获得更大的市场。实际上，在机制健全的情况下，只要老师的能力与学生的成绩得到提升，前述各主体的诉求都能得到满足，故而能快速推进该项目。换言之，CS

① 陈家建：《项目制与基层政府动员——对社会管理项目化运作的社会学考察》，《中国社会科学》2013年第2期。

县大数据驱动教育扶贫项目之所以成效如此显著，与各主体的利益格局从竞争走向均衡有莫大的关系。

3. *数据嵌入与契合：大数据驱动教育精准扶贫的技术逻辑*

随着服务型政府的发展和网络治理技术的推进，乡村教育治理经历了从“支配式”管理向“技术式”治理的总体性范式转变，以“技术”嵌入教育公共治理过程已成为新常态。① 由于技术治理具有控制风险、增强效率、整合资源的功效，故而被广泛应用于教育扶贫中，最典型的就是大数据技术及其现代信息技术的使用。② 在压力型体制下，与权力和资本要素相比，技术治理的程度会明显影响项目运作的路线与效果。为应对上级政府的任务，下级官员常常将项目简化为技术层面的操作，即通过技术将项目分解为精细的责任主体，这可以降低项目运行的风险。例如，长顺项目首先通过信息手段将参与教师的上课、专家的评课与学生的分数技术化、结构化，浓缩为一个个简单的分数；同时，通过大数据技术设置考核指标，将老师、学生、专家之间的关系数字化、规范化，从而促使项目内外的资源在一定期限内被高度地动员与整合；此外，整个项目的运行体现为明显的效率导向，也即衡量成效的标准是老师素养和学生成绩的提升幅度，此导向契合了政府追求最大政绩的偏好。可以说，以大数据技术、互联网思维等技术手段来控制教育精准扶贫的每一个过程，是CS县项目的最大特点，这也成了大数据背景下教育精准扶贫的关键与主导逻辑。

六　大数据驱动教育精准扶贫的困境

利用数据进行分析，借助数据分析的结果做出理性决策，是社会发展的趋势。美国著名数据学家John R. Masey曾指出：“数据在未来将会越发地影响人们的日常生活、教育、经济、政治等诸多领域，学会适应数据、利用数据必然成为一种不可逆转的趋势。”邬贺铨也对数据的隐

① 黄巨臣：《农村教育扶贫“项目制”：运作逻辑、执行困境及应对策略》，《宁夏社会科学》2018年第2期。

② 黄晓春、嵇欣：《技术治理的极限及其超越》，《社会科学》2016年第11期。

含价值做出了高度评价："利用大数据进行分析，对我们深刻领会世情和国情，把握规律，实现科学发展，做出科学决策具有重要意义，我们必须重新认识数据的重要价值。"借助大数据技术对教育教学行为数据进行采集、架构与深入挖掘，评估教师和学生的行为，能够探索教育发展的内在逻辑与规律，推动教育管理由主观性较强的经验判断向科学化的数据驱动转变，引导教师和学生行为规范，增强教育的科学性和系统性。关于大数据在教育精准扶贫中的作用，调查显示，受访者将"精准识别贫困户、有效匹配扶贫资源、动态监管扶贫过程"放在了前三位，分别占66.97%、58.22%和55.51%，超过半数，接近一般的选项是"科学考核扶贫结果"，占47.51%。可见，受访者基本的共识是：大数据在教育扶贫对象识别、过程监管、资源匹配和考核评估中具有重要的作用。但是，大数据在使用中也存在一些风险与问题，有数据修改更新困难、数据填报多头管理，分别占34.17%和32.51%；有数据结构不统一、数据体量不够大、数据分析利用不够，分别占29.56%、29.5%和29.43%，另有23.65%的人选择数据系统相互冲突，19.77%的人选择数据孤岛现象。这说明，数据集成、数据挖掘、数据平台、数据共享和数据设施，是目前大数据应用于教育精准扶贫存在的主要问题。

1. 数据量较小，并未形成真正意义上的教育扶贫大数据库

大数据，顾名思义必然具有海量的信息和数据资源，是基于对数以万计的数据集成进行深层次的分析，来发现庞大繁杂数据背后所反映的社会现象和内在价值，从而得出更精确的社会评估，为解决社会问题提供个性化、具体化的方法，所以大数据技术实施的一个最重要前提条件是要收集海量的数据。然而，由于在目前的教育扶贫领域，大数据是一种新引入的技术，各类数字化平台成立的时间较短，且由于硬件设备的问题，在数据收集方面还存在一些困难，因此形成的数据量十分有限，只形成了简单的数据集合，尚未真正构建成横纵融合的大型数据库，更没有形成完整的数据链条，数据轨迹追踪监测困难，这极大限制了大数据价值功能的发挥。难怪访谈时 Z 县工信局工作人员 H 某某①指出，

① 男，侗族，30 岁，本科，中共党员，ZY 县工信局大数据管理人员，访谈于 2019 年 6 月 5 日。

“严格来说，基层政府没有大数据，他们的数据体量都不够大。你想，一个县、一个乡的数据有多大？只有全省 88 个县市区汇聚在一起，那才是大数据。”这说明，在目前的教育精准扶贫中，大数据的“大”字还未有效体现。

2. 数据挖掘利用较少，大数据在教育扶贫中的价值未有效发挥

大数据涉及的关键技术主要包括大数据采集技术、大数据预处理技术、大数据存储与管理技术、大数据安全技术和大数据挖掘技术。大数据的主要目的，是通过数据挖掘技术，对应用对象进行预测、估计与管理。但调研发现，目前大数据技术在教育扶贫中更多地停留在对数据的收集与存储上，没有建构立体化的分析模型对数据进行深入挖掘。也即，大数据技术运用停留在浅层化的表面，很多职能部门的工作人员没有认识到大数据的真正价值，当这项技术落到实处时，只是被基层部门的工作人员看作一项纪录数字的常规工作，经由大数据分析的结果并没有真正反馈到决策与管理层面，大数据助力教育扶贫对象精准识别、资源精确匹配、管理精细执行的重要作用未得到有效发挥。也就是说，目前大数据技术在教育扶贫领域的运用仍处于初级阶段，技术运用方式单一，多体现为数据的采集和存储，技术条件不够成熟，缺乏将大数据多样化、高效化地渗入于教育扶贫各个环节的技术保障。访谈时 Z 县教育局扶贫专员 P 某某①告诉我们：“我们县教育精准扶贫有一个系统，但这个系统是 2018 年才建立的，极不稳定，之前的信息材料补充起来工作量很大，再加上这个系统牵扯的数据比较大、面也比较广，所以这一块现在还没有完全精准，体量较小。另外，由于贫困户流动性比较大，很多极端情况，太多了，对于人口精准识别这一块，只要这个基础没做好，我们的教育精准扶贫就不好做，会漏掉一些学生。”D 县人社局副局长 Y 某②也指出：“我们没有对手上掌握的培训及就业数据进行分析，我们不知道怎么做，也不清楚怎样来促进决策。”D 县工信局副局长工作人员 W 某某③也强调，“说实话，这一块我们觉得没意思，实

① 男，侗族，30 岁，本科，中共党员，ZY 县教育局扶贫专员，访谈于 2020 年 6 月 5 日。
② 男，苗族，37 岁，本科，中共党员，DZ 县人社局副局长，访谈于 2019 年 5 月 30 日。
③ 男，苗族，40 岁，本科，中共党员，DZ 县工信局副局长，访谈于 2019 年 5 月 31 日。

话实说，我们没有使用大数据决策，主要的工作就是建建台账，掌握一些数据”。这说明，系统建立时间短导致大数据系统的一些功能还不够全面，实际操作难度大，而在信息方面存在着数据断层的问题，且数据的准确性待核查，这意味着当前已有的数据尚不足以支撑起教育扶贫对象的精准识别，因此要实现大数据对教育扶贫的精准化驱动，应该进一步挖掘利用大数据技术的功能。当然，教育扶贫中的大数据价值不能有效发挥和挖掘，与工作人员对大数据系统操作不熟悉也有关系。目前，鲜有系统操作员是计算机、大数据等专业人员，部分系统操作员数据素养不够、意识不强，因此对大数据系统的操作比较生疏，一旦出现问题，不能及时解决。受此影响，系统的大数据功能就不能有效发挥。

3. 平台数量繁多，增加了教育扶贫工作人员的负担

大数据技术能够发挥作用的基础前提是有数据量大、系统完善、信息共享的平台作为载体，然而调研中发现，大数据技术在教育扶贫领域中的运用面临着平台分割、系统繁杂、数据孤岛等问题。首先，各类数据平台条块分割化状态明显，具体表现为：纵向上，不同时期的数据平台结构不一、类型各异，无法有效整合；横向上，不同功能的数据平台由不同部门或科室管理，不能相互兼容，由此带来的结果是数据系统各自独立，处于“孤岛”状态。例如，全国普通扶贫系统和教育扶贫系统之间不是完全兼容的，这就导致两边的数据重复录入、相互交叉。平台分割的另一个结果是平台数量的成倍增长，就教育扶贫领域而言，目前就有学籍管理系统、学生资助系统、学生营养餐系统、民生监督平台、精准扶贫系统等数字化平台，这些平台在不仅在横向上分裂，还在纵向层级上延伸，给教育部门的工作带来极大的负担。例如，T 县教育局工作人员 L 某某①指出：“仅资助这一项，我们就要同时录入国家、省、市、县四个系统，将来还要填入民生监督系统，并且还要分项录入，要分幼儿阶段的、义务教育阶段的、中职的、高中的……”他说：“我们现在太多平台了，我们自己都数不清楚。”随着教育扶贫工作的深入推进，今后还会开发出更多具有其他功能的系统，若不能打破系统间分割孤立的状态，大数据技术将难以在教育扶贫领域发挥

① 男，苗族，48 岁，大专学历，党员，TZ 县教育局工作人员，访谈于 2019 年 5 月 28 日。

应有的作用。

由于平台数量较多，一些工作人员需同时负责管理录入多个平台系统，负担陡然增加。T 县教育局工作人员 F 某[①]指出：“我们教育局系统需要填报的数据太多了，比如我们现在的计财科，他们一个人现在就要填两三个系统，太多了，这无疑增加了基层教育扶贫工作部门的工作量。”同时，因为不同系统间的填报指标不一致，填报标准不断在变动，导致在输入几十万条数据过程中容易造成失误，数据的准确性、有效性无法得到较高保障。另外，平台繁杂的数据和相对独立的操作也对管理者的工作带来了巨大的挑战，F 某进一步指出：“我们现在太多平台了，我们都自己都数不清楚了，只好专门拿一个文档来记录账号和密码。你看，记录得密密麻麻的，如果不标注，都分不清楚。”这说明，先进的大数据技术并没有让管理“先进化”，相反却陷入比原来更混乱的状态，这给教育扶贫工作带来了许多额外的负担。

4. *数据共享不够，背离了教育扶贫大数据使用的初衷*

大数据最核心的要素是通过先进的互联网技术和高速的计算能力，打破数据间的交流障碍和信息壁垒，实现数据从一个端口到另一个端口的共享与切换。然而，在平台分割的情况下，数据只是存储于电脑上的字符而不是具有流动共享价值的信息资源，其结果是扶贫信息的错位化、孤立化和壁垒化。例如，Z 县的教育资助发放问题，因高校与县扶贫办之间属于不同系统和不同的管辖部门，无法实现信息共享，因此县扶贫办的资助部门无法获取省外高校的学生资助名单，从而不能核实已获资助的学生，导致县外省内学生资助对象难以识别精准、明确管理。关于这一点，县教育局扶贫专员 P 某某[②]是这么告诉我们的：“省外就读的学生系统我们是共享的，比较乱的一块就是在省内县外高校就读的同学，我们县教科局没有这个数据，我们只知道每年我们这里被录取了多少学生，但这些学生去读了没有，我们不清楚，因为没有高校的数据。我们之所以要核查这部分人的数据，因为如果这群学生在就读的学校没有获得补助，我们就要给他相应的补助。”但是，由于缺乏这一块

① 男，汉族，32 岁，本科学历，党员，TZ 县教育局工作人员，访谈于 2019 年 5 月 28 日。
② 男，侗族，30 岁，本科，中共党员，ZY 县教育局扶贫专员，访谈于 2020 年 6 月 5 日。

数据，基层部门就只能通过人工摸排的方式来明确已在高校获得资助的学生名单，P某某进一步指出："先由各乡镇的帮扶干部下去摸排，但是摸排也会出现一些问题，因为摸排是用嘴问，看不到学生在学校的一些证明材料，所以摸排时就靠学生或家长自己说是否得到资助。但我们教育局发钱，是要靠证明材料的，也就是要见到他在学校盖章、老师签字的未得资助的材料，然后拿家里面的证明如户口本、身份证还有当地办的存折，我们才给予发放。但是，因为很多学生是外省的，要么找不到他的联系方式得不到他的材料，要么是对方故意不提供材料，所以我们往往不能获得或者及时获得他的证明材料，数据库里的数据录入就按时完不成，资金发放也不能及时到位，后来我们怎么做的呢？让教育局的工作人员集中跑了几个地方去要那些学生是否被资助的证明，但这工程量太大，耗费的成本太高，不可持续。"

从P某某这一长段的表述中我们得知，因为数据不能共享，大数据应用于教育扶贫的优势难以彰显，并且浪费了大量人力物力，不仅增加了扶贫工作的负担，还背离了大数据助力教育扶贫的初衷，应引起高度的重视。

七　大数据驱动教育精准帮扶的展望

大数据能够揭示公共事务的关联性和公共决策的逻辑性，提高公共治理的精确性与公共供给的针对性，不断推动国家治理走向数据化、标准化与精细化，走向智慧治理、简化治理与绩效治理。[①] 正是由于大数据在国家治理中具有如此重要的作用，要实现教育的均衡发展，实现"扶贫与扶智""扶贫与扶志"的有效结合，大数据的驱动就必不可少。大数据驱动的教育精准扶贫，能够提高识别对象的精准性、管理过程的精细化、服务供给的靶向性和绩效评估的有效性，能够提高贫困地区的教育质量与贫困人口的内生动力。为此，针对第六部分的困境，特提出以下优化路径。

① 陈潭：《大数据驱动国家治理的未来图景》，《光明日报》2018年4月9日第11版。

1. 系统采集数据信息，保护教育扶贫数据的安全

大数据为公共管理者提供了价值依赖与工具依赖。价值依赖要求大数据的使用者重塑思维方式与行动路径，重视并利用大数据，形成数据决策与数据管理的思维模式；工具依赖指运用大数据技术构建开放平台，实现政府流程再造，促进公共管理的智能化、精准化与标准化。正是由于有如此大的功效，国务院在2016年印发的《“十三五”脱贫攻坚规划》中再次强调，要“加强精准扶贫大数据管理的应用”，并同时强化“互联网+教育”的扶贫模式，以推动优质教育资源在贫困地区的共享应用。显然，贵阳市具备了大数据引领教育精准扶贫的实施条件和环境，因此能够因势利导、积极探索，利用大数据容量大、变化快、多样性、高价值等特点，构建一个“提智、提质”的“大数据+教育”教育精准扶贫模式，让优质教育资源实现精准覆盖、精准推送、精准支持，持续形成教育精准扶贫生态环境。

教育大数据反映的不仅仅是教育现象，还蕴藏着大量有价值的教育教学信息，对这些数据的挖掘、分析、建模，能够更准确地把握区域教育发展现状、预测未来发展趋势，使区域教育均衡发展由主观经验总结走向客观数据分析，由推断走向科学，“如果整个社会和教育融合的能力得到了提升，当一个区域的孩子们真正成长起来，有能力为自己的未来‘打天下’时，这个地方就没有贫困了”①。目前，我国的“大数据+教育”精准扶贫还处于初期阶段，这一阶段的主要任务是收集大数据，对大数据的挖掘和分析不够。故此，建议利用大数据对教师课堂教学进行STOW分析，通过人脸识别对学生的学习动因进行分析，通过学生的言语行为，如提问、应答、对话、讨论、观察以及实际行为如笔记、实验和思考对其课堂活动进行分析，通过教师的言语行为如讲授、指示、表扬、评价或实际行为，如个别指导、观察巡视、演示或展示来发现教师课堂行为的规律，找出同一学科教师的共性问题、预测同一学科教师的发展趋势，进一步提升教学效果。

当然，为保障项目的规范运行与有序发展，贵阳市教育局制定了一

① 鄂璠：《当“长顺学生”遇到“GY老师”：用凌云方法破解壮“智”难题》，《小康》2018年第6期。

系列实施规范，如要求通过大数据精准识别帮扶对象，专家与受扶老师的数量关系是“3+1”，如评价指标要量化，考核体系要健全，工作流程要标准，工作反馈要闭环，等等。但是，“大数据+教育”要可持续发展，还应该完善以下几方面的机制：一是激励机制，尽可能给老师可持续的物质激励而非简单的精神激励；二是沟通机制，增加专家与受扶老师之间面对面沟通交流的次数，丰富沟通方式与渠道，增进两者之间的感情与友谊，增强帮扶效果；三是教学质量持续改进机制。虽然现有的大数据系统与“云录播平台”可以让授课教师的教学态度、教学设计、教学方法、教学语言、课堂板书和师生互动效果全方位展示在专家面前，评课专家可以在任意时空场合通过 App 直接对课堂进行点评，教师在看完专家的点评后进行教学反思，但教学质量可持续改进的保障机制还是不健全，例如，没有对不上录播课、不上传教学设计、不撰写教学反思的老师进行惩戒，也没对不点评的专家进行警示，这会形成“破窗效应”；再如，未对第一运行阶段表现优秀的专家、老师和学生进行奖励，老师投入的积极性受到影响；又如，未引入第三方对运行效果进行科学评价，质量可持续改进的依据不够科学。为此，应通过制定各环节的教学质量标准、畅通可持续沟通机制等来规范教学质量的可持续改进。

2. 构建大数据平台，保护教育帮扶数据的安全

大数据技术的战略意义在于对数据进行专业化处理，挖掘数据的潜在价值，但其前提是需要有庞大的数据信息。因此，为了让“大数据+教育”扶贫项目的运行更加精准、科学，就需要收集更多数据，扩大数据的规模，形成真正的大数据库。建议按教育扶贫的需求，对扶贫过程中产生的大量分散数据，有计划、有组织、有目的地进行多角度、全方位、系统化地进行采集，具体收集途径是：一是对于以往记录的有价值的纸质信息录入系统，数据化保存，利于分析和利用。二是从共享数据库中获取数据。传统方式采集的数据中，静态数据较多，可通过开放接口对共享数据进行收集，实现数据的动态变化、实时更新。三是引入数据挖掘技术，通过算法搜索，将隐藏于信息中的价值数据挖掘出来。四是增加数据的使用范围和运行时间，提高数据使用的延展性。

数据安全已经越来越成为大数据管理和运行的重要一环。2019 年 5

月，我国发布的《数据安全管理办法（征求意见稿）》针对境内的数据活动，以及数据安全的保护和监督管理做出规定，这为政府数据的平稳和安全运行提供了保障。为了做到数据安全，要做到以下几点：一是增强管理人员的数据安全意识。安全意识是所有数据管理活动的先决条件，扶贫系统的核心数据由政府内部人员掌握，为保证数据安全，需要对相关人员进行培训，让其充分了解数据管理的相关知识，将安全意识落实到工作上。同时，管理人员对于数据的访问查看还要设置一定的权限，还要设立公共部门信息监督管理机构，对管理人员的实际管理行为进行监督和指导。二是对数据的敏感程度进行分级分类，杜宇骁等人对哈佛大学 Datatags 数据分级系统研究发现，根据数据中隐私信息的敏感性，可将数据分为非敏感数据、轻度敏感数据、中度敏感数据、高度敏感数据四个等级，不同敏感程度的数据处理方式不同。① 三是处理隐私信息。将数据的敏感性进行划分后，对于包含敏感信息的数据都要进行脱敏处理。数据脱敏是指对某些敏感信息通过脱敏规则进行数据的变形，实现敏感隐私数据的可靠保护。② 经过脱敏处理的数据，即使系统和平台收到攻击，也能实现匿名化，减轻使用压力。四是进行数据备份，维护数据库的安全。设定防火墙，防止外部攻击，维护数据库的外部环境安全；定期对数据进行监测，对异常行为进行记录和分析，排查安全隐患。

3. 有效整合平台数量，实现教育扶贫数据的融合

由于各教育扶贫系统存在“系统割裂、数据孤岛”的现象严重，增加了数据处理的成本和困难，因此有必要整合平台数量，建立一个统一的大数据平台，实现数据共享。数据共享就是能够让更多的人充分利用已有数据资源，减少资料收集、数据采集等重复劳动和相应费用，这是实现教育扶贫精准化管理的重要途径，同时也是提升政府数据资源再利用水平的关键。2016 年，国家发改委印发了《关于组织实施促进大数据发展重大工程的通知》，重点支持大数据共享开放，提出建立统一

① 杜宇骁等：《哈佛大学 Datatags 数据分级系统研究及启示》，《图书馆杂志》2019 年第 8 期。

② 杨槐：《我国政府信息资源增值利用的机制创新》，《重庆科技学院学报》2010 年第 8 期。

的公共数据共享开放平台体系，探索构建国家数据中心体系，从而优化公共资源配置和提升公共服务水平。随后，国家发改委在《“十三五”国家政务信息化工程建设规划》中提出，利用大系统、大数据和大平台，就是要充分利用并整合数据资源，打造精准的社会治理新模式。这些文件进一步奠定了数据共享的重要地位。

关于建立统一的大数据平台实现教育扶贫的信息共享，已有学者进行研究。例如，王芳、陈锋认为，扶贫系统录入的数据正是由政府工作人员为实现扶贫人员和资金的精确管理所收集和拥有的数据，如能实现共享，将会产生更大的价值①；罗贤春和李阳晖提出了“小共建、大共享”的模式，即通过系统共建信息平台实现全国共享，或者区域性共建至逐步融合②；乔越等人提出政府部门间信息共享的理想状态、整体框架和实施过程，从共享规划、流程再造、政府业务、组织再造和实施保障五个方面阐述政府信息共享模式③；在 2017 年中国数博会“数据开放共享与政府管理创新论坛”会议上，刘明辉提出，大数据时代应形成“三个一”，即“一个号码、一个平台、一个中心”的集约式公共服务平台，建成信息采集、事件处理、监督考评相联动的数据化公共服务大系统。④

那么，该如何实现数据共享呢？由于各教育扶贫数据系统的格式不一、内容不同、结构相异，因此要实现数据共享，就应首先建立一套统一的、法定的数据交换标准，规范数据格式，使用户尽可能采用规定的数据标准来进行数据收集。建立数据标准后，要对教育扶贫数据的流向进行精细管理。数据的流向分为水平流向和垂直流向，在水平流向上，各个系统的数据根据数据字典转换成相同格式，在后台形成统一的数据库，数据库将剔除重复的数据。将这一理念映射到教育扶贫数据中，构

① 王芳、陈锋：《国家治理进程中的政府大数据开放利用研究》，《中国行政管理》2015 年第 11 期。

② 罗贤春、李阳晖：《我国电子政务信息资源共建共享模式》，《图书馆理论与实践》2006 年第 4 期。

③ 乔越、陆燕萍、胡平：《我国政府部门间信息共享的动态实施模式研究》，《情报杂志》2009 年第 12 期。

④ 张红彬、张会平：《加快数据开放共享　推动政府管理创新——2017 中国数博会“数据开放共享与政府管理创新论坛”会议综述》，《中国行政管理》2017 年第 9 期。

建统一平台之后，学生和教师只用注册一次，使用一个账号来查看所有的扶贫事项；在垂直方向上，中央、省、市、县四级的数据信息系统应当有相应的接口，实现数据的逐级审核，不符合要求的数据不予录入，合乎要求的数据可以互通和交换，在全省乃至全国范围内实现教育扶贫数据共享，使各级系统呈现扁平化管理的趋势。当然，为了更好地实现教育扶贫的数据共享，需要明确共享过程中的保障要素，这些要素包括：提高教育部门领导的数据共享意识，加强教育扶贫管理人员的信息素质和对数据利用的敏感度；及时更新和动态监管数据，一旦发现问题，随时进行反馈调整；建立教育扶贫数据使用和管理办法，制定教育扶贫相关措施，鼓励教育扶贫数据共享行为，等等。以 G 省的“大数据＋学生营养餐系统”为例，如果建立一个以省或市为单位的数据平台，打通各学校和食材配送公司之间的数据壁垒，就可以更好地统筹规划各地食材的购买、运输和使用，均衡资源配置。

4. 深入挖掘数据价值，明确教育扶贫数据主体的职责

在平台分割化、信息独立化的背景下，大数据技术在教育扶贫领域中发挥的作用有限。因为受主客观条件及管理偏好的影响，大数据技术应用于教育扶贫的成效与预期目标间存在一定的偏差。虽然大数据让教育精准扶贫的对象识别、资助发放、营养餐配送、信息化手段和师资培训等方面发生了较大的变化，但从严格意义上来说，并没有真正实现大数据技术下的精准化管理，具体表现在：在对教育扶贫对象进行识别时，数据无法及时随着贫困人口的流动而更新；在教育扶贫资源匹配时，依旧存在效率低下、匹配失衡的情况；在教育扶贫管理上，并没有有效采取数据决策和数据反馈机制，以致大数据助力教育精准扶贫的成效仍有较大的改善空间。之所以呈现如此的状况，与教育扶贫数据关涉主体的职责不明确有莫大的关系。为此，应深入挖掘数据价值，明确数据设计主体、产生和使用主体和开发主体之间的职责，具体来说：一是作为数据设计主体，各地教育行政部门应做好顶层设计，为大数据优化政府决策提供保障条件。在教育扶贫中，教育行政部门在人事、资金、项目等的安排方面具有导向性作用，因此建议上级政府划拨专项资金用于推进该项目的软件和硬件建设，尤其是像录播教室这样适合大数据技术分析的平台系统，这样做的好处是：一方面以录播教室这样的平台为

载体，聚集大量专家和学者；另一方面可以创造帮扶专家与受扶教师沟通、交流的机会，使得帮扶结果更加有效。二是作为数据产生和使用主体，学校应为参与大数据教育扶贫的工作人员提供更多的学习机会，解决实际困难。这里的学校包括两类，一类是帮扶专家所在的学校；另一类是受扶教师所在的学校。两类学校对待大数据教育帮扶项目的态度影响着受扶教师和帮扶专家的态度，因此建议两类学校应尽可能创造有利条件解决帮扶专家或受扶教师的实际困难，为帮扶专家或受扶教师解决后顾之忧，具体来说：建议认定帮扶专家或受扶教师参与项目的课时量，减少他们的工作量；落实参与大数据教育扶贫活动的补助或津贴，给予其外出学习的时间和机会；对项目实施过程中涌现出的优秀帮扶专家或表现突出的受扶教师给予物质和精神奖励，同时对在项目中积极性不高的帮扶专家或受扶教师进行约谈，及时纠正影响其高效参与的不正确思想，帮助解决实际困难。三是作为数据开发主体，教育扶贫大数据平台设计公司要做好系统的升级与维护。大数据平台设计公司应进一步完善大数据系统的稳定性，确保系统能将数据信息安全储存、分析使用。为此，公司应进一步开发系统的功能，如建议开发人脸识别功能，记录授课教师和学生的面部表情、互动次数、互动方式；应开发专门的大数据评估系统，对授课教师的授课情况和帮扶专家指导效果进行智能化评估；应做好系统的升级与维护，减少因系统原因带来的问题，实现系统不断地优化，系统功能更加强大。

一般而言，教育扶贫的立论基础在于发挥知识和能力在促进社会流动中的关键作用，这套制度的理论预设是根据个体的智力、能力等自致性因素，而非社会阶层、性别等先赋性因素来决定其受教育的机会和承担的工作。但是，这套看似公平的制度存在两大问题，即无视智力的社会历史建构和机会背后的家族因素。故此，在考虑教育扶贫的逻辑机理时，应将贫困代际传递的先赋因素和自致因素都考虑进去。按照一般观点，教育之所以具有扶贫功能，其直接原因在于教育能够增强贫困人群的技能，进而增大贫困人群人力资本的增量与存量，提升贫困人群的竞争力；其间接原因在于教育能够影响贫困人群的动机、认知与机会，机会和动机会影响就业，认知的转变则会带来个体的成长，让贫困群体最终脱离贫困。加入“大数据”这一元素之后，教育的扶贫功能更加凸显，因为，大数据会驱动教育资源均衡配置、会实现帮扶主体高效协同、会促进教育过程智慧管理。首先，大数据会驱动教育资源优化配置。教育扶贫数据是教育扶贫资源的基础，教育扶贫资源是制定教育扶贫政策的重要参考和依据。因此，一方面，可利用已有的教育扶贫数据对教育扶贫资源进行合理配置；另一方面，大数据能为教育精准扶贫提供精准化、靶向性的服务，能有效匹配扶贫主客体之间的供需关系，满足扶贫对象的个性化需求，进而实现扶贫资源的有效配置。其次，大数据会促进参与主体高效协同。大数据让治理结构的扁平化和治理过程的协商化成为可能，让信息孤岛和数据壁垒成为过去，让跨部门、跨领域、跨行业的数据共享和有效协同成为现实。通过构建开放共享的部门联动机制，让参与教育精准扶贫的各方主体——政府、企业、社会组织、专家学者、学校和家庭实现协同攻关、协同帮扶和协同管理。最后，大数据会实现教育扶贫过程智慧管理。大数据汇聚了教育领域的信息资产，是发展智慧教育的基础，智慧教育是教育信息化发展的愿景。随着教育信息技术的发展和信息化程度的提高，大数据在教育精准扶贫领域的运用越来越广泛，可全方面、多层次驱动教育精准扶贫从传统模式向智慧化方向转型，驱动管理过程的现代化、实施对象的个性化和反馈控制的智能化，促进教育均衡发展。

第八章 “大数据+教师”能力精确帮扶探讨

自党的十八大以来，为实现“两个一百年”的奋斗目标，党和政府在全国范围内发起了决战贫困的号召，开启了我国历史上规模空前的一次反贫困运动。这次反贫困运动立足“精准”二字，提出包括教育、社会保障兜底、生态补偿、易地移民搬迁、产业扶贫等多项精准脱贫的措施，其中教育是扶贫的一项重要手段。习近平总书记曾先后多次提到教育扶贫的重要性，提出了“把发展教育扶贫作为治本之计”“让贫困家庭的孩子都能接受公平的有质量的教育”“治贫先治愚”“智志双扶”等教育扶贫思想。对于拔掉穷根而言，教育的作用确实不言而喻。教育是阻断贫困代际传递，让2020年以后脱贫成效可持续巩固的重要手段。从长远来看，只有贫困学生享受到平等的优质教育，他们的核心素养和知识技能才能有效提升，从而真正实现“输血”式扶贫到“造血”式扶贫的转变。虽然，影响教育质量的因素较多，如经济水平、办学条件、师资力量、思想观念等，但教师的素质和能力是最关键的因素。故此，文章拟运用问卷调查、参与式观察与深度访谈所获得的一手资料，以及贵阳市教育局提供的政策文本资料，以贵阳市“大数据+教师专业发展支持系统”为例，对大数据思维与互联网驱动下教育精准扶贫的应用价值、运行机制、实施困境及实践路径进行系统分析。

一　大数据驱动教师能力精确帮扶的缘起

联合国《2015年千年发展目标报告》显示，中国极贫人口比例从1990年的61%，下降到2002年的30%以下，率先实现了比例减半，2014年又下降到4.2%。中国对全球减贫的贡献率超过70%。该报告对我国的反贫困工作给予了高度评价，认为“中国在全球减贫方面起到了火车头的作用”①。中国反贫困工作之所以能够取得如此骄人的成绩，与近年来各级政府重视教育不无关系。关于教育在反贫困方面的作用，刘易斯、舒尔茨和阿玛蒂亚·森皆有所提及。以“贫困文化理论”著称的刘易斯，认为贫困是贫困群体在成长环境中长期形成的脱离社会主流文化的结果，教育的落后是贫困群体脱离主流文化的主因②；阿玛蒂亚·森的能力贫困理论也认为，贫困不是收入低下，而是可行能力不足，教育是导致可行能力不足的主因。③ 我国学者也对教育与贫困的关系进行了一些研究，如林乘东从贫困的发生机制出发，提出教育有反贫困的功能，即通过发展教育来提高贫困地区人口素质，可以消除贫困④；李振宇等利用C广顺S数据库2006年、2008年、2011年和2013年农村子样本数据进行定量分析发现，教育结构与贫困发生率呈反相关关系，即受教育程度越低的群体贫困发生率越高，且教育发展与结构变迁对降低贫困发生率有积极影响。⑤ 这些理论与实践表明，教育对反贫困有重要意义。正是认识到这一重要意义，近年来人们对教育扶贫的关注才逐渐升温，各级政府纷纷下发教育扶贫实施方案，学界也开始探讨教育扶贫的价值和具体实践。在教育扶贫的价值方面，有人认为，教育扶贫与其他扶贫方法最本质上的区别是教育扶贫可以斩断贫困代际遗

---

① 李婕：《中国对全球减贫贡献最大　扶贫成绩绝无仅有》，《人民日报海外版》，2017年1月16日。

② 顾明远：《教育大辞典》，上海教育出版社1998年版。

③ ［美］阿玛蒂亚·森：《以自由看待发展》，任赜、于真译，中国人民大学出版社2002年版第28页。

④ 林乘东：《教育扶贫论》，《民族研究》1997年第3期。

⑤ 李振宇等：《农村教育结构变迁与收入贫困改善的系统研究》，《国家行政学院学报》2018年第2期。

传，并使扶贫成果得以延续[①]；Otsuka 则通过对菲律宾、泰国、孟加拉国和印度的实证分析指出，农业劳动市场对减贫的作用不明显，教育渠道对非农收入的获得具有决定性作用。[②] 关于教育扶贫的实践，先后涌现出甘肃“静宁”模式、广西“三位一体”模式、云南“翔龙模式”、新疆“1+2”模式等，这些模式消除贫困的机理在于：通过加大贫困地区的人力、物力、财力投入，促进贫困地区人口素质提高，从根本上根除“贫困文化”和“贫困思维”，实现社会公平正义。[③] 习近平总书记在福建宁德工作期间写《摆脱贫困》一书时，特别强调“越穷的地方越需要办教育，越不办教育就越穷”[④]。

实际上，教育扶贫的理论逻辑在于通过提升贫困地区的办学条件促进教师的专业发展，通过教师的专业发展改变贫困地区的教育理念，进而提升贫困地区学生的核心素养，阻断贫困的代际传递。[⑤] 由此可见，教育精准扶贫的核心要素有三个方面：一是通过物质帮扶改善贫困地区的办学条件；二是通过激励、培训等举措提升教师的教学能力，促进教师专业能力的发展；三是促进学生的全面发展，提升学生的核心素养。调查发现，随着国家经济水平的提升和教育扶贫力度的加大，大部分地区的办学条件已有所改善，师资力量反而成了制约贫困地区教育质量的关键。其中，素质偏低、数量不足、结构不合理、能力不够等问题严重制约着贫困地区的教育发展。为此，国家出台了一系列新政鼓励乡村教师的发展，如 2010 年的《中小学教师国家级培训计划》（简称“国培计划”）、2011 年的《关于大力加强中小学教师培训工作的意见》、2015 年的《乡村教师支持计划（2015—2020）》、2016 年的《教育脱贫攻坚“十三五”规划》等。然而，由于生活环境艰苦、学生素质偏低，即使各级政府不断调整乡村教师激励政策，愿意扎根贫困地区的优秀教师少之又少。故此，通过引进的方式充实乡村优秀师资比较困难，只能

① 林乘东：《教育扶贫论》，《民族研究》1997 年第 3 期。

② Etsuka K, Estudillo J P, Yamano T.,“The role of labor markets and human capital in poverty reduction: evidence from Asia and Africa” *Asian Journal of Agriculture & Development*, No. 7, 2012.

③ 李兴洲：《公平正义：教育扶贫的价值追求》，《教育研究》2017 年第 3 期。

④ 习近平：《摆脱贫困》，福建人民出版社 2014 年版，第 173 页。

⑤ 陈恩伦、郭璨：《以教师精准培训推动教育精准扶贫》，《中国教育学刊》2018 年第 4 期。

转向依靠培训提升现有师资的水平，但现有培训的科学性、针对性、目标性不强，培训方式单一，培训效果往往不理想，难以促进教师专业发展。[①]

为进一步提升乡村教师培训的针对性和实效性，2011 年教育部《关于大力加强中小学教师培训工作的意见》和 2015 年出台的《乡村教师支持计划（2015—2020）》均鼓励采取集中培训、送教下乡、校本研修、远程培训四种模式对中小学教师进行精准扶贫。其中，集中培训是指将教师集中送到委托培训的单位如师范院校进行培训，即将教师“送出去”，对普遍问题和通识问题进行集中培训。[②] 送教下乡通常是由上一级教育主管部门组织的，邀请专家到基层中小学进行现场专题培训，是一种“引进来”的培训模式。校本研修以解决学校和教师教学实践中的问题为导向，通过在教师任职的中小学和课堂中去谋求教师的专业发展。远程培训意指以计算机与网络为手段，以视频讲座、文本学习、专家答疑、同伴交流等为主要方式的网络培训。以上四种教师精准扶贫运用较多，但各有利弊，其主要的问题在于培训的针对性、实效性不强，成效不显著，经费困难，培训效果评估不科学，培训对象自主选择的机会较少，详见表 8—1 所示。[③] 也即现有的教师精准扶贫已不能有效满足贫困地区的教育需求，急需创新扶贫手段和扶贫方式来达成新时代的教育扶贫目标。在此背景下，以“大数据思维、互联网驱动与点对点帮扶”为核心的贵阳市“大数据 + 教师专业发展支持系统”应运而生，这为有效缓解贫困地区教师能力提升的弊端提供了重要的借鉴与思路。

---

① 俞建芬：《精准扶贫视域下乡村教师培训的困境与出路》，《教育科学论坛》2018 年第 13 期。

② 王北生、冯宇红：《“国培计划”实施中的现实困境及其突破》，《中国教育学刊》2015 年第 10 期。

③ 陈向明、王志明：《义务教育阶段教师培训调查：现状、问题与建议》，《开放教育研究》2013 年第 4 期。

表 8—1　　教师培训模式的优劣比较

培训模式	优点	缺点
集中培训	便于组织和学习实时管理	工学矛盾比较突出，培训经费花费较大，针对性不强，容易流于形式
送教下乡	针对性强，花费少，不影响正常教学	受知识结构的限制，培训者只能就教学中普遍存在的问题进行探讨，不能满足不同学科和不同教师的个体化需求，受扶人数有限
校本研修	针对性和实践性较强，教师参与度高，参与人数多，成本低，能解决实际问题	问题缺失，思维僵化，利益冲突，成效低下
远程教育	费用低，覆盖面广，培训资源多，授课时间灵活	受扶教师对课程资源难以取舍，对受扶教师的自律性要求较高

数据来源：作者根据调研数据整理所得。

二　大数据驱动教师能力精确帮扶的案例

为有效克服现有培训模式的弊端，切实提高教师专业能力与教学水平，2017 年 9 月，Z 省贵阳市教育局以 Z 省 CS 县 GS 中学与 MZ 中学为试点，利用“大数据 + 教育”的思维模式，通过云录播平台进行课堂直播、录播评课，使扶贫点学校的教师能够第一时间、常态化地得到贵阳市优秀教师、教研员和专家的指导，使贫困学校老师能够随时随地同步观摩贵阳市优秀教师的示范课，进而促进教师的专业发展和能力提升。为何该系统被称为“大数据思维、互联网驱动与点对点帮扶”的精准扶贫模式呢？意指该系统运用大数据思维和云录播平台（互联网技术），以提升贫困地区教师教学技能和教学方法为目的，以促进贫困地区教师专业发展为宗旨，通过课前指导备课、课中点评技巧、课后改进反思等方式，对贫困地区教师进行科学化、精准化、个性化与针对性的点对点的帮扶。这里的“大数据思维”是指该系统试图运用运行过程中形成的后台大数据，实现对教师能力的“精准帮扶”与需求的“精确供给”，但是，由于该系统形成的大数据还不够大，故而使用了

“大数据思维”而非“大数据驱动”；“互联网驱动”是指该系统使用的云录播平台是以互联网为载体，直接连接帮扶专家与受扶教师，是“互联网＋教育”模式在精准扶贫领域的映射；“点对点帮扶”是帮扶专家直接对接帮扶教师，其中，2017 年 9 月至 2018 年 6 月期间是 3 名帮扶专家帮扶 1 名教师，考虑到人力成本和实际需求，2018 年 9 月开始，调整为 1 名帮扶专家帮扶 1 名教师，即从“3＋1”的点对点帮扶转向了“1＋1”的点对点帮扶。

为有效运行该系统，在自愿报名、专业考核和专家面试的基础上，从 CS 县两所学校中分别选取 21 名男性年龄不超过 45 岁、女性不超过 40 岁的老师参加，其中，语文、数学、英语教师各 5 名，物理、化学教师各 3 名。受扶教师每周在云录播教室录制一次现场授课视频；专家通过网络平台实时查看或课后，通过 App 查看受扶教师的教学设计和授课视频，对教师上课情况和学生听课情况进行打分，并给出课堂评价，提出整改意见；受扶教师看到专家的评价后进行教学反思。为提升成效，教育局要求将教师上课、专家打分及文字评价、受扶教师教学反思等视频、文字材料通过云录播平台进行保存，平台定期对教师成长过程、专家指导过程、学生课堂行为进行大数据分析，作为评价帮扶成效和教师专业发展的依据，详见图 8—1 所示。

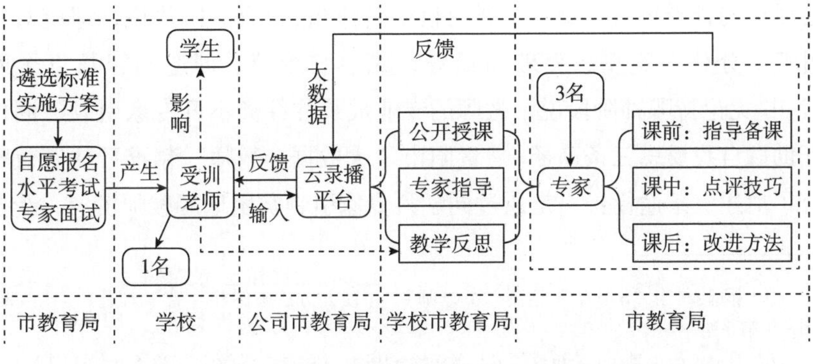

图 8—1　GY 市“大数据＋教师”专业支持发展系统

贵阳市的“大数据＋教师专业支持发展系统”通过大数据思维和互联网平台，面向教师提供直截了当的教育服务，能够解决教师专业发展中的关键问题，形成完整、系统的大数据教育精准扶贫新模式。① 该系统打破了贫困地区传统教师能力提升的弊端，通过名师对课堂的点评和帮扶，对教师自身知识的更新和积累、对教师教学水平的提升和教学技能的强化、对教师教学理念的转变和教学情感的认同有重要的帮助。正如访谈时大多数老师所表示的，此种模式让他们的教学理念转向了注重学生核心素养的培养和课标的作用，改变了他们"满堂灌"的教学方式，对他们专业知识的积累和教学能力的提升有重要的帮助。此外，该系统通过教师间资源共享、共评互评、协作学习，不断优化课堂教学，能提升贫困地区教师课堂教学能力和水平，提高课堂教学效率；通过专家团队对扶贫学校教师进行各类培训，能提升教师理论水平、教育理念和教学技能，从而提高教师的整体素质；围绕云录播平台进行公开视频教学，学校可组织教师开展主题教研活动，通过自我反思、小组讨论方式，找到问题，提出课堂教学改进方案。也即贵阳市"大数据+教师专业支持发展系统"对贫困地区教师专业能力的强化、教学方法的改进、教学技能的提升、教学效果的改进有重要的价值。

由于教师的成长发展有三阶段说，即入职 2 年内的适应期、入职 2—4 年的调整年期、入职 5 年后的成熟期②；也有四阶段说，从入职 3 年以下的适应阶段到入职 3—5 年的熟练教师，再到入职 5 年后具有自己风格的骨干教师，最后发展到教学名师③；也有五阶段说，即应对与过渡、分化与定型、突破与退守、成熟与维持、创造与智慧五个阶段。④ 无论持哪种阶段说，教师的专业成长往往离不开专家引领、同伴互助、自我反思三条途径。⑤ 贵阳市"大数据+教师"精准帮扶有效整合了前述三条途径：一是通过同学科专家引领贫困地区教师发展，受扶

① 鄂璠：《当"S 学生"遇到"Y 老师"：用凌云方法破解壮"智"难题》，《小康》2018 年第 6 期。

② 尹逊波、吴勃英：《新教师成长的三个阶段》，《中国大学教学》2015 年第 11 期。

③ 傅树京：《构建与教师专业发展阶段相适应的培训模式》，《教育理论与实践》2003 年第 6 期。

④ 卢真金：《教师专业发展的阶段、模式、策略再探》，《课程·教材·教法》2007 年第 12 期。

⑤ 严苏凤、梁崇科：《校本教研：新课程背景下教师继续教育模式探究》，《理论导刊》2009 年第 4 期。

教师受扶的专业性、针对性更强；二是通过互联网平台实现专家与受扶教师、受扶教师与其他教师之间的实时互动，不仅节省了教师培训费用，还为同伴互助提供了平台和机会；三是通过点评专家意见来实现教师的自我反思，要求反思上传到平台，反馈给专家，专家再根据反思改进帮扶策略与方法。就此而言，贵阳市“大数据＋教师专业支持发展系统”的首要特点在于通过完善的机制设计引领教师专业发展。

该系统的第二个特点是通过云录播平台追踪教师的成长轨迹，运用大数据思维科学制订教师发展规划。该系统强调受扶教师和帮扶专家在同一平台上进行平等对话，并将对话的过程与记录保留下来，用以科学规划受扶教师的发展。为让专家的评价更加客观、公平，贵阳市教育局通过制定专家遴选标准，在全市范围内遴选出包含1名项目首席专家5名学科首席专家42名小组长及87名工作组成员在内的135名专家，并通过自愿报名、专业考试、专家考核的方式在两所中学中遴选出42名受扶教师，受扶教师每周录播1节云录播课程，专家进行点对点实时点评，并对受扶教师和学生的教学表现进行打分，打分记录保存在云录播平台中。通过1年的大数据跟踪发现，42名受扶教师中，1/3左右的老师培养潜力巨大；1/2左右的老师教学技能提升明显；剩下1/6左右的老师因家庭事务等特殊原因没有完成云录播，教学技能提升不明显，这为教育局和学校下一步制定教师职业发展规划提供了重要的依据。

该系统还要求受扶教师针对专家的点评进行教学反思。教学反思有完善教学设计、改进教学行为、提升教学能力、促进专业发展的基本功能。常见的教学反思有三种形式：自省式反思、同事（行）团体式反思、专家引领式反思。① 该系统中的受扶教师根据专家组意见对自身的教学情况进行自省式反思，或凭借学校开展的教研活动进行团体式反思，或在专家指导下进行反思，基本实现了上述三种教学反思的综合。访谈中，MZ中学43岁上数学课的B老师提到，自己常年以来引以为豪的教学风格被专家点评后，一时之间幡然醒悟，原来他的教学风格并不符合教学规范，尤其不符合以“课标”为依据、以提升学生核心素养为目的的教学改革。就此而言，该系统的第三个特点是受扶教师的教

① 马文杰：《教学反思：教师专业成长的应然选择》，《教育探索》2012年第10期。

学反思从专家引领式向自我反省式发展，教师受扶的自主性与积极性大大提升。

该系统的第四个特点是大数据思维让帮扶更加精准，指导更加精细，帮扶的针对性、专业性更强，效果更好。该系统通过记录、积累过程数据集，采用大数据思维进行挖掘分析，为教育管理部门、学校、教师提供帮扶对象的数据支持和报告反馈，持续跟踪提升效果，及时调整方法策略。同时，利用大数据平台系统，在学校、教师、家长、学生、专家之间建立良好的沟通渠道和机制，重点关注贫困家庭学生、留守儿童健康成长，缩小贫困地区学生与发达地区学生的差距，促进教师的专业发展，提升学生的学业成就。此外，该系统遴选出的专家都来自同行公认的一线教学名师或学科带头人，他们通过远程课堂点评或每月一次的教研活动或听示范课、公开课等方式，对受扶教师进行帮扶，帮扶的专业性、知识性更强，成本低廉，最后，专家从教材的把握、教学设计的思路到教学方法的运用方面一一指导，帮扶的时间灵活，受扶教师教学过程中的困惑和疑问随时得到解答，帮扶效果更好且可持续性更强。

三　大数据驱动教师能力精确帮扶的成效

自2016年起，国务院、工信部相继印发了《“十三五”脱贫攻坚规划的通知》（国发〔2016〕6号）、《关于推进网络扶贫的实施方案（2018—2020年）的通知》（工信部通信〔2018〕83号）等文件，指出要“加强精准扶贫大数据管理应用”、要“大力推进‘互联网+教育’的精准扶贫模式，推动优质教育资源在贫困地区的共享应用，这为推动“互联网+教育”精准扶贫模式在贫困地区的应用提供了重要保障，为探索适应于贫困地区的“互联网+教育”精准扶贫模式提供了动力。互联网平台打破了帮扶双方的时空限制，为点对点帮扶提供了便利条件。为此，贵阳市教育局运用大数据思维，采用互联网技术，将以云录播平台为载体的“大数据+教师专业支持发展系统”应用于CS县的教育扶贫实践中。

CS县隶属于Z省QN布依族苗族自治州，总人口25.66万人，少数民族人口占56%，以布依族、苗族为主，是国家级贫困县，是贵阳市教育局“结对子”帮扶的县份。2017 年 3 月，在充分调研试点的基础上，为扩大优质教育资源的辐射力、实现教育均衡发展，CS 县将全县 20 多所中学合并为 4 所，合并后的 MZ 中学排位第一，GS 中学排位第二。考虑到大数据在贵阳市教育领域的应用已有丰富的经验，涵盖教育管理、安全管理、招生管理、质量提升和精准扶贫等十大关键领域，其中，未成年人大数据心理健康云平台和贵阳市教育督导现场视导系统还荣获了 2017 年“全国中小学德育工作优秀案例”和“教育部教育管理信息化应用优秀案例”的殊荣。[①] 经过前期调研和有序的组织策划，2017 年 9 月，贵阳市教育局运用“大数据 + 教育”的思维和“互联网 + 教育”的方法，在 CS 县 GS 中学、MZ 中学建立了“大数据 + 教师”专业发展支持系统，帮助提升学生学业成绩、促进教师专业发展、提升课堂教学效果。

为深入了解“大数据 + 教师专业发展支持系统”是如何运作的，以及运作效果，自 2017 年 9 月该项目实施以来，课题组以第三方的身份参与该项目的运行，深度访谈了 5 名教育局工作人员、4 名公司项目管理员、10 名帮扶专家、25 名受扶教师；参与式观察了项目运行的重大事件与重要会议，如贵阳市教育局组织的项目部署会、项目推进会以及项目考核和测评的各重要会议。课题组还专门派出 1 名在读博士生前往贵阳市教育局跟班实习，参与该项目各个环节的具体工作。此外，课题组还对 42 名[②]受扶教师就项目开展以来的教师教学理念、教学技能、学生学习状态等方面进行了全样本问卷调查，并收集了大量的二手资料和数据，这些资料和数据包括：CS 县智慧教育扶贫项目运行以来的后台数据、政策文件和总结材料，如“大数据 + 教师专业发展支持系统”的“云录播”平台上产生的受扶教师的教学设计、449 份帮扶专家的评论、56 份受扶教师的课堂教学反思等文本资料，受扶教师每周一次的录播视频、受扶教师的授课打分；受扶教师的前测、中测、阶段性测试得分（包括涉及专业理论、课程标准、职业认知、学科知识、教材理

---

① 罗海兰、刘辉：《以大数据为引领 打造公共共享智慧教育——GY 市教育系统“大数据 + 教育”工程建设综述》，《Y 日报》（第 2 版）2018 年 5 月 26 日。

② 开始有 42 名教师受扶，后因 3 名教师因怀孕或家里有事退出，尽管学校进行了人员增补，但考虑到数据的连续性，最后得到的有效调查问卷为 39 份。

解、教学设计、试题命制6个方面的笔试得分；涉及专业理论、专业技能、专业素养、职业认知4方面的面试得分），以及参与项目前后学生的成绩等。

为使评估的效果更加客观、公正，课题组还辅之以学校所提交的学生成绩进行大数据分析。评估的标准是教师专业标准和学生成绩，教师专业标准包括知识的积累、能力的提升和精神的培育，故而对贫困地区教师的精准扶贫应该从知识扶贫、能力扶贫和精神扶贫三个层面来切入[①]；学生成绩主要从帮扶前后学生成绩的变化来衡量。调查发现，虽然不同教师能力提升程度不同，但基本上受扶教师在教学理念、教学技能和综合素养方面都得到了较大的改善，学生的成绩也大幅度提高。

1. 教师教学理念明显转变

受扶之初，因上录播课要求更高，绝大多数老师要利用周末和节假日认真准备，所花时间和所耗精力更多，故而有怨气，心有不甘。但是，随着时间的推移，通过专家们的精心指导、细心“把脉”及课堂示范引领，老师们明显感觉到因课堂教学得法，学生偷懒的情况少了，学生积极发言、互动交流的多了，进而思想观念上发生了巨大的转变，由当初的被动接受转为后来的主动请教，转变最明显的是意识到教学不能满堂灌，要以课程标准为纲、以培养学生的核心素养为目的。正如访谈时GS中学L老师说道（2018年6月4日）：

> 受扶前，我认为教师教好书、上好课就可以了，不需要注重育人；受扶后才知道，好老师还需要培养学生的思维能力，需要认真“备学生”而不是“备课本”。

同时，受扶前，她很少关注“课标”的要求，解读“课标”也有困难，导致在教学中比较随意，重点不突出；受扶后，专家首先要解读“课标”，要就根据“课标”进行教学设计。问卷调查的数据也佐证了

① 李长娟：《偏远农村地区教师培训的实践探微与路径突破》，《教学与管理：理论版》2015年第36期。

这一观点。调查显示，83.7%被调查者认为此模式“有利于帮助其了解教育精准扶贫的意义”，93.3%认为“可帮助了解先进教育理念对孩子成长的作用”，90%同意“更能深入体会团队合作在教育精准扶贫中的重要性”，83.3%认为“可帮助自己制定更加专业的职业生涯规划”，93.3%认为“自身的课堂教学监控和反思能力有了明显提升”，83.3%的老师在课堂上“更加注重激发学生求知欲和好奇心”。这说明，经过3位专家一年以来“多对一”的指导，被受扶教师教学理念转变明显。

2. 教师教学技能明显提升

受扶前，许多老师都不知怎样去备好课、上好课，更不知道如何说课评课，在这方面深有感触的是GS中学L、W两位老师。因为勤学好问，两位老师进步很快，其中L老师教龄才3年，就被邀请到贵阳市上公开课，得到了贵阳市M区听课教师的好评。访谈时GS中学L老师谈道（2018年5月23日）：

受扶前，我很少关注“课标”的要求，解读“课标”也有困难，导致在教学中比较随意，重点不突出；受扶后，专家首先要解读“课表”，要就根据“课标”进行教学设计。

MZ中学C老师也有类似的感受（2018年6月4日）：

教学方向更明确了，对教材、大纲的把握更到位。刚参加工作时，因受到一个老师的影响，认为应注重引导学生发散思维，联系现实生活。这种结果就是想到哪里讲到哪里，看着很热闹，但重点不突出，教学目标不明确，没有紧跟大纲的要求。现在专家建议多看大纲，多看课标，并推荐了一些教参，做到备课更深入、细致，方向更明确，不再盲目了。

两位老师谈到，原来大都是教师讲、学生听，师生之间互动很少，学生参与度低，总认为牢牢把学生的思路控制在自己手里会更好；帮扶后，专家提出要学会放手，引导学生找出答案，而不是自己把所有的答案都讲出来。正因为认同了专家的建议，现在两位老师教学方法改善很大，课堂上注意引导学生小组讨论，鼓励学生自己总结、自己寻找答案。同时，帮扶前，一些教师不会运用现代化教学手段，如制作精美的PPT课件，尤其不会在课件中穿插视频、动画、图片，帮扶后，MZ中学P老师谈到，课件制作的短板被弥补，现在上课可以在课件上、内容上做一些活泼的处理，以吸引学生注意力，达到更好的讲解效果。问卷调查的数据也印证了上述观点。数据表明，86.7%的被调查者认为受扶后形成了自己独特的教学风格，教学设计能力有了明显提升；90%认为自己可以根据学生的状况变化及时调整课堂教学，在教研、教改方面的能力明显提升；83.3%感觉自己的课堂组织更加灵活，93.3%感觉自己结合课标驾驭课堂的能力有明显提高，76.7%学会根据课堂表现来捕捉学生的心理状况。这些数据再次说明，贵阳市在CS县应用的“大数据+教师专业支持发展系统”让受扶教师的教学技能得到了大幅度提升。

3. 教师综合素质明显增强

贵阳市教育局首先组织专家在2017年9月、2018年1月和2018年9月分3次对受扶教师的综合能力行了测量，每次的总分100分，测量的内容主要是专业理论、课程标准、职业认知、学科知识、教材理解、教学设计、试题命制6个方面；其次，再组织专家对愿意受训的老师进行面试，面试时着重考察受训老师的专业理论、专业技能、专业素养、职业认知，面试也分了前测、中测和阶段性测试三轮，每轮的总分也是100分。课题组将受扶教师三次的测试分数录入SPSS系统，进行F检验，从表8—2可知，帮扶前后受训老师的能力提升分数显著增长，三次笔试、面试和总成绩比较的F值分别为32.130***、24.077***、36.957***，在0.001上呈显著性；三次组间两两比较（事后比较）的F值也在0.05水平上呈显著性。这说明，受扶教师综合能力的提升很明显，只是由于学生的基础不同、受训老师的价值取向不一和帮扶专家付出的努力有差异，不同学科教师教学能力提升的幅度不一致。其中，与2017年9月2日的第一次测试相比，2018年9月7日的阶段性测试中，受扶化学、数学、物理、英语和语文老师综合能力分别平均提升31.8、34.7、52.3、44.3和34分，物理老师的能力提升最明显。

表 8—2　　受扶教师能力提升的 F 检验①

	第一次测试（2017 年 9 月 2 日）（$n=39$）	第二次测试（2018 年 1 月 9 日）（$n=39$）	第三次测试（2018 年 9 月 7 日）（$n=39$）	F 值	事后比较		
					第一次/第二次	第二次/第三次	第一次/第三次
笔试成绩	65.31 ±12.389	74.54 ±8.932	84.28 ±9.725	32.130***	-9.231*	-9.744*	-18.974*
面试成绩	64.03 ±13.352	71.49 ±13.119	83.44 ±10.745	24.077***	-7.462*	-11.949*	-19.410*
总成绩	129.33 ±20.240	146.05 ±19.909	167.69 ±19.104	36.957***	-16.718*	-21.641*	-38.359*

注：*$p<0.10$，**$p<0.05$，***$p<0.01$。数据来源：作者根据调研数据整理所得。

访谈中，GS 中学的 W 老师谈到了自己的变化（2018 年 9 月 7 日）：

以前只是照本宣科，现在把握教材的能力有了很大的提高；教学方法有了很大改进、驾驭课堂的能力有了很大提高。现在自己除了会上课，还懂得了如何评课，以及如何带好英语教研室开展好教研活动。

4. 受扶教师专业标准达成度明显提升

近年来，“学区房”与“择校热”现象引发了全社会的普遍关注，其实质反映的是教育资源的不公平分配。教师是教育资源的核心，直接决定了教育质量的高低。“择校”只是表面现象，“择师”才是择校的核心目的。② 正因为学校教育质量的高低取决于教师水平的大小，提升教师教学水平就成为贫困地区摆脱教育落后的关键。然而，要想了解教师的教学水平是否专业，就要看其是否符合专业标准，以及符合专业标准的程度大小。③ 为此，2012 年 2 月 10 日，教育部在结合英国、美国等发达国家有益经验的基础上，根据我国中学的教育实际，以《中华人民共和国义务教育法》和《中华人民共和国教师法》为依据，颁布

① 感谢 GY 市教育局教育局为我们提供的数据。

② 迟长伍、王世君：《治理择校的困境、归因与策略》，《中国教育学刊》2014 年第 2 期。

③ 刘捷：《专业化：挑战 21 世纪的教师》，教育科学出版社 2002 年版，第 56 页。

了《中学教师专业标准（试行）》，以权威的方式对中学教师的专业性提出了要求。作为基础性标准，《中学教师专业标准（试行）》强调师德为先、学生为本、能力为重、终身学习的基本理念，从专业理念与师德、专业知识、专业能力 3 个维度 14 个领域对中学教师提出了要求。其中，专业理念与师德主要考察教师的职业认识、对待学生、教学态度、个人修为，专业知识主要测量教师的教育知识、学科知识、学科教学知识、通识性知识，专业能力主要涵盖教学能力、班级活动能力、人际交往能力、自我发展能力。这些标准既是教师考核发展的依据，也为教师专业发展指明了方向，是引导中学教师教育专业化的基础。[①] 对照这些标准，贫困地区中学教师的专业能力还有很大的差距。如何缩小这些差距，成为摆在人们面前的一道难题。Y 市“大数据 + 教师”精确帮扶系统无疑为解决这一问题提供了助力。

考虑到 2012 年出台的中学教师专业标准主要包括道德标准、知识标准和能力标准，故而主要从知识帮扶、能力帮扶和精神帮扶三个层面来探讨 Y 市“大数据 + 教师专业发展支持系统”的运行对教师专业标准达成度的促进问题。在 56 份教学反思中，受扶教师反思最多的 10 个关键词是“开拓”“目标”“思路”“理念”“提升”“创意”“丰富”“规范”“多样化”和“自我管理”。怎么来理解这 10 个关键词呢？被帮扶前，部分教师认为自己在上课期间忽略了学生的层次问题，缺乏与学生的互动，课堂用语不够熟练，专业基础不扎实；同时，上课时自己说得太多，学生参与不足，问题设置简单，课堂形式单一，教学没有新意，临时组织的语言逻辑思维不够严谨。被帮扶后，老师意识到自己的变化是全方位的，不仅在教学设计上更加规范、精细与有创意，让每一个教学活动都围绕教学目标来开展，还开阔了眼界，尝试使用新的教学模式来提升课堂效果。同时，专家提出的“以课标为准”与“以培养学生的核心素养为目标”的教学理念和“思维导图”式的教学方法，让受扶教师上课的思路更清晰、重点更突出、条理更分明，上课的行为也比以前更为规范。当然，专家对多媒体课件制作的指导也让受扶教师增进了制作技巧，采取更丰富的形式来提升课堂的效果。最重要的是，

① 史宁中：《〈中学教师专业标准〉说明》，《中国教育报》2011 年 12 月 14 日第 3 版。

受扶教师学会了如何进行教学反思、如何改正自身的不足、如何更为有效地管理自己的课堂。访谈时，GS 中学 L 老师告诉我们，被帮扶前，她认为教师教好书、上好课就可以了，不需要注重育人；被帮扶后才知道，好老师还需要培养学生的思维能力，需要认真“备学生”而不是“备课本”。同时，被帮扶前，她很少关注“课标”的要求，解读“课标”也有困难，导致在教学中比较随意，重点不突出；被帮扶后，她首先解读“课标”，学会根据“课标”进行教学设计。这说明，此系统对受扶教师专业素养、知识素养、道德素养达成度的促进比较明显。

5. 学生课堂上的不良行为习惯得到纠正

在参加帮扶之前，学生在课堂上会因为老师讲授内容的枯燥无味而东张西望，或因为觉得无趣而睡成一片。自从进入云录播教室上课以后，学生不良的行为习惯得到了极大的纠正，个个精神饱满、积极性增强，真正构建了学生人人有事做、个个精神集中的良好局面。访谈中，MZ 中学的 L 老师（2018 年 5 月 23 日）谈到项目实施后学生的转变：

> 学生们也学会了独立的思考以及自己动手做事，而且上了录播课的同学课堂规范也要明显好于没有上录播课的学生。

究其原因，一方面因为老师们得到专家团队的精心指导，教学方法上大有改进，由原来的“满堂灌”“填鸭式”的转变为“小组探究合作”；另一方面因为录播室是全覆盖监控教室，学生的一举一动全在监控之内，为避免学校责罚，一般不敢轻举妄动。由于参与的班级每周都会到录播教室至少上 1 节课，多的要上 2—3 节课，长此以往，学生的良好习惯得以养成，即使在普通教室上课，不良习惯也逐步得到改善。正如问卷所显示，63.3% 的老师认为“录播后大部分学生端正了自己的学习态度”，70% 认为“课堂中学生回答问题的积极性提升了”，63.3% 认为“下课以后学生主动与老师交流的次数增加了”，80% 同意“上课捣乱的学生减少了”，66.7% 认为“学生参加各项课外活动和竞赛的兴趣增强”。这说明，大部分录播老师认为，云录播平台中“大数据 + 教师”的精准扶贫模式对纠正学生上课中的不良行为有重要的帮助。

6. 学生成绩大幅度提升

为上好每一堂课，专家对指导教师严格要求，反复磨课、反复设计，再加上专家在课堂上的适时指导以及课后的点评与反思，试点班级学生的学习成绩大幅度提升，80%被调查者认为“学生成绩提升明显就是最好的例证”。当然，也可从以下数据的横向对比中得出此结论。首先，成绩排位有提升。例如，GS中学H老师带领的14班，在七年级时因没有得到帮扶，2017年春季期末统考，整个年级共12个教学班，其数学成绩为年级倒数第1名；帮扶一年后，学生成绩大幅度提高，一跃进入年级第6名。其次，与非录播班级比，录播班级学生成绩提升显著。为此，我们选取了8个同时开展“云录播课堂”语文、数学、外语的班级[①]和同一老师教授的8个非云录播班级为研究对象，将实验组和对照组2017年6月和2018年6月前后的成绩变化进行SPSS中的T检验，结果如表8—3、表8—4所示，第一，经过一年的帮扶，实验班语文、英语两科平均成绩都显著地高于“云录播课堂”实施前（$P<0.01$）；第二，对照班语文、英语两科平均成绩在一年后不存在显著差异（$P>0.05$）；第三，在“云录播课堂”实施后，实验班语文、外语两科平均成绩显著高于对照班相应课程（$P<0.01$），数学课平均成绩没有显著差异。之所以数学成绩一年帮扶的效果不理想，除教师、学生的差异以及其他因素的影响之外，与英语和语文课程的本身属性有关。语文、英语课程的学习是分散点状式的，这种学习有多种开端性，学习方式也相对多元，“云录播课堂”所实现的教师教学理念、教学技能、教学策略等的调整对此有较高的契合性。而数学课程的学习是聚合树状式的，这种学习开端比较单一，学习要取得成效，一般只能靠逐步积累，“云录播课堂”对此契合度不高。这说明，按照中学教师的专业标准对教师能力进行精准帮扶一年后，英语、语文学生学业成就的增长明显。

① 之所以选择语数外三门课程而没有选择物理、化学，是因为初中三年级才有物理和化学课程，没有2017年6月的成绩可以对比。感谢CS县教育局为我们提供的原始数据。

表 8—3　“云录播课堂”与非“云录播课堂”实施前后学生成绩对比

课程	“云录播课堂”实施前后成绩比较			非“云录播课堂”实施前后成绩比较		
	初一期末成绩（$n=400$）	初二期末成绩（$n=400$）	t	初一期末成绩（$n=400$）	初二期末成绩（$n=400$）	t
语文	50.57 ± 19.4	57.38 ± 17.4	−5.131**	50.03 ± 18.7	51.24 ± 19.9	−0.567
数学	48.51 ± 30.4	47.56 ± 25.1	0.470	49.49 ± 31.6	48.59 ± 30.7	0.448
英语	44.09 ± 24.7	50.40 ± 25.4	−3.495**	44.85 ± 27.3	46.26 ± 26.3	−0.773

注：** $p<0.05$。

数据来源：作者根据调研数据整理所得。

表 8—4　“云录播课堂”与非“云录播课堂”初一、初二期末成绩对比

课程	“云录播课堂”实验班与“非云录播课堂”对照班初一期末成绩比较			“云录播课堂”实验班与“非云录播课堂”对照班初二期末成绩比较		
	对照班成（$n=400$）	实验班成（$n=400$）	t	对照班成（$n=400$）	实验班成（$n=400$）	t
语文	50.03 ± 18.7	50.57 ± 19.4	−0.235	51.24 ± 19.9	57.38 ± 17.4	−5.123**
数学	49.49 ± 31.6	48.51 ± 30.4	0.485	48.59 ± 30.7	47.56 ± 25.1	0.593
英语	44.85 ± 27.3	44.09 ± 24.7	0.342	46.26 ± 26.3	50.40 ± 25.4	−2.554**

注：（1）**代表 $P<0.01$；（2）数据来源于 CS 县教育局。

数据来源：作者根据调研数据整理所得。

综上，贵阳市运用大数据思维、借助互联网平台在 CS 县开展的“大数据+教师专业支持发展系统”成效显著，该系统运行一年以来，不仅教师的教学理念明显转变、教学技能明显提升、综合素养明显增强，学生的不良行为规范也得到矫正，学生的学习成绩更是大幅度提升。这意味着互联网驱动下的“点对点”帮扶模式比普通的“点对点”帮扶模式会更有成效。究其原因，主要是“互联网+教育”的“点对点”帮扶能够实现帮扶双方的实时互动，减少帮扶的中间环节，降低帮扶的机会成本，实现帮扶的科学化与针对性。①

① 海燕：《“互联网+”背景下精准扶贫新方式研究》，《改革与战略》2016 年第 12 期。

四　大数据驱动教师能力精确帮扶的窘境

教育扶贫的实践逻辑在于通过教育提高贫困人口的发展能力，增强贫困人口脱贫的内生动力，提高贫困地区的教育水平，促进教育资源的均衡发展与社会阶层的合理流动。[①] 当然，有了大数据思维，这一逻辑的重点转向了“精准”二字，即通过大数据让教育扶贫的对象识别更加精准、管理过程更加精细、需求定位更加精确、反馈控制更加有效。尽管如此，此模式要推广，仍然存在以下几个问题。

1. 相关主体压力较大

有学者通过向1821名中小学教师发放问卷调查发现，工作压力与工作满意度呈显著负相关，与职业倦怠呈显著正相关。[②] 这说明，工作压力对教师的满意度和获得感有重要的影响。但此次调查却显示，该系统面临的首要困境是此种帮扶培训对教师正常教学和生活有一定的影响，占67.3%。访谈中也发现，受扶教师、学生和专家都面临巨大的压力。从专家角度来看，该项活动是由教育主管部门组织的，以精准扶贫的方式开展，责任感与使命让其有压力。从受扶教师的角度来看，与常规课不同，录播课要求高，专家和其他受扶教师都能看到，因此上课不能有半点马虎，因此压力倍增。就学生的角度，录播课全程直播，自己在课堂上的行为规范要特别注意，因此也有压力。正如访谈时MZ中学L老师谈到的（2018年5月23日）：

> 录播课对教学设计的要求高，一想到周五有录播课，从周一开始紧张，而周五上完录播课后，又开始紧张下周的课程，由此一直处于紧张状态。

当然，专家们的责任心也给录播老师带来压力，纷纷认为如果不好

① 向雪琪、林曾：《我国教育扶贫政策的特点及作用机理》，《云南民族大学学报》（哲学社会科学版）2018年第3期。

② 张建人、阳子光、凌辉：《中小学教师工作压力、工作满意度与职业倦怠的关系》，《中国临床心理学杂志》2014年第5期。

好配合，会愧对专家。最关键是，受扶教师每周16—25节不等的工作量成为他们压力大的源头，因此运行一年的直播率为75.19%，直播评课率为86.86%，教学设计上传率为45.45%，教学反思上传率为6.29%，仅56份。[①] 难怪有老师在教学反思中袒露，由于备课不充分、准备较仓促，导致上课时自己的思维断断续续，效果不好。

2. 项目管理的科学化与精细化不够

项目管理不够科学与精细，项目推进过程中存在的问题没有得到及时发现和采取应对措施。例如，项目运行过程中，有些专家或受扶教师重视程度不够，致使项目推进效果不佳，相关部门并没有约谈懈怠的专家或受扶教师，致使项目实施一年后，有的受扶教师成长比较快，而有些受扶教师的教学水平则并未见有大的改观，从而导致资源的浪费。其次，没有对不上录播课、不上传教学设计、不撰写教学反思的老师进行惩戒，也没对未点评的专家进行警示，这会形成“破窗效应”；再如，未对第一运行阶段表现优秀的专家、老师和学生进行有效的正向激励，老师投入的积极性受到影响；又如，未引入第三方对运行效果进行科学评价，质量可持续改进的依据不够科学。最后，受扶教师反思上传率严重偏低，也没有在管理上予以干预。长此以往，必将降低运行的成效。

3. 项目运行的保障机制有待完善

第一，激励机制不健全。有研究所示，教师的绩效奖金对学生成绩有显著正影响，即绩效奖金越高，学生成绩越好。[②] 但在本章中，帮扶专家和受扶教师均没有额外的劳动报酬，只是在文件中规定参与的人员评优评奖和职称评聘中优先。后来，有学校想给参与老师每周计算3节课的工作量，教育局也想给每位专家每周计算一定的工作量，但由于种种原因，承诺并未兑现。访谈中一个学校负责人告诉我们（2018年5月23日）：

① 感谢GY市教育局教育局提供的数据。

② 薛海平、王蓉：《义务教育教师绩效奖金、教师激励与学生成绩》，《教育研究》2016年第5期。

> 项目刚开始实施时，考虑到参与该项目的工作量较大，学校想每周给参与的老师们多3节课的课时费，但不让从生均经费里面支出，去年9月以来，需支付给参与的每位老师6300元，估计一年需要7万元，目前还没有落实，仅仅解决了老师的荣誉称号的问题。

这种状况短期内尚可行，一旦可持续发展，必将影响帮扶的效果。

第二，专家与受扶教师之间的沟通机制不健全。教育意义上的互动是知识获取的必要基本机制，能促进认知与身体技能的发展。[①] 调查发现，本章在运行过程中，存在互动时间不及时、互动频率和方式有限等弊端。访谈中我们发现，项目实施一年来，仅有小部分老师到贵阳市与帮扶专家见面沟通过，也仅有小部分帮扶专家应邀到帮扶学校与老师见过面，大多数时候受扶教师和帮扶专家一直在网络虚拟空间交流，这会大大降低交流的效果。

第三，受扶教师与专家的遴选机制有待优化。一般情况下，越年轻、工龄越短、性格越积极、家庭负担越不重的老师，参与的积极性越高；潜力越大的老师，参与的积极性也越高。但现有设计对受扶教师的选拔，主要是基于自愿和专业能力，还应考虑年龄、工龄、性格和家庭情况。

4. 教育帮扶的大数据收集与挖掘不足

"大数据+教师专业发展支持系统"运行一年来，产生了一些数据，如受扶教师的教学设计、录播视频、教学反思；专家对受扶教师视频教学的打分；专家的指导意见；等等。加强这些数据的挖掘和使用，将有助于提高该系统运行的成效。例如，通过分析受扶教师的教学设计、专家的指导意见，不仅可以记录受扶教师的成长过程，还可以发现不同学科受扶教师教学中存在的共性问题，以便总结经验和方法，以便更大范围地推广。同样，教学视频也是重要的二手资料，通过分析教学视频，我们可以了解不同教师在教学中关注学生的程度、与学生互动的

① Sims R., " Interactivity: A forgotten art?" *Computers in Human Behavior*, Vol. 13, No. 2, 1997.

频率、学生参与课堂的程度等，通过大量的数据分析，我们可以提炼出一个不同学科的高标准，或者合格的课堂教学模式，以便改进贫困地区整体的教育水平。目前，这些大数据的收集与挖掘还不够健全。

五　大数据驱动教师能力精确帮扶的改进

尽管存在一些问题，但“大数据 + 教师”支持发展系统刚运行一年，就对帮扶老师及其教授班级产生了如此明显的正面影响，这说明该系统值得推广，尤其应推广该系统中的大数据思维以及由此带来的针对性、个性化、差异性、精准化的帮扶举措。当然，网络平台的运用也是值得借鉴的重要方面，精心的组织安排和制度设计所起到的保驾护航作用更不可小觑。然而，为促进该系统可持续发展，扩大该系统的受益范围，提升该系统的实施效果，还应在以下几个方面有所改进。

1. 优化顶层设计，健全激励机制

现有的顶层设计是只关注精神激励，忽视物质激励。为促进受扶教师积极参与培训，设计者一方面要求受扶教师无特殊情况不准退出；另一方面建议地方政府、学校在评优评奖、职称评聘、绩效考核时，优先考虑受扶教师和帮扶专家，这些规定比较空泛，操作性不强。应将帮扶专家和受扶教师的待遇制度化，按月或按项目发放一定的劳务补贴，同时对于效果突出的专家和受扶教师给予相应的精神表彰与物质奖励。

2. 健全帮扶专家与受扶教师遴选机制

教育扶贫中对受扶教师的选拔，主要基于自愿和专业能力，还应考虑年龄、工龄、性格和家庭情况。一般情况下，越年轻、工龄越短、性格越积极、家庭负担越不重、潜力越大的老师，参与的积极性越高，因此建议选择入职时间较短，还没形成自己教学风格的老师来参加效果更好。同时，现有的帮扶专家均来自同一区域、同一学科、同一年级，建议专家的遴选要打破地域和年级格局，在 3 名专家中应有 1 名是使用相同教材的发达地区专家，1 名是高校研究课程和教法的专家，或一个大组里面至少有 1 名外省专家和 1 位高校专家，进一步增强专家团队的专业性和影响力，优化专家结构。

3. 完善沟通机制，畅通沟通渠道

建议牵头部门创造机会和平台，给帮扶专家和受扶教师更多的面对面沟通机会；建议减少帮扶专家和受扶教师的日常工作量，不足部分由精准帮扶补齐，让他们将更多的精力用在培训帮扶上；建议帮扶专家与受扶教师每学期至少面对面沟通2—3次，以增强帮扶的效果；同时，建议以会议或联谊活动的形式，让专家组成员之间、专家组之间定期面对面沟通，这样一方面可让各专家相互交流、互相借鉴，不仅可以提高整个培训的效果；另一方面专家之间也是一个学习、成长的机会，还可制订更加精细和科学的帮扶计划，增强帮扶的效果。

4. 利用大数据思维和互联网平台，深度挖掘受扶教师和学生行为特点

随着大数据技术在教学中的深入应用，教育系统中每时每刻会产生海量教师和学生行为的非结构性数据，如何挖掘隐藏在其中的丰富价值，将其转化成有价值的知识，从而促进教学决策，改进教学实践，完善自身专业发展，这是大数据时代教育领域面临的重大挑战。[①] 目前，我国的“大数据+教育”精准扶贫还处于初期阶段，这一阶段的主要任务是收集大数据，对大数据的挖掘和分析不够。故此，建议利用大数据对教师课堂教学进行STOW分析，通过人脸识别对学生的学习动因进行分析，通过学生的言语行为如提问、应答、对话、讨论、观察以及实际行为如笔记、实验和思考对其课堂活动进行分析，通过教师的言语行为如讲授、指示、表扬、评价或实际行为如个别指导、观察巡视、演示或展示来发现教师课堂行为的规律，找出同一学科教师的共性问题、预测同一学科教师的发展趋势，进一步提升教学效果。

由于大数据具有“大样本、大价值、高速性、多样性”等特点，这使得大数据在人文社科领域被高度重视；再加上“互联网+”战略的提出及实施，教育资源配置的科学化、精准化和有效性日益明显。在此背景下，将大数据思维和互联网技术应用于远程教师精准帮扶项目，有重要的价值与现实意义。由于文章所探讨的贵阳市“大数据+教师

① 张进良、李保臻：《大数据背景下教师数据素养的内涵、价值与发展路径》，《电化教育研究》2015年第7期。

专业发展支持系统”刚运行一年，在顶层设计、运行机制、数据收集、数据挖掘和数据驱动方面还属于探索阶段，项目运行的科学化和精细化还不够，尤其与“大数据驱动的教育精准扶贫”定位有差距，这使该项目理念的推广受到影响。尽管如此，该项目倡导的用“大数据思维和互联网技术”来驱动贫困地区教师能力的提升，以“点对点”方式来帮扶贫困地区教师的专业发展，这对学界探讨“互联网 +”教育精准扶贫和“大数据 +”教育精准扶贫提供了新的模式及研究思路。

第九章　“大数据 + 营养餐”精细管理分析

将大数据应用于学生营养餐监管，能够有效解决资金管理、食品安全、营养分析和专家整合等问题。实践表明，以“无缝的校农结合为依托、以供需的精确匹配为目的、以完善的考核评价为保障”的 ZY 县“大数据 + 营养餐”系统，让营养餐的管理更加精细、让学生的营养搭配更加科学、让食材的采购更加精准、让农户的生产更加精确、让监管的主体更加多元，能够降低管理成本、提高决策效率、节省采购资金、促进贫困户脱贫、节约教师时间，但也存在平台数据共享不够、食材大数据集成水平不足、大数据营养成分分析不到位等问题，建议从树立数据理念、丰富数据来源、强化数据设施的角度出发，提升营养餐决策水平，促进营养餐跨领域治理，发挥营养餐预测功能。

一　大数据驱动学生营养餐精细管理的缘起

随着改革开放的推进和经济社会的发展，人民的生活水平大幅度提升，虽然地区之间、城乡之间、东西部之间的发展差距在缩小，但仍然存在。尤其是我国中西部地区因经济发展落后、教育水平低下和公共服务供给不足，学生的营养状况普遍得不到有效保障。与城市的同龄孩子相比，农村儿童普遍存在贫血情况较严重、身体发育迟缓、身高体重不达标、膳食结构不均衡、营养元素缺乏等问题。例如[1]，王婷、李文在对农村寄宿制小学生膳食调查分析时发现，农村寄宿制小学生的膳食结构不合理，蛋白质和部分营养素的摄入严重不足，其中钙的摄入量严重缺乏[2]；左娇蕾、胡小琪的研究表明，农村寄宿制小学生三餐能量分配和产能营养素摄入比例不合理，蛋白质、脂肪、碳水化合物的产能比分别为8.65%、13.64%和77.71%[3]；史耀疆等人通过调查甘肃省和宁夏回族自治区8个县2372名学生发现，有21.49%的学生患有贫血[4]；王丽娟等的调查显示，贫困地区农村学生普遍营养摄入不足，贫困地区农村寄宿制初一学生，其营养素摄入量偏低的现象极为普遍，且与国家推荐的膳食营养素摄入量相差较大。[5] 这些数据表明，我国西部贫困地区学生的健康状况堪忧，营养水平亟待提高，否则，会影响学生将来的发展。[6] 正如房玥晖等人的研究所发现，儿童青少年时期是营养的关键时期，快速的生长发育和较高的体力、智力活动使他们对相关营养素的需求极大增高。其他研究也证实，不同营养状况的儿童体格和智力都存在显著性差异，营养条件差的儿童发育状况明显劣于营养条件好的儿童，而且他们急、慢性传染病的发病率也较高，学习效率明显较差。[7] 此外，人力资本理论也认为，健康水平低下既是贫困发生的原因，也是贫困造成的后果。因此，在长期营养不良的情况下，学生容易形成“学习能力低下—知识接受情况不理想—当地教育水平提升困难—与发达地区教育差距进一步扩大—教育质量下降”的恶性循环，贫困代际传递由此发生。

---

① 王婷、李文：《贫困地区农村寄宿小学生膳食营养状况调查》，《中国学校卫生》2009年第2期。

② 左娇蕾、胡小琪：《我国农村寄宿制学校学生营养状况及干预策略》，《中国学校卫生》2010年第9期。

③ 史耀疆等：《农村义务教育学生营养改善计划实施前的现状分析和政策建议——来自西北122所贫困农村小学的调查》，《教育与经济》2012年第1期。

④ 王丽娟等：《中国九省农村寄宿制学校初一学生铁营养状况》，《卫生研究》2016年第6期。

⑤ 王丽娟等：《中国九省农村寄宿制学校初一学生铁营养状况》，《卫生研究》2016年第6期。

⑥ 房玥晖等：《2010—2012年中国6—17岁儿童青少年生长迟缓和消瘦状况》，《卫生研究》2018年第1期。

⑦ 叶广俊：《儿童少年卫生学》（第三版），人民卫生出版社1995年版，第32页。

为改变此种状况，一些发达国家，如美国、英国、德国等通过规范化、标准化、法制化的方式建立了中小学生营养餐计划的做法，日本更是让93%的中小学生享受了免费营养餐计划。① 我国自2011年起启动了农村义务教育阶段学生营养餐改善计划，中央财政每年投入约160亿专款，给全国22个省（区、市）的集中连片特殊困难地区699个县2600万名学生营养状况进行改善。② 运行9年多来，学生营养改善项目效果较好。这些不仅身高体重有所增长，贫血率有所下降，而且缺课率下降，学习能力有所提高，尤其是10—12岁的学生效果更明显。③

但是，在运行的过程中，营养餐计划也暴露出一些问题，这些问题主要包括两个方面，一方面，资金使用不透明，营养搭配不合理，食品来源不安全。④ 据《中国青年报》报道，实施营养改善计划的第一年，全国学生营养办共接到举报电话和邮件94个，其中，约1/3反映当地“未开餐”，约1/4反映食品“质差量少”；另据中国发展研究基金会一项对100个县9200余所农村学校的营养餐情况监测发现，近半数的学校营养餐没达标。甚至一些地方将营养餐异化为“捞钱工程”，一些无良商人不择手段从孩子嘴里“抠利润”，“变质餐”“营养面变素面”等营养餐丑闻频频曝出。⑤ 难怪有人在网上频发“营养餐为何屡变问题餐”① “营养餐到底营养了谁”⑥ 等呐喊。另一方面，由于没有专门的工勤人员，营养餐计划实施以来，部分地方农村中小学教师亲自参与购买原料、亲自给学生煮饭、发放营养餐、陪餐吃饭，占用了教师的大量

① 李文、汪三贵、王姮：《贫困地区寄宿制学生营养餐项目效果评估》，《农业技术经济》2011年第6期。

② 学生营养餐屡变“问题餐”如何才能让孩子们吃饱吃好？［EB/OL］. https：//www. jiemian. com/article/2462999. html，访问时间：［2022－4－27］。

③ 李文：《贫困地区农村寄宿制小学儿童膳食营养状况评估》，《中国农村经济》2008年第3期。

④ 周燕玲：《贵州铜仁：大数据追踪学生营养餐 精准定位贫困户》，http：//www. chinanews. com/sh/2019/05－24/8846226. shtml，访问时间：［2021－04－25］。

⑤ 如何保障学生营养餐安全？大数据有办法［EB/OL］. http：//bigdata. idcquan. com/dsjjs/162757. shtml，访问时间：［2022－04－27］。

⑥ 胡印斌：《学生营养餐问题频发，孩子的健康不容轻忽》，http：//guancha. gmw. cn/2018－09/05/content_ 30997263. htm，访问时间：［2022－04－27］。

时间，长此以往会影响教师的身心健康和学校的教学质量。① 难怪学者对某省8个县农村学生的抽样调查发现，学生对营养餐的满意度整体不高。②

为何营养餐问题频发？资金安全管理难和食品安全监管难是根本，营养系数分析难和专家资源整合难是关键。②传统的营养餐管理，是在学生学籍平台的基础上增加营养改善功能，其好处是可以精准统计享受学生的数量和情况，但却无从监管营养餐从哪里来，是否有营养，是否有安全保障，资金是否被挪用，学生是否足额享受，管理是否到位。也就是说，如果相关部门提供了不合格、不营养、不足额、不安全的营养餐，或者挪用了营养餐的专用资金，传统系统是无法及时、有效、公开、透明监管的。因此，本章参照“狩猎社会是1.0、农业社会是2.0、工业社会是3.0、信息社会是4.0、超智能社会是5.0”的提法③以及“人工智能时代灾害相应已经进入2.0版本”的判断④，将学生营养餐领域的传统监管界定为1.0版本，大数据时代的监管界定为2.0版本。事实证明，将大数据应用于学生营养餐监管，能够有效解决资金管理、食品安全、营养分析和专家整合等问题。因为在监管环境越来越复杂的当下，监督系统不仅需要不断壮大的网络社群的话语权，而且需要对互联网时代民众对数据信息接收和反应的及时性做出很强的回应。这说明，在日益复杂的外界环境下，大数据技术将有助于发现数据潜力、提升数据价值、发挥数据作用，可让营养餐的搭配更加科学、合理、透明与精准，可实现食材生产、处理、配送的全程监管，能有效解决学校食堂管理不规范、资金使用不合理、食品安全隐患等问题，确保学生营养安全。以贵州省铜仁市为例，自2015年以来，其率先在全省打造了“学生营养餐智慧云+校农云大数据平台”。据悉，截至2019年9月，

---

① 邵忠祥：《农村学生营养餐实施对教师工作影响研究》，《现代中小学教育》2016年第7期。

② 邵忠祥：《农村义务教育学生营养餐满意度调查研究》，《基础教育研究》2018年第11期。

③ 周利敏，钟海欣：《社会5.0、超智能社会及未来图景》，《社会科学研究》2019年第6期。

④ Qadir J., Ali A., Ur Rasool R., et al.: Crisis analytics: big data-driven crisis response, *Journal of International Humanitarian Action*, 2016, vol1, pp. 1-12.

铜仁市有3070所中小学及幼儿园被纳入监管范围，覆盖了40多万名学生，588家农业生产基地的生产信息也录入营养餐智慧云综合服务平台。[①] 自2018年以来，该平台不仅在全省推广使用，还有广东、湖南、重庆等十多个省份的职能部门来参观学习、实施推广，成为新时代学生营养餐监管的利器。[②] 因此，为与传统的监管模式区别，本章将这种用大数据技术来监管营养餐的模式称为2.0版本，同时，拟以ZY县“大数据+营养餐”系统为例，深度剖析大数据应用于学生营养餐系统的机理、经验、特点、问题及路径，力图为全面推广大数据学生营养餐监管系统提供参考，为解决学生营养餐系统的管理漏洞、监管“黑箱”和资源缺乏提供借鉴。

二 大数据驱动学生营养餐精细管理的案例

为深入剖析大数据在学生营养餐监管中的作用，凝练大数据作用于营养餐系统的机理和运逻辑，为其他地区提供借鉴和参考。2019年5月，课题组一行十多人到G省ZY县进行了大规模实证调查。G省是西部多民族内陆省份，少数民族人口比例占42.8%。ZY县位于G省东部武陵山区，全县总面积1878平方公里，总人数23.8万人，其中少数民族占42%，曾有建档立卡贫困户16376户47700人，贫困村57个，贫困镇7个，贫困发生率为20.30%。通过多方式的扶贫组合牌实施，2018年12月，ZY县累计减贫12107户47859人，贫困发生率下降到1.75%，成为G省2018年申请退出贫困县的18个县（市、区）之一。[③] 我们的调查方式主要是深度访谈、集体座谈与参与式观察。其中，与县教育局、学校分管校长及学生代表进行了集体座谈，对县教育局分管副局长、部分教师和学生、扶贫专干、蔡酱坊有限公司经理进行了深度访谈，同时还

① 《如何保障学生营养餐安全？大数据有办法》，http：//bigdata. idcquan. com/dsjjs/162757. shtml，访问时间：[2022-04-27]。

② 向定杰：《贵州铜仁探索运用大数据让学生吃上放心营养餐》，https：//www. 360kuai. com/pc/94d307bbd707abe9b？cota=3&kuai_ so=1&sign=360_ 57c3bbd1&refer_ scene=so_ 1，访问时间：[2022-04-27]。

③ 凌忠云：《脱贫攻坚的镇远答卷》，《当代贵州》2019年第19期。

参与式观察了该系统的运行情况以及数据处理过程。

调查发现，自开展脱贫攻坚工作以来，ZY 县紧紧围绕“全面改善、精准资助、不落一生、扶智脱贫”的目标，充分发挥教育在脱贫攻坚中的基础性、先导性、根本性作用，着力打好教育扶贫“组合拳”，扎实推进教育扶贫重点工作，具体举措是：一是落实责任，明确行政线和教育线两大体系控辍保学职责，确保适龄儿童的受教育权利；二是精准发力，全面宣传教育扶贫政策，精准落实教育资助政策；三是开展结对帮扶，建设教育扶贫长效机制，开展一对一、一对多的结对帮扶工作，推动贫困村学校教育质量不断提升。四是强化宣传，大力营造教育扶贫良好氛围，营造教育“励志扶智”良好氛围。① 与此同时，该县还借助大数据技术推进教育扶贫工作。自 2017 年起，经过多次调查和周密组织与策划，该县教育局推出了“大数据 + 营养餐”系统，如图 9—1 所示，即通过点餐平台精准下单食材的种类与数量，使营养餐的管理更加精细化与规范化；同时，通过对点餐平台的数据信息进行系统性分析，高效精准指导农户种植农产品的品类及数量。

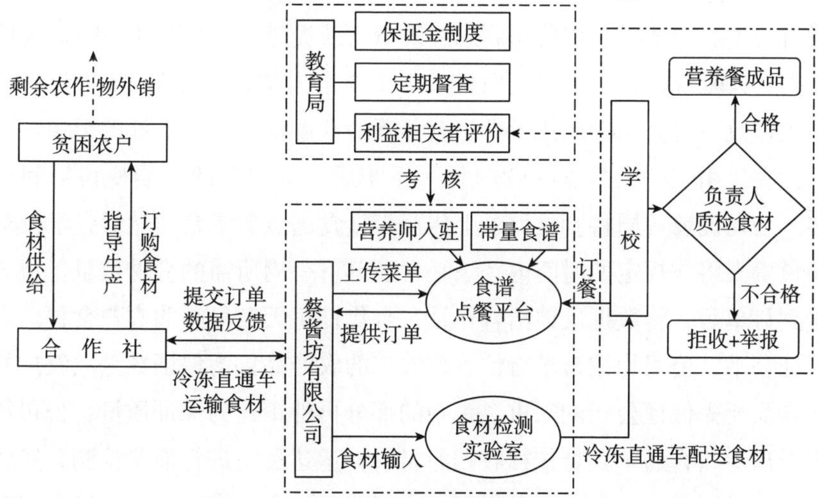

图 9—1　ZY 县“大数据 + 营养餐”系统

① 杨通航、范冬勤：《镇远着力打好教育扶贫“组合拳”》，http：//www. gywb. cn/content/2019 －05/28/content_ 6129952. htm，2019 年 5 月 28 日。

数据显示，截至 2019 年 9 月，ZY 县已有高中阶段、义务教育阶段、学前教育阶段共计 32087 名学生享受到该系统带来的实惠和便利，每年涉及专项资金达 4000 万元。该系统的运行机制可概括为“统招、统购、统配和统送”4 个词，运作主体涉及“农户、合作社、学校、教育局及蔡酱坊有限公司”5 个方面。其中，ZY 县蔡酱坊有限公司是省级农业产业化经营重点龙头企业，2017 年经公开招标成为 ZY 县学生营养餐的专门供应商。该系统是如何对营养餐进行有效监管的。

1. 大数据让营养餐的管理更加精细，助推降低管理成本

在“大数据 + 营养餐”系统启用之前，蔡酱坊有限公司对于营养餐的管理比较粗糙，对于学校的下单时间没有约束，往往造成这个学校今天点餐、另一个学校明天点餐的局面，配送时间因而参差不齐，进而导致配送效率低下。而且，学校在下单过程中还常常出现错误，例如，曾经出现一周只下单一天，剩下四天的食材被搁置的情况，这让该公司负责人常常头痛不已。此外，公司还需雇佣大量的人员对订单的数目、金额进行计算与核对，填写进出货清单，该过程需花费较长的时间且效率低下。然而，在付出高昂的人工成本和大量的时间成本后，失误还是时有发生。访谈时，该公司副总经理 N 某①提道：“每天都要频繁统计数据，人工统计数据很慢，而且人工要 8 个人统计，经常出错。”这样的工作效率对公司的运作及学生营养餐的开展都产生了不好的影响。

在启用了“大数据 + 营养餐”系统后，营养餐的开展变得顺利许多。公司提前一周将食材目录上传至带量食谱点餐平台。然后，学校有关负责人将在规定的时间内登录平台下单下一周所需的食材数量。公司接到订单后，将数据反馈给合作社，合作社每天按量收购农户食材。为保证公平，公司均按市场行情收购农户的农产品；为保证数量，农户的农产品要先保证公司的需求，剩余的部分再外销；为保证质量，公司每天派出专属直通车到合作社收购原材料，运达后，进行质量检测，然后统一配送到各个学校，从而保证学生营养餐的食材来源新鲜、健康与安

① 男，侗族，46 岁，大专文化，蔡酱坊有限公司副总经理，访谈于 2019 年 6 月 4 日。

全，避免了农产品的滞销，提高了公司产品供应的有效性与精准度。[①] 调查发现，该系统的运用不仅缩短了营养餐的工作进程，提高了工作效率，还减少了大量人力、物力、财力，降低了公司的运营成本。访谈中，在人力需求量上，N 某[②]提道：“用了这个系统之后，就是我们刚才那个 H 主任，一个人做调度和协调，而且包括学校的客服，比如学校货没送好，或者有什么小问题，平时中途要加单，都是他一个人做。统计、客服，他现在一个人就全部能解决了，而在这之前，是需要 8 个人的。”在资金量上，有数据表明，在采用“大数据 + 营养餐”系统后，实施了学校精准订购、公司精准采购的模式，采购成本大概减少 40%，节省了公司大量的资金。N 某[③]进一步谈道：“大数据营养餐系统啥好处呢？就是让食材的管理更加精准。比如，某个老百姓或合作社今天有 2000 斤的食材，我们就会建议学校按农户家现有的时令蔬菜来安排食谱。如果某个家庭或合作社只有三五百斤食材，我们不够的话，也可通过现有食材的搭配看还缺什么营养，不够的部分就到其他地方去补充采购。”可见，与人工劳动相比，无论在精准度、时间还是成本上，“营养餐 + 大数据”系统在数目、金额、订单量等统计上都具有无可比拟的优势，这也让学校对营养餐的管理更加精准化。

2. 大数据让学生的营养搭配更加科学，有利于提高决策效率

大数据有助于充分挖掘海量数据潜在的价值，但是要注意在搭建更开放的数据共享平台中应消除“数据孤岛”，打通数据间联系，形成全新的数据共享及开发模式。[④] 调查发现，大数据在营养餐中的价值得到了充分的体现。有大数据平台后，公司专门聘请了营养师，让营养师对各个年龄段的学生制定相应的科学食谱，平衡学生膳食，使营养餐既不造成学生营养不良也不造成营养过剩。同时，公司所采集的都是当地农户自己种的新鲜蔬菜瓜果，鸡鸭鹅猪也都是现买现宰，保证食材鲜美、口感

---

① 杨通航、聂永兴、陈亮：《镇远县：深入推进教育扶贫 激发脱贫内生动力》，https：//news. qichacha. com/postnews_ 9907e1f38fbc39877036a33b8d13d011. html，2018 年 3 月 9 日。

② 男，侗族，46 岁，大专文化，蔡酱坊有限公司副总经理，访谈于 2019 年 6 月 4 日。

③ 男，侗族，46 岁，大专文化，蔡酱坊有限公司副总经理，访谈于 2019 年 6 月 4 日。

④ 梁志峰、左宏、彭鹏程：《基于大数据的政府决策机制变革：国家治理科学化的一个路径选择》，《湖南社会科学》2017 年第 3 期。

优良、安全健康，这对提高营养搭配决策效率具有重要的价值。访谈时，该县教育局副局长 Y 某某①介绍道：“（公司）所收集的农产品，都是当地应季的蔬菜与农作物，可以避免学生营养不良。本来我们做这个东西就是为了学生的营养改善，如果说过多采购其他外面的大棚的蔬菜，营养价值不高，现在这样做就能够让学生吃到本土的菜，吃到季节性、新鲜的菜。”可见，高营养价值的应季蔬菜再加上合理的营养膳食规划，共同助力了学生健康成长。也即，实行带量食谱，可以让学生食谱更加营养与科学，让学生的健康更有保障。

3. 大数据让食材的采购更加精准，能够节省采购资金

在大数据应用于营养餐系统之前，学校对食材的选购和营养成分并没有一个清晰的概念，只是大概估量一星期需要多少食材，哪些食材有什么营养，这就容易出现学校食材、营养不足或过剩的现象，使资源无法达到最优配置。使用大数据之后，订餐平台对每类食材的重量及营养成分都有精确的显示，这让学校在订购食材时选择更精准，以减少食物不均、营养不当的情况，从而实现对各类食材的精细化与规范化管理。关于这方面，教育局副局长 Y 某某②介绍道：“（公司）可以达到精准的分配，给学校节约资金。没有实施大数据以前，大家都是凭自己的感官盲目地采购，买了吃不完就浪费，现在是精准到今天需要肉多少克，需要营养多少个单位，学校就按这个量进行订购，节省下的钱给学生增加其他营养。比如，有个星期，大数据系统给一个学校节省了 1000 多元，我们就把这 1000 多元拿来给学生买牛奶和水果了。”通过访谈得知，学校在精准购买食材后，一定量的资金将被节省下来，这些节省下来的资金可用于购买牛奶、水果等其他对学生有益的食品，进一步促进学生膳食均衡。正因为如此，有学生表示，使用大数据营养餐系统后，他们吃饭更香了。“我们一日三餐都能吃到不同的菜式，三菜一汤。有的菜比我家里的都还香，而且还是免费的，很棒!”③

4. 大数据让农户的生产更加精确，能够促进贫困户脱贫

“大数据 + 营养餐”系统依托产业规模，实行“学校食材配送公司 +

① 男，侗族，42 岁，本科学历，党员，ZY 县教育局副局长，访谈于 2019 年 6 月 4 日。
② 男，侗族，42 岁，本科学历，党员，ZY 县教育局副局长，访谈于 2019 年 6 月 4 日。
③ 女，侗族，11 岁，小学五年级学生，访谈于 2019 年 6 月 6 日。

基地＋合作社＋贫困农户”的教育扶贫模式，有力助推了贫困户脱贫攻坚。采访中，教育局副局长Y某某①给我们解释了营养餐项目执行与农户之间的利益关系，他说：“我们必须响应省里面号召，第一年采购当地老百姓的农产品比重要达到35%，第二年要达到40%，今年（注：2019年）要达到50%，省里面指标是45%，我们给他（注：指公司）5个点，要求达到50%以上。”某校分管食堂的总务处副主任W某某②也介绍：“学校自制了十余个菜谱套餐，每天都不重样，既满足了学生的舌尖要求，又保证了学生的营养供应，减轻了学生特别是贫困学生的生活负担，还给参与其中的贫困户带来了实实在在的利益。”可见，大规模按市场价购买贫困户的农产品是该系统助推贫困户脱贫的举措之一。不仅如此，在运作的过程中，公司还解决了70名贫困户的就业岗位，为农户增收做出了贡献。该平台是如何助力农户增收的呢？具体举措有：第一，公司根据学校对食材的订购情况，给农户下达相应的订单，让农户种植适应市场需求的蔬菜瓜果，这有利于提高农户农产品的市场竞争力，让其商品快速在市场上流通，减少农户赔本的风险。第二，公司委托合作社帮忙收购农户的农产品，这能迅速发展壮大合作社，进而无形中为农户提供了更多的工作岗位。第三，公司自己配备了专门的运输设备——冷冻直通车，每天亲自下到合作社收集农产品，这大幅度节省了农户产品的运输成本。当营养餐项目无法把农户的农产品完全收购完时，公司还为农户打通外销渠道，让其农产品能更好地销往外地，减少农户的损失。关于收购农产品及助力农产品外销的运作方式，N某③介绍道：“我们公司对脱贫攻坚也做了很多事情，因为这块是国家的需要，也是我们公司应尽的社会责任。通过营养餐这个平台解决了很多老百姓的困扰，因为他们种了很多东西却卖不掉。我们现在做的事情，首先是内部消化，消化不了的就往外部走。我们帮老百姓，从我们的营养餐这块给他销，做得大的、宽的，我们就给他往外销。今天刚来了几位老板，我们今天早上刚去了几个乡镇。现在在这边，我们公司牵头，今天落实了2000亩的

① 男，侗族，42岁，本科学历，党员，ZY县教育局副局长，访谈于2019年6月4日。
② 男，汉族，37岁，本科学历，党员，访谈于2019年6月5日。
③ 男，侗族，46岁，大专文化，蔡酱坊有限公司副总经理，访谈于2019年6月4日。

蔬菜，这2000亩的蔬菜全部是外销的，全部销到广州那边。反正只要老百姓找到我们的，几乎到目前为止，我们是做到90%帮他们解决掉。”可见，大数据在该系统中的另一个作用是，将带量食谱点餐平台的下单数据精确反馈给农户，这样能够有效指导农户的种植与生产，降低农户的风险与成本，增加贫困户的收入。正如县教育局副局长Y某某①所提到的：“每年的暑期中，6、7月份企业组织全县合作社负责人来开会，指导他们哪个季节需要多少量的菜，你们就根据这个量去种蔬菜，有计划种植蔬菜。每个地方因地制宜种植相应的瓜果，通过数据来指导、调度。”也就是说，“大数据+营养餐”系统的运用不仅解决了食品安全、资金监管的问题，还通过合作社优先采购贫困村农产品，这促进了农村产业结构调整，助推了脱贫攻坚。

5. 大数据让监管的主体更加多元，可以节约教师时间

在“大数据+营养餐”系统建立之前，学校每天的食材都由该校老师自行采购，教师需每天思考今天学生吃什么、明天吃什么，在这方面要花费大量的精力，然而，思考后的食材搭配仍不够科学，还存在安全隐患。“大数据+营养餐”系统建立后，彻底将学校从衡量食材搭配、思考食材购买的职责中解放出来，不再需要学校花费大量时间来考虑学生的饮食问题，老师就更能将精力集中在教学上，提高教学质量。不仅如此，对于系统建立之前学校一直担心的食材安全问题，大数据系统也一并进行了解决。据了解，公司建设有自己的检测实验室，每天对所进食材进行质量检测，检测通过后，才配送到各个学校。另外，教育局也制定了一系列考核制度，对公司提供的食材安全进行考核。关于这一点，Y某某②介绍道：“协议里面就建立一系列的考核。如果出问题了，你（公司）用你（公司）的保证金来解决任何安全问题，这个我们当然不希望发生。另外，教育局营养办会同市监局定期到企业抽查和现场督导。学校的食堂有后勤管理人员，每天也要对所进的食材进行把关，从肉眼看这个菜新不新鲜，从嗅觉上去闻一闻这个肉臭不臭，有没有异味，如果有问题可以拒收，马上反馈给营养办，营养办通知企业，让企业更换新

① 男，侗族，42岁，本科学历，党员，ZY县教育局副局长，访谈于2019年6月4日。
② 男，侗族，42岁，本科学历，党员，ZY县教育局副局长，访谈于2019年6月4日。

鲜的食材，保证学校的活动正常开展。”那么，如果企业的食材不合格，作为监管部门的教育局会怎么办呢？Y某某谈道：“如果企业送来的东西不合格，学校就会另外去采购，并且采购所需的资金由企业来支付，我们是给学校是这样安排的。因为有这条红线，所以企业就不敢提供不符合要求的食材。”可见，教育局、学校、公司、政府部门、学校多方共同参与到营养餐安全环节，为学生的健康、营养均衡带来了更大的保障。

三　大数据驱动学生营养餐精细管理的藩篱

“大数据+营养餐”系统以大数据可视化的方式，将农户、合作社、配送公司、学校、各级政府监管平台之间联通起来，建立了从种植、采购、配送流通、烹饪、销售等涉及学校食品安全整个过程的监管环节，运用了安全“智能武器”，打造了学校“透明厨房”，保证了学生“舌尖上的安全”，解决了营养餐的监管难题，让学生从“吃得饱”向“吃得好”“吃得营养、健康”转变，切实改善了学生的营养结构，促进了学生身体健康，其特点是：第一，以无缝的校农结合为依托。通过“大数据+营养餐”系统，ZY县将学校、公司、农户三者整合在一起，以公司为媒介助推校农结合。其中，作为营养餐食材的主要供给方，蔡酱坊有限公司起着连接学校和农户的关键作用，这种连接是：农户把食材卖给公司，公司再将检测合格的食材运送给学校，实现了校农的无缝对接。第二，以供需的精确匹配为目的。使用大数据系统之后，一方面，公司根据学校的订单需求来提供精确的供给，进而指导农户精准生产和有效匹配食材资源；另一方面，公司也可以根据农户的时令食材和食材销售情况以及大数据分析的营养成分给学校提供膳食搭配建议，以满足不同年龄层学生的不同营养需求。第三，以完善的考核评价为保障。为保证质量，教育局对蔡酱坊公司的考核评价主要体现在三个方面：一是保证金制度，一旦出现食品安全问题或事故，其所交的上百万保证金会被没收；二是利益相关者对他们的考核评价。关于这一点，教育局副局长Y某某①说：“我们每年还要组织学校的后勤管理人员、老师、学生在大数

① 男，侗族，42岁，本科学历，党员，ZY县教育局副局长，访谈于2019年6月4日。

据系统上对这个公司服务态度、服务质量打分，如果不合格，根据合同，就清出市场，重新再招投标。”三是每周都组织营养办、市监局对公司的食材采购进行指导、监督和抽查，将可能的风险扼杀在摇篮中。

进一步分析可发现，大数据技术是ZY县营养餐系统取得成效的关键，因为大数据技术有助于厘清数据交互连接产生的复杂性，掌握“数据冗余与数据缺失”等双重特征引起的不确定性，驾驭数据的高速增长与交叉互连引起的涌现性，进而能够根据实际需求从海量数据中挖掘出有价值的信息、知识和智慧，最终达到充分利用数据之目的。① 然而，调查发现，将大数据应用于“校农结合”的学生营养餐系统，也存在一些问题，具体包括。

第一，大数据平台共享程度不够。ZY县“大数据+营养餐”系统中的点餐平台局限性较大，因为该平台的食材来源主要是该县的农户，品种单一。且由于各县之间的平台共享程度不够，使县与县之间的蔬菜难以流通，若当地食材不足，就无法通过该平台向其他县调配食材，从而造成食材可选择的范围较小。正因为如此，该县教育局扶贫专员P某某②告诉我们，受季节的限制，公司提供的食材比较单一，夏天还好，相对丰富，有茄子、瓜豆、西红柿、玉米等多个品种，但冬天就比较单一，以白菜、老南瓜等为主，这说明营养餐平台层次还比较低，未实现州级统筹。

第二，农户种植品种单一，制约了食材大数据的集成。通过实地调查与访谈，了解到ZY县多高山，当地劳动力的素质也偏低，这阻碍了当地农业规模化、组织化的实现。访谈时Y某某③介绍道：“（县里）外出务工人多，田里面都是老弱病残的留守村民进行耕种，所以导致规模化、组织化程度低，这对我们的营养餐有一定的制约。”据了解，在ZY县，农民大多单家单户单干，每户人家的种植规模都比较小，从而造成部分重要食材的产量不理想。同时，又因青壮劳动力的缺乏以及恶劣的地理条件，整个县的农业未能实现规模经营，农户种植收益总体较低。由此

① 徐宗本、冯芷艳、郭迅华等：《大数据驱动的管理与决策前沿课题》，《管理世界》2014年第11期。

② 男，侗族，30岁，本科学历，党员，县教育局扶贫专员，访谈于2019年6月5日。

③ 男，侗族，42岁，本科学历，党员，ZY县教育局副局长，访谈于2019年6月4日。

带来的结果是：能够用于大数据营养餐系统的食材偏少、偏单一，食材大数据集成面临问题。

第三，传统的农业种植方式，阻碍了大数据营养成分的分析。调查发现，ZY 县农户的主要耕种方式仍为手工耕作，因而农产品品种单一、产量小、效率低。再加上青壮劳力大多外出打工，留守的劳动者多为老年人，经常会出现忙不过来或者忘了采摘成熟瓜果的情形，以致被采购到公司的食材，有些太成熟，有些是异形，有些偏小。提及此，公司副总 N 某①说：“我们收到的货跟其他外地的货比较，悬殊还是很大的，有时也没办法。不过学校老师有时站的高度也不错，说老百姓家的菜虽然没有外面的菜漂亮，但应该是环保的，所以建议我们都收下来。不过，大数据营养成分检测显示，同样的菜，有些农户种的，营养成分确实要差些。”这意味着，传统种植方式对大数据营养成分的分析有制约。

四　大数据驱动学生营养餐精细管理的图景

“从政府治理、企业发展、民众生活的痛点出发来发展大数据”，是战略性新兴产业发展专家咨询委员会秘书长杜平在 2019 年中国国际大数据产业博览会上的发言。这说明，发展大数据应当将大数据与社会治理紧密结合，充分发挥大数据在解决社会痛点、民生问题中的优势。于 G 省而言，贫困人口多、发生率高，2013 年分别为 922 万人和 26.8%，2019 年 12 月已下降到 30.83 万人和 0.85%，减贫人数与减贫幅度位居全国省市区前列。② 在此背景下，教育发展不均衡是发展的痛点，如何将大数据与扶贫、教育、民生等关键词连接在一起，并通过教育帮扶提高教育水平，提升人民生活质量是发展的难点。ZY 县以“痛点”为切入点，以大数据技术为手段，运用“大数据 + 营养餐”的模式，对“痛点”进行根治，对“难点”进行化解，实现了问题的源头治理。因此，针对前述提及的一些问题与困难，特提出以下优化路径。

1. 增强数据素养，提升营养餐决策水平

增强数据素养是大数据技术得以运用的重要前提，只有增强数据素

① 男，侗族，46 岁，大专文化，蔡酱坊有限公司副总经理，访谈于 2019 年 6 月 4 日。

② 李裴：《以诗点亮脱贫攻坚群英谱》，《光明日报》2019 年 10 月 21 日第 51 版。

养，才能赋予传统治理方式以新的内涵，提升决策科学化水平。为此，应树立大数据思维，建立“用数据说话、用数据管理、用数据决策、用数据创新”的管理体制。[①] 具体到大数据营养餐系统，应提升大数据营养餐各子系统的数据终端使用技术，提高农户、合作社、公司、学校、教育局等相关人员的基本数据素养，实现数据从源头到终端全公开、全透明，并根据数据信息精确指导农户，按市场需求量有效进行生产，降低食材积压风险，提高种植食材种类的决策效率，以数据为中介推动当地教育水平及人们生活水平的提高。应优化数据应用平台，将多领域的数据信息进行计算与分析，实现数据更新实时化、分析精准化、结果智能化，从而为科学决策提供信息资源。应建立更为完善的数据信息交互系统，并定期分析各系统数据，生成数据报告，为政府完善教育扶贫决策提供参考。当然，也需要运用数据所反馈的信息优化改进学生膳食结构和食材配比，追踪学生身体健康情况，根据发现的问题动态调整决策指令，提升数据决策水平。[②]

2. 丰富数据来源，促进营养餐跨领域治理

大数据背景下的信息应当做到数据共享，实现信息终端准确化、信息更新动态化、信息传递实时化、信息渠道多元化，以多样本信息整合，实现数据来源的多样化，进而实现监管的科学化。大数据营养餐系统为学校餐饮产业提供了一种新的模式，促进了农业、教育、公共健康等多领域一体化发展，实现了校农结合，带动了扶贫产业的发展，解决了贫困偏远地区农产品滞销的问题，产生了相应的就业岗位，一定程度解决了就业问题，提升了当地民众的生活质量，但数据来源、数据屏障、数据孤岛的问题，也应引起重视。因此，将大数据用于营养餐监管的优化路径之一，就是实现数据平台信息共享，促进跨域治理。这就要求做到：第一，从信息来源上，学校提供的营养餐需求应与农户或合作社无缝衔接，做到食材供应精准化、餐饮供应专业化。第二，丰富数据来源，包括学生身体指数动态变化数据、农产品动态显示数据。应根据学生的身

① 顾小清、黄景碧、朱元锟：《让数据说话：决策支持系统在教育中的应用》，《开放教育研究》2010 年第 5 期。

② 张述存：《打造大数据施政平台，提升政府治理现代化水平》，《中国行政管理》2015 年第 10 期。

体情况和健康指数配备营养餐计划，避免因地域差异或生活环境不适所产生的营养不均衡。同时，也可以将学校地理位置信息与营养餐制做点地理位置信息相匹配，从而做到配送路径最优化，提升大数据营养餐系统的组织化程度。当然，还应该逐步拓宽平台的地域范围，打破数据孤岛，构建州与县之间、县与县之间互通的大数据营养餐平台系统，促进信息资源共享，实现跨域治理。

3. 强化数据设施，发挥营养餐预测功能

应加强数据信息基础设施建设，提升数据系统质量。[①] 基建设备是大数据运用的前提条件，大数据营养餐系统主要涵盖范围为乡镇，存在部分地区信息化基础设施不完善、效果不好等问题。为解决这些问题，就应当加强大数据基础设施建设，升级改造农村网络光纤，提升农村信息化水平。[②]在数据完整、方便易得的情况下，推动大数据与基层治理的深度融合。通过大数据系统所提供的信息有序地指导农户开展生产活动，按需按计划地生产下一季度所需的营养餐食材，保证营养餐食材充足的后方供应，推动当地贫困农户顺利脱贫。同时，由于数据公开、数据管理、数据运用是大数据建设的主要元素，因此利用大数据、云计算、物联网、人工智能等现代信息技术挖掘大数据平台蕴藏的数据资源的价值[②]，推进数据公开、完善数据管理、增强数据运用，是完善大数据营养餐系统的关键环节。具体而言，应通过实时感知手段监测学生健康，进而预测学生健康的发展趋势，平衡蛋白质及微量元素的供给，从而优化学生膳食营养结构和卫生习惯，提升学生身体素质，进而为学生高效学习提供良好的保障，促进教育均衡发展。

"大数据+营养餐"系统以精准、科学、无缝对接的运行模式，有效整合了农户、企业、合作社、学校以及教育局等多方主体，不仅通过供需链精准采购农产品，助力农户脱贫，而且有效解决了学生营养餐营养不足、监管困难、资源分散等难题，推动了当地学生身体素质的提高，提升了学生的知识接受能力，改善了贫困人口的教育文化环境，让营养

---

① 樊博、陈璐：《政府部门的大数据能力研究——基于组织层面的视角》，《公共行政评论》2017 年第 1 期。

② 王欣亮、魏露静、刘飞：《大数据驱动新时代乡村治理的路径建构》，《中国行政管理》2018 年第 11 期。

餐的监管从1.0版本升级为2.0版本。但由于本章所探讨的ZY县“大数据+营养餐”系统运行时间较短，且营养餐的治理是多方主体参与的复杂过程，因而对数据的收集与使用、主体间的合作与协调、设施的建设与优化等方面还处于探索阶段，项目的运行还未能最大限度地发挥大数据技术的整合、决策、预测等功能。但是，瑕不掩瑜，展望未来，相信随着项目的深入推进、数据的全面挖掘、系统的整体优化，必将使贫困地区的学生享有更营养的膳食，也会给当地农户带来更多的发展机会，为解决营养餐的营养问题、安全问题和监管问题提供新的思路与借鉴。

第十章 “大数据+课堂成绩”有效提升研究

Y市“大数据+教师专业发展支持系统”以云录播课程为平台，运用大数据思维和互联网技术，以促进贫困地区教师的专业发展为目的，通过课前指导备课、课中点评技巧、课后改进反思等“点对点”的帮扶方式，对贫困地区教师进行科学化、精准化、个性化与针对性帮扶。该系统的特点在于通过完善的机制设计引领教师专业发展、通过大数据平台追踪教师的成长轨迹、通过受扶教师的教学反思激发其参与的积极性，因此，帮扶更加精准、指导更为精细，帮扶的针对性、专业性更强，效果更好。数据显示，该系统运行一年以来，不仅使教师的教学理念明显转变、教学技能明显增强、综合素养明显提升、行为轨迹被精确定位，而且使学生的不良行为规范得到矫正，学生的学习成绩更是大幅度提高，但也存在项目管理的科学化与精细化不够、项目运行的保障机制有待完善、教育帮扶的大数据收集与挖掘不足等困境。针对这些问题，建议通过优化顶层设计、健全保障机制、深度挖掘后台大数据等举措来改进。

一 大数据驱动课堂成绩有效提升的缘起

自2016年起，国务院、工信部相继印发了《“十三五”脱贫攻坚规划的通知》（国发〔2016〕6号）、《关于推进网络扶贫的实施方案（2018—2020年）的通知》（工信部通信〔2018〕83号）等文件，指出要“加强精准扶贫大数据管理应用”、要“大力推进‘互联网+教育’的手段，推动优质教育资源在贫困地区的共享应用”，这些文件和举措为推动

“互联网 + 教育”精准扶贫在贫困地区的应用提供了重要保障。

何为“互联网 + 教育”精准扶贫？美国国际商业机器公司的界定比较经典，他们认为，“互联网 + 教育”精准扶贫具有如下内涵：一是教学设计以学生为中心，关注学生的个性化发展；二是多样化的互动式体验和教学方式，无地域和时间限制的公众在线学习，互动式、体验式的教学模式；三是高度集成的优质资源共享[①]（魏忠、何立友，2014）。这一内涵界定为我们认识“互联网 + 教育”精准扶贫提供了重要的借鉴。以此为基础，本书将“互联网 + 教育”精准扶贫界定为“运用互联网技术和大数据思维，对教育扶贫对象进行精准识别、精确帮扶、有效监控和科学评估的过程”。鉴于传统扶贫聚焦于“物力”和“输血”而成效不显，基于“互联网 + 教育”的精准扶贫应该定位为“人力”和“造血”，也就是要把教育扶贫的重心从扶“物”转移到扶“人”的“知”“智”和“志”上。可以设想，如果教育扶贫能够在扶“人”上精准发力，那么这种扶贫将不仅有助于缓解贫困地区的即时性贫困，而且将有益于化解贫困地区由贫困文化导致的延时性贫困，阻断贫困在代际间的持续传递，从而真正实现贫困地区脱贫、脱困。[②] 当然，这更多的只是理论上的，基于“互联网 + 教育”的精准扶贫效果到底如何，还有待来自贫困地区的实践检验。

事实上，自 2016 年以来，我国各地也在不断探索和推进“互联网 + 教育”的精准扶贫。例如，甘肃省已借助大数据分析技术构建教育扶贫“大数据”应用格局，对全省 88 万建档立卡贫困户子女进行清单式管理和动态监控，真正为教育贫困的精准识别、精准决策、精准执行提供科学依据。[③] 清华大学通过卫星、互联网等远程教学和面授相结合的方式，建立远程培训平台帮助贫困地区干部、老师、医生、技术人员和农民。[④] 阜阳市农村云课堂通过专递课堂的实践模式解决了教学点

① 魏忠、何立友：《大数据时代的教育革命》，《考试（理论实践）》2014 年第 4 期。

② 单耀军：《教育精准扶贫的科学内涵及实践路径》，《经济研究参考》2018 年第 10 期。

③ 封清云、郭炯、郑晓俊：《大数据支持的甘肃省教育精准扶贫科学决策研究》，《电化教育研究》2017 年第 12 期。

④ 张忠义、李森林：《清华大学远程教育扶贫实证研究》，《现代教育技术》2018 年第 2 期。

某些科目无法开课的困境，打造出以名师课堂、特色课堂等应用模式为主的优质课程资源共建共享实践模式。[①] Y 市“互联网 +”已涵盖教育领域的安全管理、招生管理、质量提升和精准扶贫等十大关键领域，Y 市教育督导现场视导系统、大数据教育质量监测平台、未成年人大数据心理健康云平台和校园餐饮“阳光厨房”App 系统已走在全国前列。[②] 这些依托大数据和互联网开展的教育帮扶举措取得了一些成效，但由于帮扶理念不够新、制度设计不够科学、保障机制不够健全，导致现有的“互联网 + 教育”扶贫举措还停留在“送教下乡”“名师课堂”“远程教育”等阶段，并未出现运用互联网技术“点对点”提升贫困地区教师能力的扶贫模式。

在此背景下，Y 市结合贫困地区的教育实际，依托全国数谷中心的优势，在全国率先建构了名师指导的“点对点”的“互联网 + 教育”精准扶贫模式。该模式以“云录播课堂”为支撑，让贫困地区的老师在自己学校就可以得到名师“3 对 1”[③] 的指导。为践行该模式，Y 市教育局运用大数据思维和互联网技术，在 S 县 GS 中学与 MZ 中学各修建了 1 间录播教室，通过“自愿报名—专业考核—专家面试”遴选出 42 名[④]受扶教师在录播教室授课。3 名帮扶专家实时收看受扶教师在录播教室上课的情况，并按国家课标的要求和中学老师的专业标准对上课老师进行针对性、个性化的指导；同时，每次课后，被指导老师需在云录播平台中上传教学感想和反思，帮扶专家针对受扶教师的教学感想和反思调整指导方案，进而形成帮扶双方的良性互动与有效循环。为保障“云录播课堂”顺利进行，Y 市教育局按照“听—评—指—馈—跟、讲—思—问—改—升”的标准化流程和“反馈—改进”的可持续发展模式制定了一系列举措，保证了帮扶对象的精准性、帮扶标准的科学化

---

① 徐红彩、刘晓东：《基于云课堂的基础教育精准扶贫路径探索——以安徽省阜阳市农村云课堂应用实践为例》，《中国电化教育》2018 年第 7 期。

② 罗海兰、刘辉：《以大数据为引领 打造公共共享智慧教育——GY 市教育系统“大数据 + 教育”工程建设综述》，《GY 日报》2018 年 5 月 26 日第 2 版。

③ 考虑到人力、物力、财力等成本因素，自 2019 年 3 月起，调整为“1 对 1”的指导。

④ 每个学校各 21 名老师，包括英语、数学、语文、物理、化学 5 科。其中，英语、语文、数学三科每科各 5 名老师，物理、化学两科每科各 3 名老师。后因怀孕、家人生病等原因，有 3 名教师中途退出。退出后，又增补了 2 名，故，全程参与的老师只有 39 名。

和帮扶工作的精细化。①

Y 市教育局在 S 县构建的“云录播课堂”，通过大数据思维和互联网平台，面向受扶教师提供直截了当的帮扶服务，能解决他们专业发展中的关键问题，形成完整、系统的互联网教育精准扶贫新模式。该模式能克服贫困地区依靠传统手段提升老师能力的弊端，通过 3 位名师对课堂的点评和帮扶，对更新和积累老师自身的知识、改进教学方法、提升教学水平、强化教学技能、转变教学理念和增进教学情感都有重要的帮助。从实际成效来看，该模式运行一年以来，受扶教师的教学理念、教学方式和教学成效都发生了巨大的变化，学生的成绩提升和行为强化也比较明显，在一定程度上实现了“扶贫先扶智”的目标。② 但是，由于依托“云录播课堂”的“互联网 + 教育”精准扶贫还处于探索阶段，可资借鉴的经验较少，哪些课程、哪些老师、哪些学生比较适合该模式，还有待进一步探索与检验。为此，本书选取被帮扶学校——S 县 MZ 中学、GS 中学的一些课程进行效果检验，尝试对以“云录播课堂”为支撑的“互联网 + 教育”精准扶贫对学生成绩提升的影响及其机理进行分析与反思。

二　大数据驱动课堂成绩有效提升的案例

本书的研究对象为 S 县 MZ 中学、GS 中学参与云录播课堂的语、数、外实验班级和未参与的对照班级。③ S 县隶属于 G 省 QN 布依族苗族自治州，总人口 25.66 万人，少数民族人口占 56%，以布依族、苗族为主，是国家级贫困县，是 G 省省会城市——Y 市教育局“结对子”帮扶的县份。2017 年 3 月，在充分调研试点的基础上，为扩大优质教育资源的辐射力、实现教育均衡发展，S 县将全县 20 多所中学合并为 4 所，合并后

---

① 鄂璠：《当“CS 县学生”遇到“GY 老师”用凌云方法破解壮“智”难题》，《小康》2018 年第 6 期。

② 具体的成效分析详见谢治菊《大数据驱动的教育精准扶贫——以 S 县智慧教育扶贫项目为例》，《湖南师范大学教育科学学报》2019 年第 1 期。

③ 之所以只选择了语文、数学、外语实验班而没有选择物理和化学，是因为物理为初中二年级开设，化学为初中三年级开设，没有 2017 年 6 月（初一下学期期末）的成绩可以对照。

的 MZ 中学排位第一、GS 中学排位第二。经过前期调研和有序的组织策划，2017 年 9 月，Y 市教育局运用“互联网 + 教育”的方法和大数据思维，在 S 县 MZ 中学、GS 中学建立了“大数据 + 教师专业发展支持系统”，帮助提高学生学业成绩、促进教师专业发展、提升课堂教学效果。该系统的功能和运作方式已在第一部分介绍，此处不赘。

本书的观察对象为 S 县 MZ 中学、GS 中学初二的部分班级。这两所学校初二共有 24 个班级，只有 8 个班级同时开展了语文、数学、外语 3 门课程的“云录播课堂”。考虑到观察对象的科学性和延续性，语文、数学、外语中只参与 1 门或 2 门“云录播课程”的班级不在我们的观察范畴。故此，抽取这 8 个同时参与语文、数学、外语的“云录播课堂”班级作为实验班，抽取 8 个同一老师教授但没有参与“云录播课堂”的班级作为对照班，进行对比研究。同时，根据实验要求，实验班和对照班人数均控制在 52—55 人之间，取每个班的前 50 名、年龄在 15—15 岁之间的学生参加实验，实验班和对照班的授课情况见表 10—1。

表 10—1　“云录播课堂”实验班和非“云录播课堂”对照班授课情况

	“云录播课堂”实验班	非“云录播课堂”对照班
上课地点	录播教室	普通教室
上课频次	一周一节	按教学计划进行
上课老师	同一语文、英语和数学老师	
备课方式	严格按照国家课标进行备课，自主设计教学和撰写教案，完成后与帮扶专家交流、沟通，根据帮扶专家的意见优化课程设计	结合课标相关要求自行备课，自行设计、撰写教案
授课方式	以学生为中心，参与式、启发式、提问式授课	以教师为中心，学生围绕老师的教学进行思考
课堂反思	结合名师指导意见，进行书面教学反思	课后自己反思，偶尔与同事交流
教学督导	每次上课后，帮扶专家都进行详细的书面点评，给上课老师打分，提出课堂改进意见，监督授课老师改进	同行和督导每学期听课 2 次，并进行相关点评，提出改进意见

数据来源：作者根据调研数据整理所得。

从上表可知，非“云录播课堂”对照班与“云录播课堂”实验班的差别不仅在于上课地点、上课频次、备课方式、授课方式、课堂反思、教学督导等表层形式方面，而在于这些形式背后的实质，即支撑两类班级的思维和理念。具体而言，非“云录播课堂”对照班是“非联结性”班级，它缺失互联网、大数据、云计算等相关信息技术平台的运用和思维的影响，其教育教学以教师为中心，忽视学生主体性参与和真实性体验表达，整体呈现出权威、内倾、封闭的特性，而“云录播课堂”实验班是“联结性”班级，它基于互联网、大数据、云计算等现代技术和媒介，并植入了互联网“求真、开放、平等、协作、分享”的精神①，其教育教学以学生为中心，重视学生主体性参与和真实性体验表达，整体呈现出“民主—平等、创造—生成、持续—开放和以人为本”的特性，这是“非云录播课堂”对照班与“云录播课堂”实验班的根本区别。

三　大数据驱动课堂成绩有效提升的过程

1. 干预时间

从 2017 年 9 月 1 日到 2018 年 6 月 30 日，语文、数学、外语同时参与“云录播课堂”教学改革的班级，每周在录播教室内上一节录播课。

2. 干预方法

首先，对“云录播课堂”实验班语文、数学、外语 3 门课程在“云录播课堂”实施前后的成绩，即实施前的初一期末平均成绩（2017 年 6 月的平均成绩）与实施后的初二期末平均成绩（2018 年 6 月的平均成绩）进行纵向比照，并做 t 检验，确定实验班在“云录播课堂”实施前后所发生的变化；其次，对“云录播课堂”实验班与非“云录播课堂”对照班语文、数学、外语三门课程初二期末平均成绩（2018 年 6 月的平均成绩）进行横向比照，并做 t 检验，确定“云录播课堂”

① 李科生、蒋志辉：《“互联网 +”支持下的“立体化教材”开发探讨》，《出版科学》2018 年第 1 期。

实验班与非“云录播课堂”对照班成绩的差异。

3. 评估方法

用S县“云录播课堂”实验班、非“云录播课堂”对照班初一和初二学期期末数学、语文和外语3门课程成绩的变化，来评估以“云录播课堂”为载体的“互联网+教育”精准扶贫对学生成绩提升的影响。

4. 调查方式

为深入了解该项目的运行效果，课题组采用问卷调查、深度访谈与参与式观察的方式，深度访谈了5名教育局工作人员、4名项目管理员、10名帮扶专家、25名参与的教师、20余名参与学生，并对全部参与的42名教师进行了问卷调查。同时，作为决策咨询专家，本书第一作者几乎参与了该项目运行的所有重大事件或重要会议，包括项目实施方案的制订、项目中期检查会、帮扶专家培训会、项目评估方案制订、被帮扶教师的阶段性检测等。除此之外，课题组还派遣1名博士研究生到Y市教育局挂职，专门跟踪该项目的运行。

5. 统计方法

运用SPSS统计软件进行数据的统计分析，并做独立样本t检验。

四 大数据驱动课堂成绩有效提升的对比①

为保证实验结果的准确度与科学性，在开始实行“云录播课堂”前，我们先对实验组和控制组的学生特征进行了分析。结果发现，实验组和控制组的学生在性别、年龄、户口构成上不存在显著差异，且由于在整个实验的过程中，没有学生转换班级，也不存在溢出效应（spillover effect），故直接对“云录播课堂”实施前后学生成绩进行对比分析，结果如表10—2、表10—3所示。

① 此部分数据均来源于CS县教育局。

表 10—2　　“云录播课堂”与非“云录播课堂”初一、初二期末成绩对比

课程	“云录播课堂”实验班与非“云录播课堂”对照班初一期末成绩比较			“云录播课堂”实验班与非“云录播课堂”对照班初二期末成绩比较		
	对照班（$n=400$）	实验班（$n=400$）	t	对照班（$n=400$）	实验班（$n=400$）	t
语文	50.03 ±18.7	50.57 ±19.4	-0.235	51.24 ±19.9	57.38 ±17.4	-5.123**
数学	49.49 ±31.6	48.51 ±30.4	0.485	48.59 ±30.7	47.56 ±25.1	0.593
英语	44.85 ±27.3	44.09 ±24.7	0.342	46.26 ±26.3	50.40 ±25.4	-2.954**

数据来源：作者根据调研数据整理所得。

表 10—3　　“云录播课堂”与非“云录播课堂”实施前后学生成绩对比

课程	“云录播课堂”实施前后成绩比较			非“云录播课堂”实施前后成绩比较		
	初一期末（$n=400$）	初二期末（$n=400$）	t	初一期末（$n=400$）	初二期末（$n=400$）	t
语文	50.57 ±19.4	57.38 ±17.4	-5.131**	50.03 ±18.7	51.24 ±19.9	-0.567
数学	48.51 ±30.4	47.56 ±25.1	0.470	49.49 ±31.6	48.59 ±30.7	0.448
英语	44.09 ±24.7	50.40 ±25.4	-3.495**	44.85 ±27.3	46.26 ±26.3	-0.773

数据来源：作者根据调研数据整理所得。

具体而言，“云录播课堂”实施前，实验班与对照班语文、数学、外语平均成绩不存在显著性差异（$P>0.05$）；实施后，实验班语文、英语两科平均成绩都显著地高于“云录播课堂”实施前（$P<0.01$），数学平均成绩没有显著差异，对照班语文、英语两科平均成绩在一年后不存在显著差异（$P>0.05$）；同时，在“云录播课堂”实施后，实验班语文、外语两科平均成绩显著高于对照班相应课程（$P<0.01$），数学平均成绩没有显著差异。

之所以成绩的提升存在科目差异，通过分析发现，是由于这三科的实验是在同一班级进行，学习氛围相似、授课对象相同、授课方式相近，故影响其效果的因素主要剩下两个：一是授课教师的个性化差异，二是不同课程的学科属性差异。对于前者，由于被帮扶教师的遴选都经过了严格的“专业笔试＋专家面试”环节，无论哪门课程，所选教师的水平和类型均相似，所以教师的个性化差异引起的成绩差异可以从逻辑上排除。对于后者，由于语文、英语课程的学习是分散点状式的，这种学习有多种开端性，学习方式也相对多元，教师的教学技能、教学理念等的改变对学生成绩的提升比专业知识的影响更大，故“云录播课堂”所实现的教师教学理念、教学技能、教学策略等的调整对此有较高的契合性。此外，作为语言类课程，语文、英语要求在教学上有更多的整体性直观感知与体验，“云录播课堂”通过互联网、大数据、云计算等技术给学习者提供了多方位、多层次、多联结的感知，迎合了语言类课程深入学习的需要。而作为符号逻辑课程，数学课程的学习是聚合树状式的，这种学习开端比较单一，学习要取得成效，一般主要靠数学专业知识的积累和精细严谨的分析、讲解、练习，对直接感知的要求相对较低，是以改善教学技能、教学理念为主的“云录播课堂”对专业知识的积累成效不明显，难以在短期内提升成绩。

五　大数据驱动课堂成绩有效提升的逻辑

美国学者刘易斯①认为，文化是一种习得和社会化的产物，处于贫困文化中的儿童自幼便受到亚文化基本态度和价值观的浸染，在进入学校之前已经深深打上自己文化的烙印，这种贫困文化通过代际传递，形成封闭的循环，从而使贫困群体无法摆脱自身的境遇。中国西部贫困地区的“文化贫困”，导致“贫困代际传递”现象比较严重，这成为当下西部精准扶贫中最大的绊脚石。就此而言，Y 市教育局开展的以“云录播课程”为支撑的“互联网＋教育”的精准扶贫具有重要的意义。实验结果表明，通过一年的帮扶，S 县 MZ 中学和 GS 中学实验班级学生的成绩显著提升，且实验班低分学生明显减少、高分学生明显增加，这说明互联网驱动的“云录播课堂”有较好的效果。当然，两所中学实验班学生语文和英语成绩能快速提升，与授课老师教学理念的更新和教学水平的提升也有密切关系。名师指导下的“云录播课堂”，通过

① Lewis, Oscar., “The Culture of Poverty”, *Scientific American*, Vol. 215, No. 4, 1996.

“互联网＋教育”的方式，突破了时间和地域的界限，让被帮扶的老师随时都能得到Y市名师的指导。其中，通过名师指导改变受扶教师的教学理念与教学方法，将课堂的主体还给学生，让所有的学生都参与到课堂中来。也即通过教师教学水平的提升来提高学生成绩，是“云录播课堂”成功的真正法宝。

1.“云录播课堂”让名师指导变得更高效

信息技术和网络技术使教育搭上了“互联网＋”的翅膀，两者的深度融合产生了新的教育生态系统，衍生出新的教育规则。[①] 无论是宏观还是微观方面，“互联网＋教育”都是改善贫困地区教育质量的重要保障。作为课堂的引导者，贫困地区老师在教学实践中存在的问题可以依托“互联网＋教育”这一平台来解决，“云录播课堂”就是这一平台的典型代表。传统环境下，Y市名师往往因自身繁重的教学和科研任务，很难有时间和精力去具体了解受扶教师的教学水平、学生的学习态度，去指导教师的教学和学生的学习，即便是送课下乡，更多的也只是在宏观方面作一种了解和指导。但借助“互联网＋教育”的“云录播课堂”，Y市名师可以随时观看S县老师的上课视频，根据课标要求和教学设计对被帮扶教师的授课进行点评，及时给被帮扶教师反馈本次课堂教学中的不足。访谈时，Y市实验二中的F老师说：

> 我一直想在教育帮扶中出自己的一份力，帮助贫困地区的老师提升教学水平、贫困地区的学生提升学业成绩。但是受时空的限制，无法对他们有实质性的帮助。而自担任云录播课堂帮扶专家以来，我常利用晚上休息时间观看当天云录播课堂的教学情况。有一次，我发现受扶教师不会使用几何软件设计几何图形。于是，我立马把自己的课堂录成视频发给受扶教师，还把自己多年收集和开发的三维立体动漫无偿地发给他，供其教学使用。[②]

① 吴永和、刘博文、马晓玲：《构筑“人工智能＋教育”的生态系统》，《远程教育杂志》2017年第9期。

② 访谈1，F，Y市实验二中老师，访谈于2018年6月4日。

F老师的做法与学者余新的观点不谋而合，他指出，组织老师培训的目的不能仅限于通过培训使在职老师在教学知识、教学技能、教学情感态度等方面得到提升与发展，更重要的是要使老师能够更好地适应教育改革与发展。[①] 在这一意义上，以“互联网+教育”平台为依托的“云录播课堂”，通过名师对贫困地区教师课堂教学的引导，实现名师对贫困地区教师课程认识和教育理念的指导，从而达成使贫困地区老师适应和发展的目的，这是一种有效和优质的教育帮扶手段。

2. “云录播课堂”让贫困地区的老师获得更便捷的学习机会

建构主义学习理论倡导以学习者为中心，强调学习者以自己原有的知识经验为基础，在外界的指导下，主动对新知识进行学习理解，积极建构属于自己的新的知识体系。但在贫困地区的基础教育实践中，受观念、资源和条件等因素的影响，要根据新课标的要求帮助贫困地区老师主动建构知识、发展能力、形成正确的情感、态度、价值观，比较困难。[②] S县属于贫困落后地区，受财政的限制，S县老师很难有机会脱产到名校去进修，他们更多的只能依靠本校老师“传帮带”和自己的独立探索来提升教学水平，而这种内部性的帮扶显然很难帮助其真正构建自己的知识体系。云录播课堂通过“互联网+教育”的形式搭建了Y市名师与S县老师的交流桥梁，帮助S县地区的老师建立起了便捷的学习反馈体系。这一点，GS中学被帮扶的W老师有深切的体会，她在访谈中提道：

> 我很少去认真解读课标和自我反思，教研组的听课和例会交流也是报喜不报忧，上课基本上是根据自己的思路数十年如一日，几乎不考虑学生已有的知识基础，导致课堂气氛枯燥沉闷。专家指导“云录播课堂”后，我深刻意识到自己教学中的问题，下决心要在Y市名师的指导下改变、提升自己的教学理念和教学策略。[③]

---

① 余新：《有效老师培训的七个关键环节——以“国培计划—培训者研修项目”培训管理者研修班为例》，《教育研究》2010年第2期。

② 谢君君：《教育扶贫研究述评》，《复旦教育论坛》2012年第3期。

③ 访谈2，W，GS中学老师，访谈于2018年5月23日。

其实，不少参与的老师也纷纷直言，自参加“云录播课堂”以来，自己的上课态度和学生的上课表现发生了很大的改变，以前将上课当作一种任务，下课就算完成了任务，现在将老师作为自己终身的职业，全身心地投入；以前课堂中遇到捣蛋的学生总想把学生边缘化，现在觉得每个学生都是课堂的主体，学生有学好知识的能力，上课的过程中需要积极地去挖掘学生的潜能。可见，通过“云录播课堂”，通过名师指导和与名师交流，S 县被帮扶教师拥有了更为便捷的学习机会，开始了与之前不同的深度的自我反思和观念重建。

3. “云录播课堂”让学生变成了课堂的主体

认知学习理论认为学习材料的呈现应适合于学习者的认知发展水平，按照由简到繁的原则来组织教学内容，学生应积极参与到课堂的互动中来①（王济军、张俊霞，2005）。但在贫困地区传统的教学课堂中，受知识面局限，教师很难基于学生的认知结构组织教学设计。为了保证课堂中能顺利地完成教学任务，老师一般是根据教学大纲而不是学生的需求组织课堂，根据既定的教案和课件而不是学生的知识基础呈现知识信息，由此导致学生被动地接受知识。老师传递知识和学生被动接受知识构成了课堂不对称的信息流②（欧继花、刘湘萍，2017）。以“云录播课堂”为载体的“互联网＋教育”精准扶贫让学生成为课堂的主体，让学生主动参与到课堂的讨论与交流中来。在“云录播课堂”初期，S 县老师对于将课堂交给学生有些疑虑。通过与 Y 市名师的沟通，老师们都积极地调整自己的教学理念，调动每个学生的主动性，让每个学生都参与到课堂中来。访谈时李同学谈道：

> 以前外语老师上课只是一味地讲知识点，并让我们反复练习书本中的习题，上课一点趣味也没有，上外语简直就是一种负担，但云录播课堂后，老师会结合他们感兴趣的话题谈谈英语的趣事，播放生动的视频以增强他们的记忆，以前班上那些成绩差、沉默、调

① 王济军、张俊霞：《认知心理学的基础理论对 ICAI 课件设计的指导》，《教学研究》2005 年第 3 期。

② 欧继花、刘湘萍：《论移动智能终端冲击下高校课堂的信息流博弈及教师对策》，《楚雄师范学院学报》2017 年第 11 期。

皮捣蛋的同学，现在上课都能主动发言，积极参与课堂。[①]

可见，在"云录播课堂"里，学生真正成为学习的主体，积极主动参与课堂。学生成为课堂的主体，一方面是互联网时代的必然要求。众所周知，随着互联网时代的到来，传统的封闭的课堂空间被打破，老师不再是权威的唯一的"信息供给方"，学习者可以通过开放性的网络获得知识和丰富资源。[②] 学生的"学"变得多样化、开放化与弹性化。[③] 这使学生不再是传统视阈中知识信息的被动接受者，而是知识信息的主动获取者和意义建构者。另一方面，也是以"云录播课堂"为载体的"互联网+教育"精准扶贫实践的结晶。名师指导的"云录播课堂"，受扶教师将课堂的主体还给学生，这极大地激发了学生学习的热情和主动性，以至于实施"云录播课堂"前后，实验班的成绩状况竟有了显著的变化："云录播课堂"授课前，实验班语文科平均成绩为50.57分，英语科平均成绩为44.09分；"云录播课堂"授课后，实验班语文科平均成绩提升为57.38分，英语科平均成绩提升为50.40分。这更加坚定了应该把课堂的主体还给学生的认识。

六　大数据驱动课堂成绩有效提升的推广

要全面推广以"云录播课堂"为载体的"互联网+教育"精准扶贫，还有些现实问题，如课堂的有效性、适用性等问题需要解决。从目前"云录播课堂"实施的情况来看，该课堂仍然存在一些传统课堂中"老师讲、学生听，老师做、学生看"的教学行为，仍然存在部分学生课后埋头于题海之内、缺乏思考与探究的现象，这将会大大降低"云录播课堂"的成效。如何利用飞速发展的互联网技术和大数据资源来解决基础教育中所面临的这一困境，一种可行的思路是强化"互联网"的功能，整合当前的大数据资源，参考其他领域"互联网+"的经验，

① 访谈3，L同学，GS中学学生，访谈于2018年9月7日。

② 崔志钰：《走向多元共治："互联网+课堂"的教学变革》，《中小学管理》2016年第7期。

③ 王运武：《教育信息化发展需转型》，《中国电化教育》2009年第2期。

设计一套符合贫困地区基础学科特点的教育扶贫模式加以推广。

可以想见，贫困地区实行“互联网+教育”精准扶贫，是精准扶贫工作中的一项创举，体现了“要转变传统教育扶贫观念，以制度和法律的形式保障教育扶贫走向精准化，变救济式教育扶贫为开发式教育扶贫，提高贫困人口劳动素质，精准定位扶贫的对象”这一核心指导理念①（魏向赤，1997）。作为“互联网+教育”精准扶贫的有效平台，“云录播课堂”有望贡献其力量，但由于目前还处于实验的初级阶段，其效果也更多表现在语文、外语等人文学科方面，因此有必要进一步扩大实验科目范围，总结其经验、归纳其问题、深化其效果，以便在贫困地区全面推广。

1. 推广的基础是被帮扶教师有扎实的专业知识

结构主义贫困论认为贫困学生需要更多的学习资源和更高水平的老师，但是贫困学生就读的学校缺乏充足的优势教育资源，教育资源的匮乏限制了贫困学生的学习机会，从而使贫困学生遭遇家庭贫困和学校贫困效应的“双重叠加”（Ludwig，Ladd & Duncan，2001）。“互联网+教育”精准扶贫对提升贫困地区的师资水平有明显的帮助。但是，对于数学和物理等理工类专业来说，很多西部地区的老师差的不是教学技能，而是专业知识。专业知识不扎实，再好的教学技能也是空中楼阁。例如，在初中的物理教学中，如果老师连波段曲线与函数的关系都不是十分清楚，要讲好力学的课是很困难的。访谈时，GS 中学 X 老师也谈到此类问题。他指出，他只有中专毕业，工作以后拿到了函授物理专业大专文凭，现在从事初中物理教学，但是由于对高等数学等相关知识缺乏足够的了解，导致一些物理学知识讲不透，而现在的教材变化很快，自己上课的过程中感觉到很吃力。这样的情况下，“云录播课堂”实施的效果就会很有限。因为，一方面，贫困地区一些数学和物理老师不是科班出身，他们急需提升的不是教学技能与教学策略，而是专业知识，这在目前的“云录播课堂”中是难以实现的；另一方面，“云录播课堂”的顺利实施，前提条件是老师专业基础知识扎实。如果专业知识不扎实，名师对教学技能及教学理念、教学策略方面的指导就无稳固的

① 魏向赤：《关于教育扶贫若干问题的思考》，《教育研究》1997 年第 9 期。

停靠点。所以，推广“云录播课堂”不能搞一刀切，而要基于贫困地区师资实际情况和特点。

2. 推广的关键是被帮扶教师观念的改变

关系主义的视角认为教育扶贫政策不仅要改变贫困学生的个体特征和不合理的教育结构，而且要改变他人对于贫困学生的态度和期望，防止“污名化”给贫困学生带来的自我贬损和自我锁定，打破贫困自我循环的链条。改变贫困学生的态度和期望首先要改变老师的观念。“云录播课堂”关键是通过Y市名师的指导让老师改变教育观念。由于“云录播课堂”的备课和教学方式不同，老师需要花大量的时间备课以便与Y市名师进行交流。很多十几年以上教龄的老师缺乏职业认同和职业生涯规划，惰性让他们不想去改变自己的教学方法。访谈中L老教师就说道：

> 我教学几十年，也没有多大的上升空间了，现在的教学效果也过得去，何况自己年龄也大了，改变自己多年的教学方法也很难，而且也不愿意像现在的年轻人那样去请教他人。①

由此可见，“云录播课堂”实施并取得成效的关键在于通过它改变教师的观念，而改变教师的观念除了宣传并引导教师学习先进的教育理念外，还应该建立一种科学的激励和考核机制，对参与云录播课堂的老师进行科学评价和有效激励。

3. 推广的保障是学校要对硬件进行及时更新

西部地区教育扶贫是现实需要，也是少数民族群众素质提升的必然诉求，但西部地区有自身特点和现实问题，要探索资金、政策等更为精准化的帮扶。② 资金不足是西部地区教育扶贫工作的障碍之一，由此带来贫困地区学校硬件设施的匮乏。这次调查的GS中学，起初才给每个年级的老师配一台电脑，且网速较慢，以致上班时受扶教师无法及时与

① 访谈4，L，MZ中学老师，访谈于2018年6月4日。

② 孙华：《关于我国西部地区教育扶贫攻坚的梯度思考》，《黑龙江民族丛刊》2013年第3期。

Y 市的名师进行有效沟通。后经协商，学校给每位参加“云录播课堂”的老师都配备了一台笔记本电脑。尽管如此，受网速的影响，上班期间与帮扶专家的沟通并不太顺畅。正如访谈中 M 老师所提：

> 我们学校条件不足，通常几个老师要排队轮流使用学校的电脑传资料。我们家自己的条件也有限，没有宽带。为了和 Y 的名师随时保持联系，我特意购置了一个流量包，以便与 Y 市名师随时交流。①

这说明，要想在贫困地区有效推广以“云录播课堂”为载体的“互联网 + 教育”精准扶贫模式，应拨出专项资金，对贫困地区学校的网络进行升级和改造，给被帮扶学校建立网速畅通的录播教室。同时，要派出专人对设备进行适时维护，以保证网络与设备的正常运行。

简言之，作为贫困地区“互联网 + 教育”精准扶贫的有效载体和平台，“云录播课堂”已在语文、英语等人文类课程领域初步显现出良好的效应，既确保贫困地区借助互联网、大数据、云计算等现代信息技术和媒介享受到先进地区优质的教育资源，提升了贫困地区教师的教学技能和教学水平，推动了贫困地区教师教学思维、教学理念的转变，极大地改善了学生的学习状态，使学生从被动旁观走向主动参与，增强了学习的自主性和可持续性。这为进一步推广“云录播课堂”积累了经验。但是，目前“云录播课堂”尚处于初步实施阶段，实验成效主要体现在语文、英语等人文类课程领域，实验学校也主要在贫困地区较好的中学，这导致目前所积累的“云录播课堂”经验缺乏普遍性和可推广性。此外，“云录播课堂”实施并取得成效是有条件的，这些条件包括：一是“云录播课堂”系统本身较为完善，能较好满足贫困地区学校、教师的需要；二是贫困地区教师专业知识扎实，有意愿、有能力参与“云录播课堂”；三是贫困地区学校具备开展“云录播课堂”的基本硬件，并有较为充分的经费保障学校硬件的适时更新。这三个方面若不能同时满足，“云录播课堂”的推广就比较困难。基于此，在贫困地区

① 访谈 5，M，GS 中学老师，访谈于 2018 年 5 月 23 日。

实施以“云录播课堂”为载体的“互联网+教育”精准扶贫，就应继续做好以下几方面的工作：一是以贫困地区广泛而充分的实证调查为依据，进一步完善“云录播课堂”平台，确保“云录播课堂”能更好地契合贫困地区学校、教师、学生的需要；二是有计划、有步骤地提升“云录播课堂”的适用成效，扩大适用学校的范围，进一步总结和提炼“云录播课堂”实施的经验；三是社会组织或团体，特别是国家政府部门要适当增加用于信息技术领域的教育经费投入，逐步改善学校办学硬件，为以“云录播课堂”为载体的“互联网+教育”精准扶贫提供基本的保障条件。

第四部分

面向乡村振兴的教育帮扶之路径优化

第十一章　教育扶贫现状调查

2015 年 12 月，中共中央、国务院出台了《中共中央国务院关于打赢脱贫攻坚战的决定》，在这份文件中，教育扶贫被赋予了“阻断贫困代际传递”的使命，其实现路径被描述为“让贫困家庭子女都能接受公平有质量的教育”。2018 年 2 月，教育部、国务院扶贫办发布了《深度贫困地区教育脱贫攻坚实施方案（2018—2020 年）》（教发〔2018〕1 号），其目的在于保障各教育阶段建档立卡学生从入学到毕业的全部资助，保障贫困家庭孩子都可以上学，不让一个学生因家庭经济困难而失学。围绕以上教育扶贫目标，党中央、国务院及教育部等部门先后发布了《建立建档立卡贫困教育人口信息比对工作协调机制的实施方案》《关于进一步加强义务教育控辍保学提高巩固水平的通知》《高中阶段教育普及攻坚计划（2017—2020 年）》《关于进一步加强东西部扶贫协作工作的指导意见》等一系列政策文件，这进一步凸显出教育在阻断贫困代际传递中的重要作用。正因为如此，调查教育扶贫存在的问题并有针对性地解决，是提升上述政策实施效果的必要环节。

关于教育精准扶贫存在的问题，我们的调查显示，有超过 1/3 被调查者选择的答案是“经费投入短缺”“社会支持系统不足”“教育理念有偏差”“部门衔接不到位”，分别占 41.41%、37.07%、36.39%、34.61%，详见图 11—1 所示。为此，我们以实证调查的数据为基础，结合访谈、座谈和观察发现的问题以及二手资料反映的问题，将大数据应用于教育精准扶贫的困境分为以下 6 个方面。

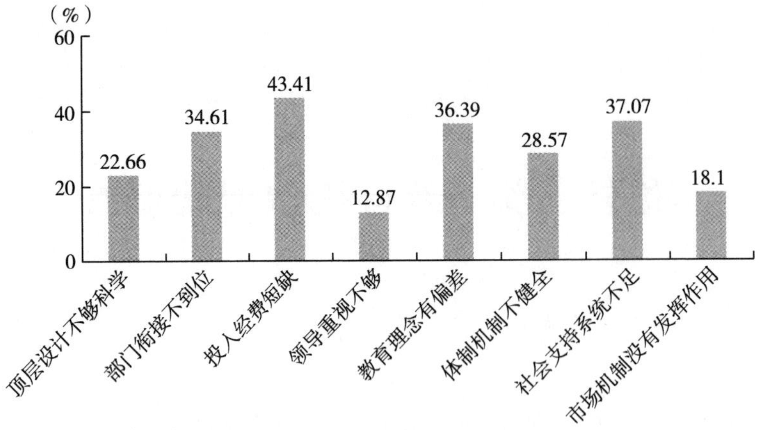

图 11—1　教育扶贫存在的问题

一　制度不健全，顶层设计待优化

教育是基础民生问题，教育扶贫更是脱贫攻坚工程中的首要和关键性任务。顶层设计能够构建宏观架构，明确核心方向，顶层设计的完备与可行程度决定着政策落实的成效，因此教育扶贫的政策设计十分关键。教育扶贫政策是典型的顶层设计，既承担起国家责任，又行使着国家权力，是国家意志和顶层设计的体现，在教育扶贫进程中扮演着指挥者和管理者的角色，制约着我国教育扶贫的路径和方向，故教育扶贫政策必须立足现实、回应需求、指导实践，形成可持续发展的扶贫长效机制。然而，目前大数据驱动的教育扶贫政策存在着内容不完善、衔接缺乏、对象重合、目标有偏差等问题。

1. 政策内容不完善，地方特色不够

2016 年年底教育部等六部门联合印发的《教育脱贫攻坚“十三五”规划》是教育扶贫的纲领性文件，文件指出教育扶贫政策涵盖义务教育普及、学生教育资助体系、教育基础设施建设、教师教学能力提升、职业教育发展、高等教育惠民等内容，指出教育扶贫应在“普惠型”政策的基础上扩大“补缺型”政策的支持力度，逐步改变“大水漫灌”的帮扶方式。教育政策类型的转变，填补上了教育政策的缺漏，构建了新的教育扶贫政策体系，但仍较多地停留在宏观层面，缺乏具体详细的政策举措，因此，在政策执行过程中容易产生偏差，也难以达成政策目标。例如，有些政策内容比较笼统，容易造成目标模糊、执行阻滞。在缺乏具体化的政策指引下，基层部门只能在实践中不断摸索，以探寻可行化的政策执行路径，这不仅会耗费大量的人力、物力、财力，还会带来效率低下。虽然G省推出了“大数据＋教育”的创新组合拳，但究竟大数据应运用教育扶贫中的哪些领域才能最大化发挥效用？仍需等待进一步的检验。同时，有些政策设计难以契合实际需求，缺乏地方特色，照搬其他地方的政策时而有之。而各地区之间社会环境条件差异巨大，每个地区的教育实际状况不同，教育脱贫过程中的重难点也各有区别，西部地区、边境地区和特困群体贫困程度更深，减贫难度更大，新的贫困人口不断出现，因此，每个地区的教育扶贫政策需要保持一定的弹性，保障教育扶贫的开展。

2. 政策衔接不足，系统性缺乏

教育精准扶贫是一项具有高度社会依赖性和制约性的工程，目前我国教育扶贫的主体思路是通过政策体系来带动机制建设，形成政策引导、机制建立、平台搭建等多元化、多路径的长效机制。因此，多方主体参与、成效显现缓慢的教育扶贫必然依赖于内容全面、衔接顺畅的政策体系。然而，当前我国的教育扶贫政策缺乏衔接，呈现出政策碎片化、政策体系断层的局面，未形成高效的扶贫合力。政策衔接不足，政策体系不完善，致使扶贫力量未有效凝聚，在政策实施过程中不能精准化发力，教育本身所蕴含的扶贫功能和价值尚未被有效激活，影响扶贫效果。

3. 政策内容重合，缺乏统筹规划

当多项政策在同一领域发挥作用，若缺乏统筹规划，就会造成政策重叠，彼此间相互干扰，以致政策执行会产生冲突，引发额外的衍生问题。例如，2013年7月颁布的《关于实施教育扶贫工程的意见》拉开了教育扶贫的新序幕，自此国家层面在2013年、2014年各颁布了3项教育扶贫政策，2015年、2017年各颁布了6项政策，2016年、2018年各颁布了9项政策，根据不同的目标群体，将2015—2018年间颁布的教育扶贫政策分类划分得知，关于教师队伍的帮扶政策有4项，而

《乡村教师支持计划（2015—2020 年）》中所提到的“全面提升乡村教师能力素质”等内容与《教师教育振兴行动计划（2018—2022 年）》“教师培养层次提升行动、乡村教师素质提高行动、教师教育师资队伍优化行动”等政策内容高度重复。两项政策的政策对象与政策目标基本一致，这会造成政策资源的浪费。政策重合是导致扶贫工作阻滞的原因之一，因为这意味着教育扶贫资源会多头筹集、多头管理、分散投入，意味着教育扶贫管理的碎片化。

4. 政策目标有偏差，多关注于效率而非公平

教育扶贫的理论逻辑在于提高贫困地区的教育水平，发挥教育内在的扶贫功能和价值，从而提升贫困群体自身能力，斩断贫困代际传递。[①] 因此，教育精准扶贫政策的目标应立足于弥补贫困地区的教育短板，全面提高贫困地区的教育质量，切实提高特定贫困人口的知识和能力，提供精准化、精细化和个性化帮扶，体现的是公平导向。但是，现在的教育扶贫政策过多关注数量问题，强调升学率和入学率，追求“效率”而忽视了“效益”。因此，目前教育扶贫政策的目标不能在停留在追求“数量”的普及，而要强化“质量”的提升，逐渐转变普惠型教育扶贫政策为补缺型教育扶贫政策。例如，推行的“控辍保学”举措虽用刚硬的手段确保了贫困地区的基础教育入学率，但是部分辍学后再次返学的学生，由于内心上存在着对学习的厌恶与抵触之情，此类做法虽使他们重新返回到学校，但是他们依旧不愿习得知识，无法获取教育提升自身能力的功效，使教育扶贫的功效大打折扣，且浪费了一些扶贫资源。同时，在“效率”价值逻辑的引导下，有关基础教育普及化的扶贫政策更多关注于学生的学科知识和文化素养培养，却少有涉及学生心理健康素质的引导与帮扶。贫困地区学生多为留守儿童，由祖父母隔代抚养，因其社会环境的封闭性和思想观念的落后性，长此以往，因缺乏足够的关爱与呵护，青少年的心理健康问题也逐渐增多。心理健康对个体的发展具有长远性的影响，贫困地区的学生因在其学习发展过程中没有正确的情绪疏导和心理健康服务，导致没有形成健康的心理状

① 谢治菊：《大数据驱动下的教育精准扶贫——以 CS 县智慧教育扶贫项目为例》，《湖南师范大学教育科学学报》2019 年第 1 期。

态，在学习生活中容易偏离正确的价值观念轨道。因此青少年的心理健康问题是教育扶贫工作中不可忽视的“贫困点”，而现已有政策中很少有关注于贫困地区青少年的心理健康帮助，在教育部、国务院扶贫办颁布的《深度贫困地区教育脱贫攻坚实施方案（2018—2020 年）》也并未出现关于贫困地区学生心理健康帮扶的有关条项。因此，教育扶贫的政策目标在解决因贫失学和因学致贫的问题时，更要在此基础上促进贫困学生的身心健康发展。

5. 受益对象错位，教师成为一线扶贫干部

目前，我国的脱贫攻坚工作实行的是“政府主导、多方参与”的超常规社会动员扶贫机制，广泛地实行了“双组长”制，在脱贫攻坚上已经没有明确的党政分工，各自都深度卷入了扶贫开发事业。通过党政机关的定点帮扶，汇聚了党政机关、事业单位、非政府组织力量，实行了“单位包村、干部包户”的结对子帮扶方式，采取了针对致贫原因分类施策的帮扶方式，实现了“一对一”的帮扶手段，这种直接面向贫困户的帮扶力量，多以社会能人、优秀精英、单位骨干为主，这就出现有些地方直接将一线教师作为主要的扶贫力量，下乡进村、包保贫困户。访谈时，A 市某镇 MZ 中学 Z 校长①指出：“从 2017 年 3 月起，我们的教师开始包保贫困户，我们学校 50 多个老师，除去怀孕的、年龄大的、生病的，有 25 个有包保任务，基本上是一人一户，而且老师包保的贫困户子女还不在本校读书。”其实，Z 校长反映的问题不是个别现象，而是在 G 省普遍存在。我们调查的 1624 份问卷显示，65.49% 的被调查者有下乡扶贫的经历，如表 11—1 所示，但有 65.21% 的被调查者不赞同此政策设计，如表 11—2 所示，说明即便没有下乡扶贫的老师，也是不赞同此做法的。因为，在他们看来，尽管教师对贫困户的帮扶“更有利于贫困户思想的转变”和“贫困户子女的教育”，分别占 67.88% 和 85.87%，如表 11—3 所示，但由此带来的负面影响很明显，那就是会“增加教师负担”“耽误教学进度”“影响教学秩序”，分别有 81.79%、69.32%、61.65% 的人选择，如表 11—4 所示。

---

① 男，41 岁，布依族，党员，本科学历，民族中学校长，访谈于 2018 年 3 月 22 日。

表 11—1　　教师下乡扶贫经历

选项	小计	比例
没有	1049	64.59%
有	575	35.41%
本题有效填写人次	1624	

数据来源：作者根据调查问卷整理而得。

表 11—2　　如何看待教师下乡扶贫事件

选项	小计	比例
不赞成	1059	65.21%
赞成	565	34.79%
本题有效填写人次	1624	

数据来源：作者根据调查问卷整理而得。

表 11—3　　教师下乡扶贫优势

选项	小计	比例
更有利于贫困户思想的转变	706	67.88%
更有利于贫困户技能的培训	346	33.27%
更有利于贫困户子女的教育	893	85.87%
更有利于贫困户内生动力的激发	371	35.67%
更有利于贫困户脱贫效果的提升	354	34.04%
本题有效填写人次	1040	

数据来源：作者根据调查问卷整理而得。

表 11—4　　教师下乡扶贫影响

选项	小计	比例
扰乱教学秩序	667	61.65%
增加教师负担	885	81.79%
浪费扶贫资源	203	18.76%
耽误学生课程	721	66.64%
妨碍教师家庭	264	24.4%
影响课程教学	750	69.32%
本题有效填写人次	1082	

数据来源：作者根据调查问卷整理而得。

这些危害，Z 校长也谈到了，他说：“我们中学老师的工作量大，每周有 14—16 节不等的课程，有些还要当班主任，他们当一线扶贫干部之后，每当政府召集开精准扶贫会，老师们都丢下课去开会，严重影响教学秩序。不仅如此，老师和政府公务员一样下去包保贫困户，年终的时候公务员领的是 3 万元左右的年终奖，老师只领了 2000—3000 元，同工不同酬，这也大大挫伤了老师们的积极性，所以一些老师更愿意到乡政府做专职的扶贫干部。”当然，为何会让老师包保贫困户？分别有 51.85%、51.72%、38.05%、25.37% 的被调查者认为是扶贫人员短缺、扶贫以现有需求、对教育重视程度不够和政策设计有偏差，如图 11—2所示。尽管并不是主流意见，但这些数据还是显示，政策设计有偏差是“教师作为一线扶贫干部下乡扶贫”的主要原因之一。

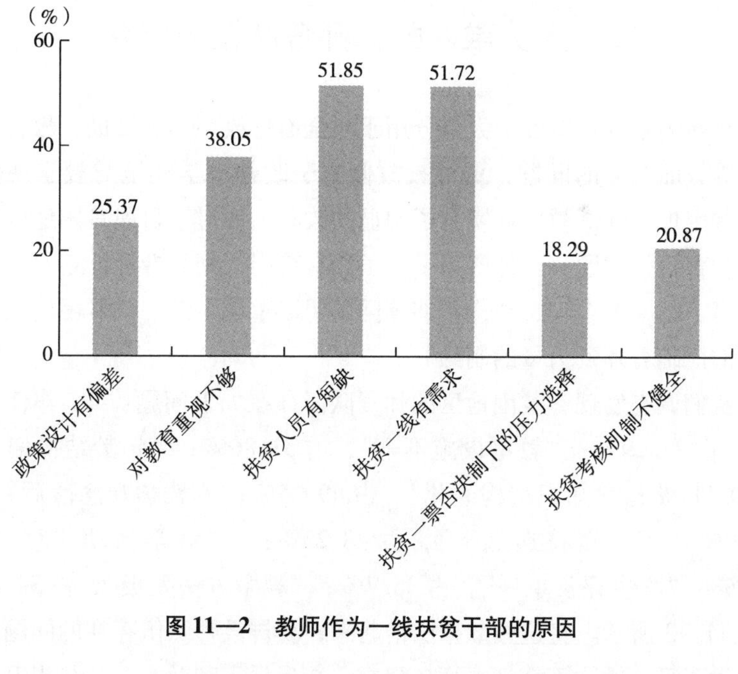

图 11—2　教师作为一线扶贫干部的原因

事实上，这些教师到一线扶贫后，效果并不是很理想，截至 2019 年 12 月 25 日为止，仍有 34.36%，如表 11—5 所示的被调查者表示，他们包保的贫困户仍未脱贫，这一比例大大高于 G 省未脱贫的比例。因为 G 省在 2019 年 12 月 30 日宣布，已经提前一年完成了扶贫任务，实现了扶贫目标，贫困发生率已从 2014 年的 26.8% 下降为 2019 年的 4.3%。这些数据说明，在实施的过程中，部分地区的教育扶贫政策设计有偏差，让部分理应被帮扶的贫困地区教师到一线当扶贫干部，这不仅本末倒置，颠倒了扶贫的主客体关系，还影响了正常的教学秩序，加重了一线教师负担，应引起高度的重视。

表 11—5　　　　教师下乡扶贫成效

选项	小计	比例
没有	279	34.36%
有	533	65.64%
本题有效填写人次	812	

数据来源：作者根据调查问卷整理而得。

二　人员难匹配，师资队伍应强化

目前的教育扶贫资金大部分用于与全面薄改、学生资助、教育补助方面等方面有关的问题，资源投放侧重于改善教学环境与教学硬件设施，贫困地区外部教育环境有了明显的改善。而对于目前贫困地区最突出的教育短板问题——师资力量，虽然有特岗计划和专项计划对教师能力不足、结构不合理、数量不够等问题予以重视，但一些贫困地区的学校依旧面临着师资力量的制约。

我们调查发现，贫困地区的师资队伍存在如下问题：“工作任务繁重”，占 77.29%；“教室设施不全”，占 51.86%；“年龄结构偏大”，占 50.111%；“知识结构老化”，占 49.24%；“教学观念落后”，占 48.69%；“工资待遇低下”，占 48.25%；“教学活动狭窄”，占 41.7%；“学生评价单一”，占 35.7%；“教学方法死板”，占 32.4%，如图 11—3 所示。将这些数据归纳起来，乡村教师队伍存在的问题主要是数量不足、结构不合理、任务繁重、待遇低下和教学方法待提升。访谈时，某县教育局工作人员 X 某某①指出：“据不完全统计，我们这边

① 男，苗族，43 岁，本科学历，群众，县教育局电教站站长，访谈于 2019 年 5 月 30 日。

很多工作量都是超编、超岗的。可以说，咱们县的各个中学小学都存在缺老师的现象，因为我们这边存在的困难是教学点比较多，分散的教学点多，但是由于异地扶贫搬迁，现在的发展趋势是村上的老百姓又出来了，所以教师不足问题普遍存在。”不仅如此，教师老龄化的问题也导致其在教学能力上落后于年轻教师。这一点，X某某也有类似的感受，他说：“我觉得目前教师老龄化情况也比较严重，尤其是到村点校，都是年龄比较大的老师。我也问过其他县，周边的县村点没有我们多。这个问题不知道该怎么解决，如果真正解决的话要从很多方面入手，比如教育、交通、政府政策等。”可见，师资力量不足且结构不均衡是贫困地区教育质量落后的一个重要因素，目前实行的东西部教育扶贫协作，以“组团式”教育帮扶的方式，逐步在解决此问题。但是，这种对口帮扶、换职挂岗的计划，只能短期内改善师资队伍的问题，贫困地区的师资队伍问题，还是需要长效机制。

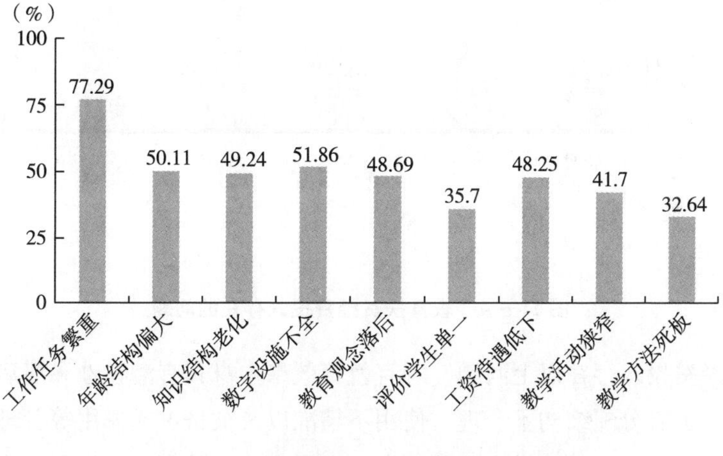

图11—3 贫困地区师资队伍存在的问题

三 运行有难度，经费投入该增加

教育扶贫需要长期性的财政和资源投入。据悉，2018年，全国教育经费总投入为46143.00亿元，同比增长8.41%。其中，国家财政性教育经费为36995.77亿元，占国内生产总值比例为4.11%，其中，义务教育在全国教育经费总投入中的比例接近一半。2018年5月23日召开的国务院常务会议明确提出，2018—2020 年，中央财政新增安排 70 亿元，重点支持“三区三州”教育脱贫攻坚；2018 年 11 月，财政部、教育部联合印发了《关于进一步加强财政投入管理深入推进“三区三州”教育脱贫攻坚的指导意见》，该意见以保障义务教育为核心，全面落实教育扶贫政策，一般性转移支付、专项转移支付资金不断向贫困地区倾斜，力图补齐贫困地区的教育短板，促进教育均衡发展。尽管如此，在财政资源的分配和使用上，仍然存在数量上的不足。我们的调查也显示，51.5%的被调查者认为“成效不明显”，46.3%认为“投入不足”，40.79%认为“使用不精准”，41.57%认为“结构不合理”，26.14%认为“被挤占或挪用”，如图 11—4 所示。

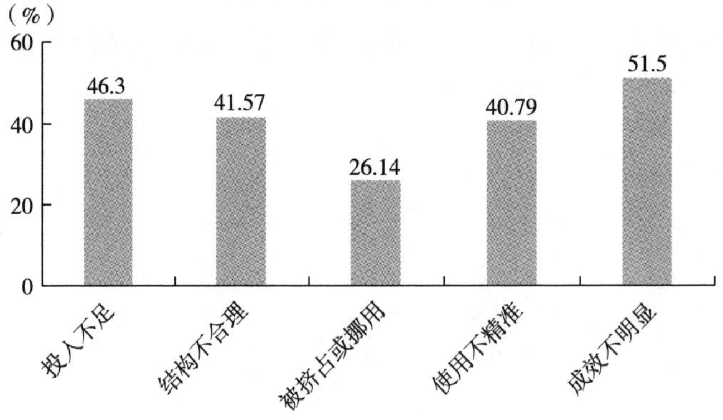

图 11—4　教育扶贫经费投入存在的问题

经费投入存在以上问题，既有教育效果本身具有潜在性和滞后性等特点，也有分配结构不合理、使用不精准以及被挤占或挪用等管理方面的问题。就教育经费投入不足而言，主要与我国教育经费有限、来源渠道少、分配不均衡有关。我国是一个农业人口比重很大的国家，当前，物质条件、师资力量、教学质量存在着较为严重的城乡差别、校际差别和地区差别。与其将有限的教育经费撒遍农村，不如重点发展经济发达地区学校和扶持深度贫困地区学校，同时发挥经济发达地区学校的辐射、带动作用。[①] 长期以来，我国加强对深度贫困地区教育经费等投

① 范国睿：《教育生态学》，人民教育出版社 2010 年版，第 184—185 页。

入，首要目标在于解决“上学难”，保障“有学上”。西部等经济欠发达地区虽然已基本实现“上学难”到“有学上”的转变，但是要满足学生“上好学”，享受优质教育资源的要求，让每一个人都能公平地受到良好教育，仍然存在较大的差距。①

四　过程待优化，执行环节有偏差

教育扶贫主要由投入、识别、监管、帮扶、考核及问责等环节组成，投入环节的问题前面已经分析过了，此处不赘。这里重点考察教育精准扶贫中的识别、监管、帮扶、考核及问责环节存在的问题。调查显示，整体而言，63.3%的被调查者认为，政策执行中的“帮扶机制”需要改善，48.42%认为需要改善“监管机制”，43.73%认为需要改善“考核机制”，还有部分被调查者认为需要改善“问责机制”（35.88%）和“识别机制”（28.85%），如图11—5所示。下面就对这五个环节存在的问题一一分析。

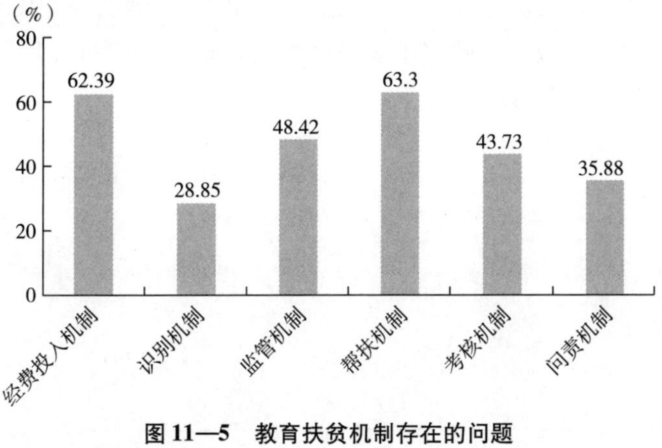

图11—5　教育扶贫机制存在的问题

1. 识别环节存在的问题

在教育扶贫识别方面，56.73%的被调查者认为“识别方法不够科学”，56.08%的被调查者认为“识别对象不够精准”，51.38%的被调

① 石玉昌：《西部地区教育公平70年：“要上学”与“上好学”》，《西南大学学报》（社会科学版）2019年第5期。

查者认为“识别理念比较落后”，38.57%的被调查者认为“识别结果有些偏差”。

教育扶贫识别机制存在的以上问题具有相关性，其中，“识别理念比较落后”“识别方法不够科学”是导致“识别对象不够精准”“识别结果有些偏差”的重要原因。就“识别理念比较落后”的原因而言，往往与政策执行人对教育扶贫目标的认识和理解不深入有关。深度贫困地区教育扶贫中存在的问题，其背后的深层原因在于学生的神经认知、心理认知、语言认知、思维认知、文化认知水平发展滞后。① 加强教育扶贫，是让贫困家庭子女都能接受公平有质量的教育，阻断贫困代际传递的重要途径。教师既是先进教学技能和专业知识的接受者，也是教育扶贫中与学生接触最多、关系最紧密的人，发挥阻断贫困代际传递的作用。因此，既要对教学技能和专业知识不足的教师进行帮扶，也要对因贫困无法参与学习，或因贫困导致神经认知、心理认知、语言认知、思维认知、文化认知水平发展不足的学生进行帮扶。调研数据分析结果显示，63.3%被访问人员认为教育扶贫最大成效是促进学生进步，有36.7%被访问人员认为转变办学理念、推动学校发展及提升教师技能是教育扶贫最大成效，反映出不少教师将教育扶贫的“过程目标”作为“结果目标”，如图11—6所示。

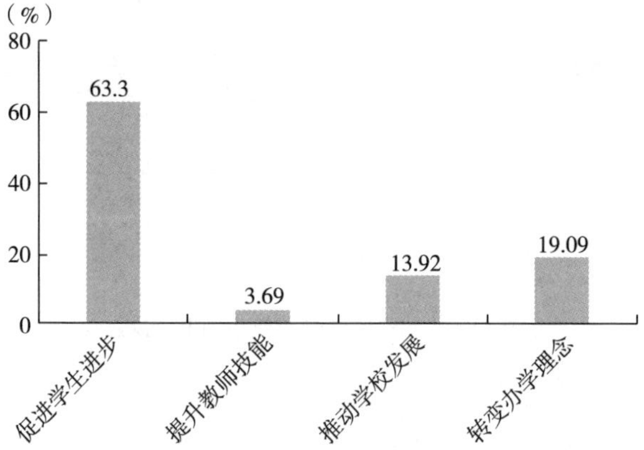

图11—6　教育扶贫最大的成效

① 谢治菊：《教育五层级阻断贫困代际传递：理论建构、中国实践与政策设计》，《湖南师范大学教育科学学报》2020年第1期。

2. 监管环节存在的问题

教育扶贫的实际成效取决于政策执行过程，然而政策的选择性执行和外延式执行是目前在教育扶贫过程中较突出的问题，由于缺乏完善的政策监督和反馈机制，执行主体没有法制化的行为规制，政策执行易受执行人员主观因素和价值观念的影响，政策偏离正确轨道。不同主体的职责权限没有明确界定，无法对教育扶贫违规行为进行精准追溯责任组织及其负责人的责任。同时，在实际中发现的政策问题也缺乏合适的渠道进行反馈，在此情况下，政策执行过程中存在的问题无法进行修正，甚至在政策循环执行中被不断固化。而随着教育扶贫的精准性推进，也必然需要完善的政策监督和反馈机制，让教育决策机制和教育行政体系更加透明化。

如图 11—7 所示，在回答“教育扶贫监管存在哪些问题?”时，67%的被调查者认为“监管主体较单一”，43.9%的被调查者认为“监管手段较落后”，30.54%的被调查者认为“监管过程较封闭”，23.34%的被调查者认为“监管结果不公开”。具体而言，41.28%认为“对教育资助监管不到位”，36.68%认为“教育资助发放不及时”。在问到“教育扶贫政策执行存在哪些问题”时，认为“监管不力”（29.06%）“参与缺乏”（23.02%）“资金被挪用”（10.07%）。教育扶贫监管机制存在的以上主要问题，一是与地方政府、教育管理等各部门的管理理念和协同管理效率较低有关；二是教育扶贫的间接性和成效难以客观评估有关。资源要素理论认为贫困是不能对生产要素有效利用的结果。[①] 教育扶贫通过提高人力资源素质，帮助其实现脱贫。贫困文化理论认为，贫困群体与环境相适应过程中产生会产生听天由命、怀疑主流社会价值体系的文化和习惯。[②] 因此，教育在扶贫中发挥着间接的作用，这使得教育扶贫的成效短期内难以直观观测。而学生的认知水平短期内难以科学度量。教育扶贫的间接性和成效难以客观评估，为建立科学有效、公平公开的监督机制、考核机制及问责机制带来挑战。

---

① 沈红：《中国贫困研究的社会学述评》，《社会学研究》2000 年第 2 期。

② 沈红、周黎安等：《边缘地带的小农——中国贫困的微观理解》，人民出版社 1992 年版，第 169 页。

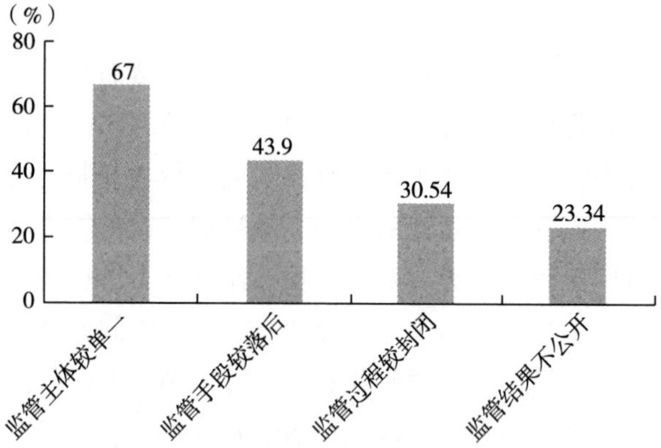

图 11—7　教育扶贫监管存在的问题

3. 教育环节存在的问题

一是"组团式"教育帮扶覆盖面不足。教育对口帮扶是促进不发达或者欠发达地区教育发展的一种援助模式，是我国在帮助贫困地区发展教育方面经过不断探索，创造出一种行之有效的教育对口支援模式，是提高贫困地区教育质量，促进教育公平的重要手段。"组团式"教育帮扶，是由对口支援地区根据贫困县的教育帮扶需求，组团选派支教团队和培训指导团队，由选派引进的优秀校长植入引领，汇聚各方力量，按需帮扶，协同用力，专门针对一个贫困县或一所薄弱学校实施管理输入、示范引领和培训指导，进行"重塑性""植入式"帮扶的一种模式。[①] 该模式以"多维同向、凝聚合力"为原则，坚持"问题导向和精准发力"，聚焦"强化转向、提升能力、释放潜力、激发活力"，兼顾了输血与造血、眼下与长远、帮扶教育与教育帮扶的关系。在这个意义上，组团式帮扶所组建的团队应该是一个学习共同体、情感共同体、价值共同体，要在包容、协商、担当的基础上积极合作。[②] 虽然如此重要，调查发现，人们对"组团"帮扶的了解和认识不足。在 1624 位被

① 邓睿、齐林泉：《以组团式帮扶多向协同精准强教——教育部中学校长培训中心精准帮扶 GZ 教育探索》，《中国教育报》2019 年 9 月 4 日第 5 版。

② 邓睿、齐林泉：《以组团式帮扶多向协同精准强教——教育部中学校长培训中心精准帮扶 GZ 教育探索》，《中国教育报》2019 年 9 月 4 日第 5 版。

调查者中，39.66%（644）认为了解“组团式”帮扶，60.34%（980）认为不了解，了解的仅为不了解的65.73%。

不仅如此，虽然80.54%的被调查者认为“组团式”教育帮扶的效果比普通的好，且31.78%的人认为其主要的作用是“转变教师的教学理念”，但参加的被调查者比例并不高，刚超过半数，占55.3%，还有44.7%的人没有参与，如表11—6所示。这说明，“组团式”教育帮扶的参与度也不高。

表11—6　　参与“组团式”教育帮扶情况

选项	小计	比例
没有	350	44.7%
有	433	55.3%
本题有效填写人次	783	

数据来源：作者根据调查问卷整理而得。

二是东西部教育扶贫协作的辐射带动作用未能充分发挥。东西部扶贫协作是党中央做出的重大决策部署，是中国特色社会主义政治优势和制度优势的重要体现。习近平总书记强调，东西部扶贫协作和对口支援是推动区域协调发展、协同发展、共同发展的大战略，是加强区域合作、优化产业布局、拓展对内对外开放新空间的大布局，是实现先富帮后富最终实现共同富裕目标的大举措。[①] 教育协作是东西部协作的重要内容，G省通过“分类推进、组团帮扶、自主发展和省内联动”，在东西部教育扶贫协作方面走在了全国的前列。然而调查发现，仅有54.68%的被调查者指知道“东西部教育扶贫协作”，还有45.32%的被调查者不知道，如表11—7所示。这说明，该问题的宣传力度不够，知晓度不高。

① 邹联克：《东西部扶贫协作是党中央作出的重大决策部署，是GZ教育发展的重要历史机遇和有效途径》，https：//www.sohu.com/a/328562228_459894，访问时间：2022-04-27。

表 11—7　　东西部教育扶贫协作了解情况

选项	小计	比例
不知道	736	45.32%
知道	888	54.68%
本题有效填写人次	1624	

数据来源：作者根据调查问卷整理而得。

在回答“东西部教育扶贫协作在哪些方面的成效比较显著?”时，认可人数从多到少分别为“教育教学理念转变”(834 人)、“教师教学技能提升”(777 人)、“学生综合素质培育”(608 人)、“教师教研活动优化”(548 人)、“教师团队建设”(545 人)、“学校管理制度建设”(543 人)、“学校硬件设施建设”(479 人)、“学校学习氛围培育”(474 人)、“家庭教育与家长培训”(408 人)，如图 11—8 所示。由此可见，其主要成效在教师教学理念的转变、教学水平的提升和学生成绩的提高。

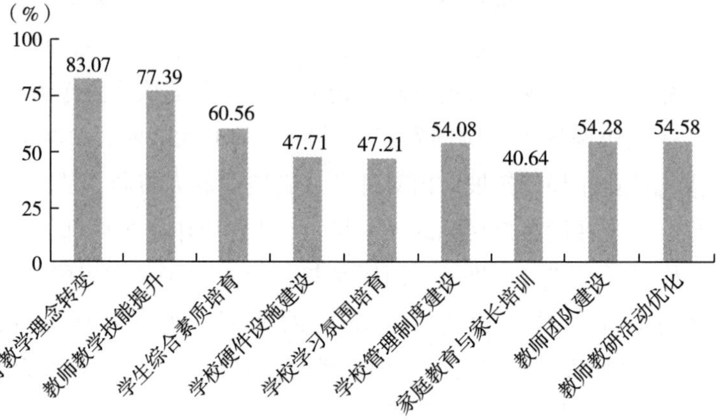

图 11—8　东西部教育扶贫协作的成效

在回答“东西部教育扶贫协作存在哪些问题?”时，49.69% 的被调查者认为帮扶机制有待完善，49.48% 认为“帮扶经费投入不足”，46.67% 认为“帮扶资源整合不够”，35.73% 认为“帮扶可持续性不强”，29.38%的被调查者认为“帮扶针对性不强”，27.6%认为“帮扶信息化程度不够”，这与现有的研究结论基本吻合。例如，张晨指出，东西部职业教育扶贫协作存在“缺乏顶层设计、不顾当地实际需求和偏重硬件投入忽视软件建设”等三大问题①；王奕俊等分析发现，东西部教育扶贫协作存在着目标受众接受意愿不强、信息不完全、认识局限、协作能力不够等弊端，究其原因，主要有目标受众难以正确认知东西部教育扶贫协作短期与长期的成本和收益而导致教育选择的偏误，学生家庭状况、教育质量与就业状况。②

三是对教育工作者的培训方式和培训内容有待改善。首先，受帮扶教师的培训需求不一致。调查数据表明，32.41%的教师认为过去一年参加 5 次及以上培训。参加县级（79%）、乡镇级或校级培训（66.56%）的占多数。51.79%希望通过培训获得“课堂教学技巧”，30.97%被调查对象希望通过培训获得“学科专业知识”，12.99%被调查者希望获得“信息化技术”，4.25%被调查者希望获得其他知识或方法，反映受帮扶教师的培训需求不一致，相同的培训，对不同教师的影响不同。

其次，培训内容和培训方式有待改善。在问到“您认为过去一年的培训对您是否有用？”时，74.63%被调查者认为“很有用”，23.09%认为“一般”，2.28%认为“没什么用”，持“一般”和“没什么用”观点的被调查者人数共 412 人，反映出目前培训内容或培训方式难以满足所有人的需要，培训内容和培训方式有待改善。对“培训是否有用”与“所在学校层次”进行相关分析，皮尔逊相关系数为 0.115，相关系数检验的概率 P 值近似为 0，说明两者之间存在正的弱相关，即学校层次越高，持“一般”和“没什么用”观点的人数越多。相对于小学教师，针对初中和高中教师的培训内容和方式更需改善。

教育扶贫帮扶机制存在的以上问题，主要原因在于教育扶贫的开放性和协同性不足。系统贫困理论认为，贫困的影响因素复杂，各因素共

① 张晨：《职业教育“东西部扶贫协作”中的问题与实践研究——以上海对口支援喀什地区为例》，《教育发展研究》2018 年第 7 期。

② 王奕俊、吴林谦、杨悠然：《受教育者成本收益视角的东西部职业教育协作精准扶贫机制分析——以“滇西实施方案”为例》，《苏州大学学报》（教育科学版）2019 年第 1 期。

同作用下导致贫困，并形成具有低层次、低效率、无序以及稳定等特性的系统，若保持封闭，贫困将延续之前的“轨迹”①。改革开放以来，为了减少计划经济体制下形成的条块分割和区域行政区合作壁垒，各省市一直在探索合作发展之路②，试图通过打破合作壁垒，实现联动协同、优势互补，但仍处在探索阶段。教育扶贫的开放性和协同性不足制约了帮扶机制的完善。

4. 考核环节存在的问题

从扶贫绩效考核来看，目前针对扶贫的绩效考核还不全面，除有专门针对中央单位定点扶贫工作、东西部教育扶贫协作工作与教育扶贫资金的考核外，其余的教育扶贫工作考核机制还不健全与科学，具体表现在：一是不能对扶贫成效进行及时、动态的测评、调整和修改，难以对扶贫政策的有效性、扶贫效果的科学性进行有效检验；二是缺乏有效的第三方评估力量，已有的评估工作主要由政府内部自身完成，即使加入第三方力量，也是以像高校这种未经历教育扶贫工作的理论团队为主，无法全面、客观、公正地对扶贫结果做出科学评价，在结果反馈上偏离了“精准化”目标；三是评估过程透明度不够。教育扶贫的真正目的在于提高贫困地区的教育质量，评估过程透明度不高会导致评估工作的科学性、公正性不够，很大程度影响着我国教育扶贫工作的深入发展。

调查发现，考核机制存在的问题：一是帮扶目标和帮扶方式的多元化需求，导致难以实现公平的“考核评估”。以“组团式教育”帮扶为例，不同的帮扶目标，对不同教师的专业素质影响不同。31.78%的被调查者认为在“教学理念转变”上开展组团式帮扶效果最好；19.18%的被调查者认为在“教学技能提升”上开展组团式帮扶效果最好；14.79%的被调查者认为在“管理制度设计”上开展组团式帮扶效果最好；13.56%的被调查者认为在“专业知识学习”上开展组团式帮扶效果最好；还有少部分被调查者认为在“信息化技术应用”“学科特色建设”“班级建设”上开展组团式帮扶效果最好，如图11—9所示。

① 罗必良：《从贫困走向富饶》，重庆出版社1991年版，第99页。

② 杨继东：《济南市教育局来我州对接东西部教育扶贫协作工作》，http://www.xxz.gov.cn/zwyw/xxsz/201812/t20181228_1088476.html，访问时间：2020-05-07。

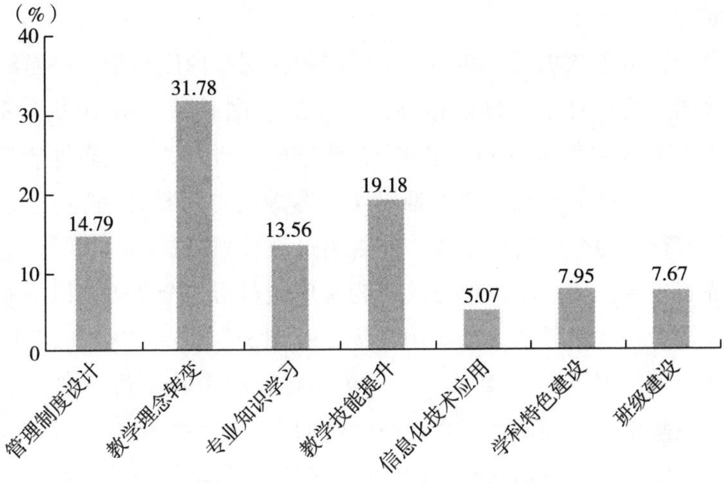

图 11—9 “组团式”教育帮扶效果

二是考核标准与教育扶贫目标脱节，把“教育扶贫”当作“教师扶贫”。调研数据表明，在被访问人员中，64.59%有过“作为一线扶贫干部下乡扶贫”的经历，尽管85.87%被访问人员认为“教师作为一线扶贫干部下乡扶贫”更有利于贫困户子女的教育，但是65.21%不赞成教师作为一线扶贫干部下乡扶贫。

教师作为一线扶贫干部下乡扶贫，促使贫困户短期脱贫的效果较弱。在被调查者中，仅35.67%认为其“更有利于贫困户内生动力激发”、34.04%认为“更有利于贫困户脱贫效果”。在作为一线扶贫干部下乡扶贫的被访教师中，65.64%的被调查者认为“自己帮扶的贫困户已脱贫”，34.36%的被调查者认为“自己帮扶的贫困户没有脱贫”。在分析“教师作为一线扶贫干部下乡扶贫”的原因时，51.85%被调查者认为“扶贫人员短缺”，51.72%认为“扶贫一线有需求”，38.05%认为“对教育重视不够”。

对于教育扶贫考核中存在的具体问题，47.48%认为“考核方法科学性不够”，44.39%认为“考核目标清晰性不够”，40.49%认为“考核理念有偏差”。此外，部分被调查者认为“考核主体多元化不足”（38.54%）、“考核内容全面性不够”（37.07%）、“考核过程民主性不够”（30.73%）、“考核结果的应用不足”（22.28%）也是教育扶贫监管方面存在的问题。

教育扶贫考核机制存在的以上问题的深层次原因在于：一是缺乏科学有效的“考核评估”理论指导，尤其对我国教育扶贫中的“考核评估”如何兼顾“效率”和“公平”，缺乏深入研究。二是教育效果具有潜在性和滞后性等特点，导致难以实现客观的“考核评估”。三是部分地方政府行政命令的盲目干预。能否通过教育阻断贫困的代际传递，教师发挥着主导作用。不少地方政府为实现结对帮扶全覆盖，以现职国家公职人员为帮扶责任人，以贫困户为帮扶对象，以“结穷亲、进农户、话农事、解民困”等为主要内容，在原有农村中共党员干部帮扶贫困户不变的基础上，动员市、县财政供给的党政机关、事业单位、人民团体、国有企业中，包括教师在内的国家公职人员参与帮扶工作，确保每个贫困户都有1名现职国家公职人员帮扶，不脱贫不脱钩。尽管初衷是好的，但以行政命令督促参与教育扶贫的教师去完成其不擅长的任务，把教育扶贫当作教师扶贫，容易导致结果与初衷背离。

5. 问责环节存在的问题

一是对学生因家庭经济困难而失学辍学的问责不足。在问到“您任教的学校或班级中，是否有学生因家庭经济困难而失学辍学?”时，90.83%的被调查者回答“没有”，1.97%的被调查者回答“有很多”，3.39%回答“很少”，3.82%回答“个别”。尽管回答“有很多”以及回答“很少”和“个别”的被调查者所占比例较少，但是反映出仍然存在学生因家庭经济困难而失学辍学的情况。在问到“您所在的学校是否建档立卡贫困子女设立专门档案?”时，回答“做到一生一档”的被调查者人数占大多数（86.08%），仍有9.24%的被调查者认为所在学校“仅有贫困生花名册”，4.62%回答“不清楚”，有1人认为“没有建立档案也没有名单”。在问到“您所在的学校对建档立卡贫困户学生是否有特殊的帮扶或资助政策”时，回答“有”的被调查者占大多数（97.11%），仍有2.89%的被调查者回答“没有”。对教育扶贫整体而言，因没有设立贫困子女专门档案及没有特殊的帮扶或资助政策导致失学辍学的是少数，但是对于少数贫困户和贫困学生而言，错过了“阻断贫困代际传递”的条件和时机。因此，应通过进一步强化问责机制，将“因家庭经济困难而失学辍学”情况降低为零。

二是对教育扶贫政策执行情况的问责不足。在教育扶贫政策执行上，认为“资金不足”的被调查者占57.7%，认为“精准不够”的占47.19%，认为“理念落后”的占44.75%，还有少部分人认为“项目较少”（34.1%）、“监管不力”（29.06%）、“参与缺乏”（23.02%）、“资金被挪用”（10.07%），如图11—10所示。

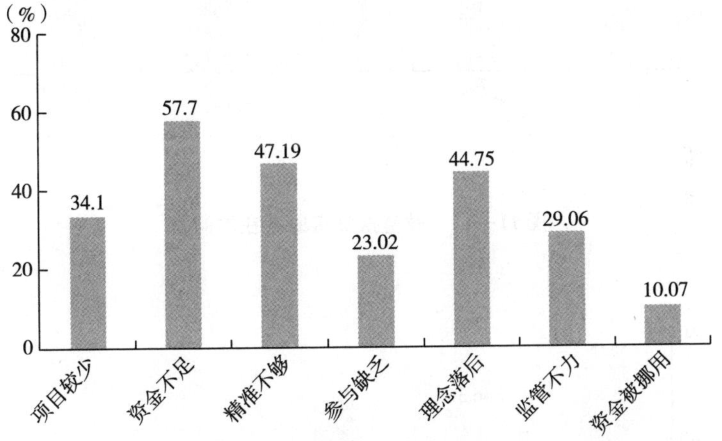

图11—10　教育扶贫政策执行存在的问题

三是对教育资助的问责不足。在教育资助方面，48.68%的被调查人员认为“识别不精准”，46.86%认为“效果不理想”，41.28%认为“监管不到位”，34.87%认为“政策有偏差”，36.68%认为“发放不及时”，如图11—11所示。

对于教育扶贫问责机制存在的以上问题，55.09%的被调查者认为“问责标准比较严苛”、46.36%认为“问责目标不甚清晰”、44.73%认为“问责内容比较宽泛”。一部分被调查者认为“问责程序缺乏公正”（35.09%）、“问责结果惩罚过重”（35.64%），如图11—12所示。

教育扶贫工作主体涉及教育、扶贫、发改、民族宗教、财政、人社、各级人民政府等部门。因此，针对上述问题，应该在协同推进的基础上，注重人、财、物的统筹，提高教育扶贫效率和质量，包括完善管理体制，建立教育精准扶贫联席会议制度，定期研究解决教育精准扶贫

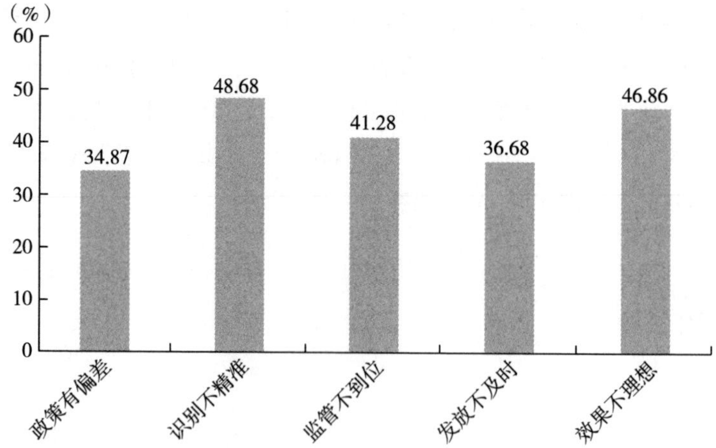

图 11—11　教育扶贫资助存在的问题

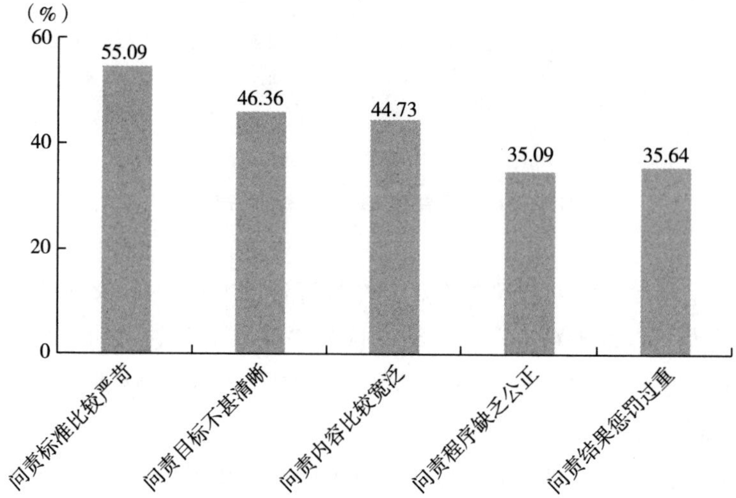

图 11—12　教育扶贫问责存在的问题

过程中出现的重大问题，完善配套政策，形成推进教育精准扶贫的强大合力；对教育精准扶贫资助资金实行分账核算，专款专用，同时接受财政、审计、纪检监察、主管机关及社会监督，对于挤占挪用资金、弄虚作假套取资金等违法违规行为，要按照有关规定严肃处理；建立和完善信息公开制度。各级教育行政部门通过当地媒体、部门网站等渠道，向社会公开教育扶贫工作进展、工作成效等情况，接受社会和群众监督。

五 数据难融合，分析利用不充分

关于大数据在精准扶贫中的作用，被调查者将“精准识别贫困户”“有效匹配扶贫资源”“动态监管扶贫过程”放在了前三位，分别占66.97%、58.22%和55.51%，超过半数，接近一半的选项是“科学考核扶贫结果”，占47.51%，如图11—13所示。可见，被调查者基本的共识是：大数据在教育扶贫对象识别、过程监管、资源匹配和考核评估中具有重要的作用。

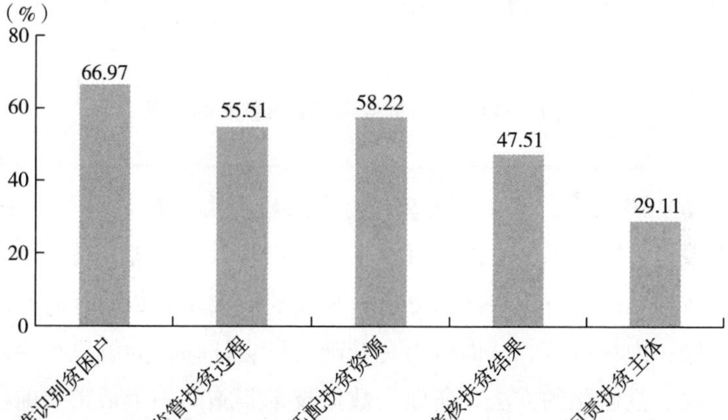

图11—13 大数据在教育扶贫中的作用

但是，大数据在使用中也存在一些风险与问题，超过30%的有数据修改更新困难、数据填报多头管理，分别为34.17%和32.51%；接近30%的选项是数据结构不统一、数据体量不够大、数据分析利用不够，分别占29.56%、29.5%和29.43%，另有23.65%的人选择数据系统相互冲突，19.77%的人选择数据孤岛现象，如图11—14所示。这说明，数据更新困难、数据填报多头、数据结构异质、数据体量不够、数据利用不足、数据系统冲突和数据孤岛现象，是目前大数据应用于教育精准扶贫存在的主要问题。

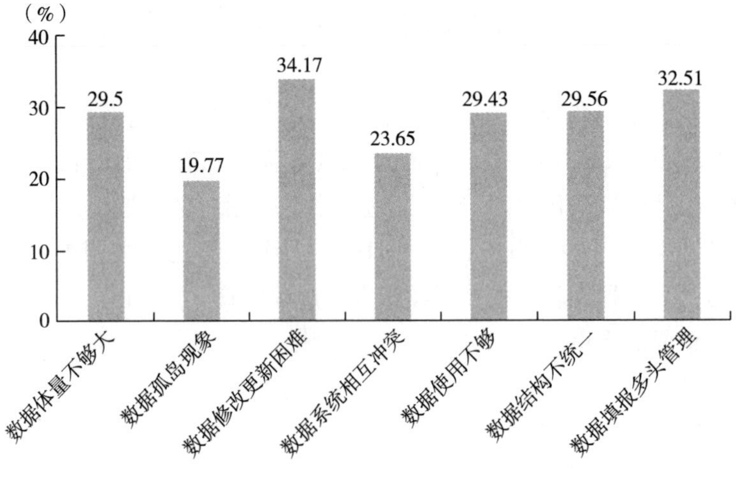

图 11—14　大数据应用于教育扶贫的问题

1. 数据量较小，并未形成真正意义上的大数据库

大数据，顾名思义必然具有海量的信息和数据资源，是基于对数以万计的数据集成进行深层次的分析，来发现庞大繁杂数据背后所反映的社会现象和内在价值，从而得出更精确的社会评估，为解决社会问题提供个性化、具体化的方法，所以大数据技术实施的一个最重要前提条件是要收集海量的数据。然而，由于在目前的教育扶贫领域，大数据是一种新引入的技术，各类数字化平台成立的时间较短，且由于硬件设备的问题，在数据收集方面还存在一些困难，因此形成的数据量十分有限，只形成了简单的数据集合，尚未真正构建成横纵融合的大型数据库，更没有形成完整的数据链条，数据轨道追踪监测困难，这极大限制了大数据价值功能的发挥。难怪访谈时某工信局工作人员 H 某某①指出，“严格来说，基层政府没有大数据，他们的数据体量都不够大。你想，一个

① 男，侗族，30 岁，本科，中共党员，某县工信局大数据管理人员，访谈于 2019 年 6 月 5 日。

县、一个乡的数据有多大？只有全省88个县市区汇聚在一起，那才是大数据”。这说明，在目前的精准扶贫中，大数据的“大”字还未有效体现。

2. *数据挖掘利用较少，大数据的价值未有效发挥*

大数据涉及的关键技术主要包括大数据采集技术、大数据预处理技术、大数据存储与管理技术、大数据安全技术和大数据挖掘技术。大数据的主要目的，是通过数据挖掘技术，对应用对象进行预测、估计与管理。[①] 但调研发现，目前大数据技术在教育扶贫中更多地只停留在对数据的收集与存储上，没有建构立体化的分析模型对数据进行深入挖掘。大数据技术运用停留在浅层化的表面，很多职能部门的工作人员没有认识到大数据的真正价值，当这项技术落到实处时，只是被基层部门的工作人员看作是一项纪录数字的常规工作，经由大数据分析的结果并没有真正反馈到决策与管理层面，大数据助力教育扶贫对象精准识别、资源精确对接、管理精细执行的重要作用未得到有效发挥，大数据所扮演的角色发生偏差，所蕴含的真正价值逻辑没有体现。也就是说，目前大数据技术在教育扶贫领域的运用仍处于初级阶段，技术运用方式单一，多体现为数据的采集和存储，技术条件不够成熟，缺乏将大数据多样化、高效化地渗入于教育扶贫各个环节的技术保障。访谈时教育局扶贫专员P某某告诉我们：“教育精准扶贫有一个系统，但这个系统是2018年才建立的，极不稳定，之前的信息材料补充起来工作量很大，再加上这个系统牵扯的数据比较大、面也比较广，所以这一块现在还没有完全精准，体量较小。另外，由于贫困户流动性比较大，很多极端情况，太多了，对于人口精准识别这一块，只要这个基础没做好，我们的教育精准扶贫就不好做，会漏掉一些学生。”某副局长Y某[②]也指出，“我们没有对手上掌握的培训及就业数据进行分析，我们不知道怎么做，也不清楚怎样来促进决策”。另一大数据工作人员P某某[③]也强调，“说实话，这一块我们觉得没意思，实话实说，我们没有使用大数据决策，主要的工

① 唐俊林：《大数据技术应用现状及发展趋势研究》，《信息记录材料》2018年第12期。

② 男，苗族，37岁，本科，中共党员，某县人社局副局长，访谈于2019年5月30日。

③ 男，苗族，40岁，本科，中共党员，某县工信局副局长，访谈于2019年5月31日。

作就是建建台账，掌握一些数据”。这说明，系统建立时间短导致大数据系统的一些功能还不够全面，实际操作难度大，而在信息方面存在着数据断层的问题，且数据的准确性待核查，这意味着当前已有的数据尚不足以支撑起教育扶贫对象的精准识别，因此要实现大数据对教育扶贫的精准化驱动，应该进一步挖掘利用大数据技术的功能。当然，教育扶贫中的大数据价值不能有效发挥和挖掘，与工作人员对大数据系统操作不熟悉也有关系。目前，鲜有系统操作员是计算机、大数据等专业，部分系统操作员数据素养不够、意识不强，因此对大数据系统的操作比较生疏，一旦出现问题，不能及时解决。受此影响，该系统的大数据功能并未有效使用，即主要用于对贫困学生的甄别，但没有利用该系统中的大数据来对学生资助工作进行分析，更没有将其作为优化学生资助决策的依据，呈现给上级主管部门。

3. 平台数量繁多，增加了工作人员的负担

大数据技术能够发挥作用的基础前提是有数据量大、系统完善、信息共享的平台作为载体，然而调研中发现，大数据技术在教育扶贫领域中的运用面临着平台分割、系统繁杂、数据孤岛等问题。首先，各类数据平台条块分割化状态明显，具体表现为：纵向上，不同时期的数据平台结构不一、类型各异，无法有效整合；横向上，不同功能的数据平台由不同部门或科室管理，不能相互兼容，由此带来的结果是数据系统各自独立，处于“孤岛”状态。例如，全国普通扶贫系统和教育扶贫系统之间不是完全兼容的，这就导致两边的数据重复录入、相互交叉。平台分割的另一个结果是平台数量的成倍增长，就教育扶贫领域而言，目前就有学籍管理系统、学生资助系统、学生营养餐系统、民生监督平台、精准扶贫系统等数字化平台，这些平台在不仅在横向上分裂，还在纵向层级上延伸，给教育部门的工作带来极大的负担。随着教育扶贫工作的深入推进，今后还会开发出更多具有其他功能的系统，若不能打破系统间分割孤立的状态，大数据技术将难以在教育扶贫领域发挥应有的作用。

由于平台数量较多，一些工作人员需同时负责管理录入多个平台系统，负担陡然增加。同时，因为不同系统间的填报指标不一致，填报标准不断在变动，导致在输入几十万条数据过程中容易造成失误，数据的

准确性、有效性无法得到较高保障。另外，平台繁杂的数据和相对独立的操作也对管理者的工作带来了巨大的挑战。这说明，先进的大数据技术并没有让管理“先进化”，相反却陷入比原来更混乱的状态，这给教育扶贫工作带来了许多额外的负担。

4. 数据共享不够，背离了大数据使用的初衷

大数据最核心的要素是通过先进的互联网技术和高速的计算能力，打破数据间的交流障碍和信息壁垒，实现数据从一个端口到另一个端口的共享与切换。然而，在平台分割的情况下，数据只是存储于电脑上的字符而不是具有流动共享价值的信息资源，其结果是扶贫信息的错位化、孤立化和壁垒化。由于数据不能共享，大数据应用于教育扶贫的优势难以彰显，并且浪费了大量人力、物力，不仅增加了扶贫工作的负担，还背离了大数据助力教育扶贫的初衷，应引起高度的重视。

5. 硬件设备保障不足

目前，全省的大数据基础都还比较薄弱，未形成产业链，导致企业规模小，竞争力弱，发展困难；同时，因受人口数量、人才素质、企业规模、经济繁荣程度、地域位置和营商环境等客观因素限制，大数据企业难以发展壮大；再加上，企业对大数据了解较少，限于表面，接受新事物较为缓慢，不了解大数据与实体经济深度融合给其带来的益处，对部分大数据相关工作配合程度较差，导致企业大数据进程缓慢。[①] 当然，数据平台本身在功能模块的缺陷，也无法满足千变万化的实际情况。落后的硬件设施严重阻碍了教育信息化的过程，也直接影响了大数据技术在精准扶贫中的应用，成为大数据助力教育扶贫精准化的又一个重大障碍。

六　效果待提升，保障机制需完善

教育扶贫的保障机制，包括上下级之间的联动机制、各主体间的协

---

① 谢治菊、肖鸿禹：《大数据优化基层政府决策的表征、困境与出路》，《中共福建省委党校学报》2019 年第 6 期。

调机制、政策宣传的沟通机制、政策过程的激励机制四个方面，下面一一解析。

1. 上下级之间的联动机制不顺畅

依据《教育脱贫攻坚“十三五”规划》的设计，教育部等相关中央部门负责教育扶贫的顶层设计，省级政府负责实施方案的制订和扶贫计划的整体推进，地市级政府负责政策措施细化和对县级政府、有关部门的监管，县乡两级政府负责政策的执行，这构成了教育扶贫权力的权力格局。因教育的独特属性，涉及人口众多、时间跨度长、成果见效慢，又属于公共产品，因而扶贫的难度较大，因此教育扶贫中“政府管治”的色彩就更加浓厚，从政策制定、执行、监管、评估到扶贫资源的分配，越高层的政府话语权越大。在此背景下，在“家长制”的管理特性下，下级政府及部门积极性不高，能动性不够，主动性不强，容易产生对上级政府及部门的依赖，会产生以“拼凑式应付”为主的执行心态和以“完成任务”为主的执行效果，上下级之间的联动机制不顺畅。

2. 各主体之间的协调机制不健全

政府是拥有高度集中控制和资源调配能力的组织，在教育扶贫体系中占有主导地位，但学校、家庭、社会、社区等在教育扶贫中的作用也无可替代，是提升贫困人口内生动力的主要途径，他们的共同参与和有效支持，会大大提升教育扶贫的效果。因此，教育精准扶贫涉及政府、社会、市场、学校、社区等相关组织，关涉学生、教师、家长和社会的共同利益，需要在执行中需要多方的共同协调配合。在访谈中，大部分工作人员都认为应该让家庭、社会和社区多多参与到教育扶贫中，而不是仅靠政府和学校的力量。近年来，各地已注意到该问题，并通过体制机制的创新将社会力量、家庭力量、市场力量和社区力量引入到教育扶贫中，如 G 省 Y 县的“大数据 + 学生营养餐系统”、T 市的“大数据校农云合作平台”等。然而，由于缺乏协同联动机制，各主体的参与都面临一些障碍和瓶颈，以致参与的范围狭窄、领域单一、方式有限，这大大降低了教育精准扶贫的成效。

3. 政策宣传的沟通机制不畅通

对政策的正确解读和认知是确保一项政策成功落地的重要前提，但由于缺乏有效的政策宣传和政策解读，政策执行过程中会产生较多的阻塞，以致个别基层干部不能正确理解政策目标和价值，执行政策时自然会偏离原有的目标，造成扶贫工作失误。同时，部分贫困人口自身也缺乏对扶贫政策的正确认识和理解，政策出台后，不明确自身是否属于受帮扶范畴，能否得到相应的资助，这不利于政策资源的精确化对接，增加了扶贫中的困难。之所以出现这些问题，是因为不同层级部门间缺乏良好的沟通机制，信息在层层传递中造成了损耗。

4. 政策过程的激励机制不合理

有效的激励机制是确保教育扶贫顺利进行的重要前提，教育精准扶贫过程中涉及政府部门、帮扶主体、被帮扶对象、社会组织等多元化主体，创新完善激励机制，充分调动政府、市场、群众等多方主体的能动性，是成功减贫的关键因素，对于巩固脱贫成效、提升脱贫质量具有重要意义。然而，当前我国扶贫在激励理念、激励标准、激励方式和激励效果上都不尽如人意，以致扶贫激励停留在表面化、形式化的层面，未能充分发挥实际性激励作用。正所谓，“在有限的部门协同治理中，锦标赛式激励机制无法对复杂环境下某一部门工作绩效进行明确和公平衡量，导致教育扶贫执行缺乏整体性、统筹性思维和视野，只关注短期性、可量化、可增加政绩的变量因素”①。从实证研究情况看，对扶贫主体和脱贫主体的激励不到位，是影响脱贫政策发挥成效的重要原因。因为“如果没有形成对政府部门的激励，原本可能会产生作用的反贫困政策就难以有效落实；如果没有形成对私人部门的激励，就可能产生‘等靠要’思想”②。因此，问责和激励机制的非良性运转会和目标异化，是导致教育扶贫治理格局呈条块化、细碎化态势的重要原因，也是阻碍教育扶贫“信息共用、责任共担、利益共享”的主要机制。

① 付昌奎、邬志辉:《教育扶贫政策执行何以偏差——基于政策执行系统模型的考量》，《教育与经济》2018 年第 3 期。

② 付昌奎、邬志辉:《教育扶贫政策执行何以偏差——基于政策执行系统模型的考量》，《教育与经济》2018 年第 3 期。

第十二章　教育扶贫路径重塑

关于教育扶贫的优化路径，何家理等以安康市教育扶贫模式为个案，构建了“四位一体联动机制”的教育扶贫模式[①]；李祥等认为，民族地区教育扶贫的内在机理体现在教育资源获取和分配、教育权力运行规范性和有效性、教育发展权利保障三个教育治理问题上，目标是实现民族地区教育治理能力和治理体系的现代化。民族地区教育扶贫机制创新需要先进的教育观念支持、符合教育治理现代化的基本特征以及立足民族地区发展实际[②]；陈美招则认为，在教育扶贫过程中开展具体活动时所需建立的介入机制主要有三个相关层面：学校社工、农村社工和国际社工，从而为它们在更大、更多社会管理领域有序、合理地参与我国的教育扶贫行为做好政策和制度上的安排与准备[③]；张翔则运用科学有效的程序和方法对教育扶贫对象的精准识别机制进行了探索。[④]

在教师和教育局管理人员的问卷调查中，最后一道题是开放题，让调查对象自己填写关于新时代教育扶贫的建议。梳理发现，共有 658 人次写建议，占被调查对象的 40.5%，这些建议主要集中在以下几个方面：一是提高教师们的福利待遇，有 116 条，占总建议的 17.62%；二是强烈反对教师下乡扶贫，包保贫困户，反对教师重复填写表格，共

---

① 何家理、李孝满、张翔：《“四位一体联动机制”教育扶贫模式探析———安康市教育扶贫模式实证研究》，《西安文理学院学报》（社会科学版）2013 年第 3 期。

② 李祥、曾瑜、宋璞：《民族地区教育精准扶贫：内在机理与机制创新》，《广西社会科学》2017 年第 2 期。

③ 陈美招：《试论教育扶贫的社工介入机制：一种国际民间组织的分析视角》，《华东理工大学学报》（社会科学版）2007 年第 2 期。

④ 张翔：《集中连片特困地区教育精准扶贫机制探究》，《教育导刊》2016 年第 6 期。

102条，占总建议的15.5%；三是呼吁加大对教育扶贫资金的投入，有86条，占总建议的13.06%；四是认为应该转变思想观念，重视教育扶贫，有68条，占总建议的10.33%；五是改善学校办学条件，加大学校硬件和软件的投入，有50条，占总建议的7.59%；六是认为现在的帮扶不够精准，建议让帮扶更加精准，将教育扶贫工作落到实处，各有37条，各占5.62%；七是建议做好顶层设计，建立教育精准扶贫的长效机制，有35条，占5.32%。此外，被调查者们还围绕完善教育扶贫监管机制、提升教师教学水平、强化教师交流培训机制、完善教师激励机制、增强帮扶的针对性等内容，提出了一系列建议，如表12—1所示。为有效回应这些建议，结合前面九章的论述，本章从系统优化顶层设计、有效健全保障机制、尽力完善大数据平台、深度挖掘大数据资源四个方面，系统阐释该如何来优化深度贫困地区的教育扶贫机制。

表12—1　　　　教育扶贫路径重塑建议汇总

具体建议	频次	百分比（%）
做好顶层设计，建立长效管理机制	35	5.32
教师不该下乡参与帮扶、不该重复填写表格	102	15.50
完善教育扶贫监管机制	24	3.64
提升教师教学水平	23	3.49
加大教育扶贫资金投入	86	13.06
采取有力措施，将教育扶贫工作落到实处	37	5.62
提高教师们的福利待遇	116	17.62
改善学校办学条件	50	7.59
本地老师和学生应多去发达地区学习	23	3.49
帮扶教师的教学内容应与实际能力相匹配	4	0.60
转变思想观念，重视教育扶贫	68	10.33
对老弱妇女教师的关怀不足	2	0.30
控制辍学生数量	5	0.75
解决教师的职称问题	1	0.15
增加对教师工作和生活的关心	9	1.36
延长专家的帮扶时间	1	0.15
完善教师激励机制	11	1.67

续表

具体建议	频次	百分比（%）
保障帮扶教师的安全	1	0.15
对老师们应以激励为主	7	1.06
应该让帮扶更加精准	37	5.62
应允许有一定比例的辍学率	3	0.45
解决教师住房、住宿问题	3	0.45
增加对学生学习的辅导	5	0.75
不截留学校办公经费	5	0.75

数据来源：作者根据调研数据整理所得。

一　优化顶层设计，制定帮扶规划

顶层设计是指运用系统论的方法，从全局的角度，对项目的各方面、各层次以及相关要素进行统筹规划，优化资源配置，制定可行的路径和策略，具有顶层决定性、整体关联性、实际可操作性等特点。在设计的过程中，与地方需求紧密结合，围绕核心理念和顶层目标指导下层，层层递进，使得设计成果落实到位。教育扶贫的顶层设计决定了教育扶贫具体措施的系统性、合理性和可操作性，因此具有极其关键和重要的意义。关于如何优化顶层设计，已有学者进行了相关研究，这些研究主要聚焦在职业教育精准扶贫方面。例如，张振对斯里兰卡职业教育的顶层设计和实施框架进行研究，认为其对象厘定与战略制定具有系统意义，其“三层级、跨部委”的协同机制也在实施框架上得到充分展现①；而张育松在研究职教集团推进精准教育扶贫时，认为政府需要与多方进行调研商讨，统一行动形成合力，多方协同②；代蕊华等则认为，制度建设是教育精准扶贫顶层设计的重要组成部分，要通过深化制度供给侧改革、完善制度安排、强化制约和监督三方面来推进教育扶贫

① 张振：《斯里兰卡职业教育扶贫的顶层设计与实施框架》，《比较教育研究》2019 年第 4 期。

② 张育松：《职教集团助推精准扶贫的战略考量》，《现代教育管理》2018 年第 7 期。

法制建设，强化顶层设计①；而对于国际的反贫困合作，王志章等研究了中国与东盟反贫合作的实践路径，认为在顶层设计方面，需要政府谋划不同时期的规划，制定相应法规，设定具体扶贫目标，并进行有效监督。② 根据现有的研究，结合教育精准扶贫的实际，我们对优化顶层设计提出以下建议。

1. 深化教育扶贫的目标和使命

一是转变落后的教育观念。从调研数据分析结果来看，尽管西部地区教育投入逐渐增加，但是并没有很好地落实到关键“序参量”上，特别是办学硬件得到极大改善，但是教学软件依然是教育的瓶颈，降低了教育扶贫效果。因此，贫困地区应在转变教育观念的基础上，不断推动和深化教育教学改革，提高教育教学质量。二是加强教育扶贫目标和使命的宣传和教育。西部贫困地区由于生产力较低，社会意识较为保守，一些群众对教育的作用认识不足，认为会写名字、会基本计算、识几个字就行了，没有认识到让贫困地区的孩子们接受良好教育是阻断贫困代际传递的重要途径。因此，政府必须确立正确的舆论导向，引导人们形成对教育功能的科学认识，指导家长和学生做出“明智”选择。

2. 完善教育扶贫政策

第一，加强政策间的协调与平衡。政府应当意识到，教育精准扶贫政策是一项着眼于长远的脱贫策略。完成消除绝对贫困的任务可以通过短期的建设资助等来实现，但教育带来的利益却是长久的。政府还应注意到，教育在持续发展中的全局性、基础性和先导性作用，因此需要对教育扶贫有关的政策进行统筹联动。建议政府间及政府内部的教育扶贫政策要有一定的协同机制，对不同等级、不同区域的政策体系进行科学的耦合分析，避免政策间的冲突，确保教育资源的合理利用，发挥其最大效能。

第二，注重教育扶贫政策的因地制宜。宏观政策指引总的路径方向，但不同地区的基础条件不同，地区人员组成也有差异，在教育扶贫

---

① 代蕊华、于璇：《教育精准扶贫：困境与治理路径》，《教育发展研究》2017 年第 7 期。

② 王志章、郝立：《中国与东盟反贫困合作路径研究》，《广西社会科学》2017 年第 1 期。

上面对的具体困难也有所不同，而这些条件的不同也决定了教育精准扶贫的模式有所不同。其中，边远贫困地区的教育扶贫问题更加值得关注，比如教学点的教育资源投入、生源质量、基础设施等。政府需要尽可能全面考虑多种情况，深入了解贫困人口的教育需求，采取有针对性的差异化政策，实现教育资源的精准分配。对于实践得较好的模式，也不能“一刀切”，而应实事求是、因地制宜地逐步推广。例如，学校的录播课以及与外校的点对点远程教学互动是很好的尝试，但推广的时候要结合当地的实际，人数较少的学校可能不适用，那样会浪费较多的资源。

3. 优化组织层级结构

在教育扶贫政策推进和落实过程中，要克服由于时间、空间跨度大造成的困难，就应对各个层级、同一层级的各个部门进行明确的权责界定，对组织层级进行扁平化处理。建议在中央统筹、省级规划的基础上，下放权力，增加基层政府的自主权。同时，对各职能部门在教育扶贫中的责权利进行明确划分，将扶贫目标细化为可操作的部门目标，实现教育扶贫决策的科学化、管理的精细化、监控的智能化和评估的专业化。

4. 强化对学生的心理服务

在教育扶贫中，应当强调目标达成的质量与效益，在提高基础教育普及程度的基础上，还要提升教育扶贫的质量。就此而言，教育扶贫除了帮助学生构建完备的知识体系，还要更多提升学生的综合能力和心理素质；不仅着眼于当前，还要注重未来。因此，在教育扶贫的过程中，需要全方位考虑学生的生理和心理结构，科学安排课程，兼顾文化知识和个性发展；同时还需要关注全体学生，关注学生的全面发展，加强心理帮扶。

5. 制定因地制宜的帮扶举措

当前教育扶贫对象主要是适龄儿童、青少年，被忽视的非学龄、无技能的青壮年以及需要提高教育水平的教师，他们情况不同，需要综合统筹，有针对性地提供不同的教育资源和服务。对于适龄入学儿童，不仅要考虑家庭收入，还要考虑到住房、健康等因素，尤其要对留守儿童进行排查，对无户籍、无人照顾的儿童群体分册记录档案；对于青壮年，增强其持续改善自身生计状况的能力，引导企业扶贫与职业教育相结合，实现脱贫举措与技能培训精准对接；对于贫困地区的教师，则需要根据实际情况，提供多种形式的培训，制定有针对性的帮扶举措，提高教师的物质待遇，保障其专业发展，吸引和留住优质师资，全力提升他们的教学能力与教学水平。

6. 明确扶贫主体的职责

应明确各自的职责，具体来说：一是各地教育行政部门应做好顶层设计，为大数据优化政府决策提供保障条件。在教育扶贫中，教育行政部门在人事、资金、项目等的安排方面具有导向性作用，因此建议上级政府划拨专项资金用于推进该项目的软件和硬件建设，尤其是像录播教室这样适合大数据技术分析的平台系统，这样做的好处是：一方面以录播教室这样的平台为载体，可聚集大量专家和学者；另一方面可以创造帮扶专家与受扶教师沟通、交流的机会，使得帮扶结果更加有效。

二是学校应为参与大数据教育扶贫的工作人员提供更多的学习机会，解决实际困难。这里的学校包括两类，一类是帮扶专家所在的学校，另一类是受扶教师所在的学校。两类学校对待大数据教育帮扶项目的态度影响着受扶教师和帮扶专家的态度，因此建议两类学校应尽可能创造有利条件解决帮扶专家或受扶教师的实际困难，为帮扶专家或受扶教师解决后顾之忧，具体来说：建议认定帮扶专家或受扶教师参与项目的课时量，减少他们的工作量；落实参与大数据教育扶贫活动的补助或津贴，给予其外出学习的时间和机会；对项目实施过程中涌现出的优秀帮扶专家或表现突出的受扶教师给予物质和精神奖励，同时及时对在项目中积极性不高的帮扶专家或受扶教师进行约谈，及时纠正影响其高效参与的不正确思想，帮助解决实际困难。

三是大数据平台设计公司要做好系统的升级与维护。大数据平台设计公司应进一步完善大数据系统的稳定性，确保系统能将数据信息安全储存、分析使用。为此，公司应进一步开发系统的功能，如建议开发人脸识别功能，记录授课教师和学生的面部表情、互动次数、互动方式；应开发专门的大数据评估系统，对授课教师的授课情况和帮扶专家指导效果进行智能化评估；应做好系统的升级与维护，减少因系统原因带来的实现系统不断地优化，系统功能更加强大。

二 提升师资水平，增强教学能力

近年来，国家出台了一系列新政鼓励乡村教师的发展，如2010年的《中小学教师国家级培训计划》（以下简称“国培计划”）、2011年的《关于大力加强中小学教师培训工作的意见》、2015年的《乡村教师支持计划（2015—2020）》、2016年的《教育脱贫攻坚“十三五”规划》等。然而，由于生活环境艰苦、学生素质偏低，即使各级政府不断调整乡村教师激励政策，愿意扎根贫困地区的优秀教师少之又少。故此，通过引进的方式充实乡村优秀师资比较困难，只能转向依靠培训提升现有师资的水平。但现有培训的科学性、针对性、目标性不强，培训方式单一，培训效果往往不理想，难以促进教师专业发展。[①] 为进一步提升乡村教师培训的针对性和实效性，2015年出台的《乡村教师支持计划（2015—2020）》鼓励采取集中培训、送教下乡、校本研修、远程培训四种模式对中小学教师能力进行精准帮扶。[②] 这四种模式各有利弊，其共性的问题在于培训的针对性、实效性不强，成效不显著，培训效果评估不科学，培训对象自主选择的机会较少。[③] 即现有的教师能力精准帮扶举措已不能有效满足贫困地区的教育需求，急需创新扶贫手段和扶贫方式来达成新时代的教育扶贫目标。在此背景下，以大数据为引领，通过教育精准帮扶提升贫困地区老师的教学能力进而提升其教学水平就显得尤为重要。

1. 对照专业标准提升教师教学能力

为了解贫困地区教师教学能力到底有多高，一些学者用专业标准构建教师评价体系。例如，唐圣权将教师评价指标体系建立在专业标准的基础上，认为专业标准是衡量教师专业发展的权威性、法定性依据，按

① 俞建芬：《精准扶贫视域下乡村教师培训的困境与出路》，《教育科学论坛》2018年第5期。

② 国务院办公厅：《乡村教师支持计划（2015—2020）》，http：//www. gov. cn/zhengce/content/2015 - 06/08/content_ 9833. htm，2018年10月2日。

③ 陈向明、王志明：《义务教育阶段教师培训调查：现状、问题与建议》，《开放教育研究》2013年第4期。

此标准建立的指标体系对了解教师自身的专业发展水平、掌握教师准入和选拔的依据、研究区域内教师专业发展的整体趋势有重要的帮助。[①]闫燕基于专业标准提出了4个测量教师能力的一级指标，分别是专业理念、专业智能、专业情怀、专业规范，强调质性评价与量化评价的结合。[②] 经过测量，郭莹莹、张新海发现中学教师专业标准的总体达成度不高，结构不均衡、个体差异明显，专业理念与师德的达成度高于专业知识与专业能力。[③] 吴旭君认为，中学教师尤其是贫困地区的中学教师教学设计能力较弱、沟通能力较差、反思不够深入，与专业标准的要求相差甚远，因此建议提倡个性化教学、开展同课异构课程研修、注重文本反思。[④] 也即无论是发达地区还是欠发达地区，对照教师专业标准来提升教师教学能力都迫在眉睫。

2. 健全帮扶专家与受扶教师激励机制

有研究所示，教师的绩效奖金对学生成绩有显著正影响，即绩效奖金越高，学生成绩越好。[⑤] 但在教育帮扶中，帮扶专家和受扶教师基本都没有额外的劳动报酬，往往是文件规定参与的人员评优评奖和职称评聘优先。之后，虽有部分学校承诺给予受扶教师补贴工作量，教育主管部门也行文表示给予帮扶专家每周计算一定的工作量，但因财务、审计等多种原因，这些工作量并未能兑现成相应的补贴，虽然调查显示受扶教师和帮扶专家从未抱怨和计较过，但我们认为，这种状况短期内尚可行，若长久，必将影响帮扶的效果。因此，顶层设计者应出台完善的激励机制，将对帮扶专家和受扶教师的激励制度化，并对成效突出的专家和受扶教师给予相应的精神表彰与物质奖励。

---

① 唐圣权：《基于三个〈专业标准〉的教师专业发展评价体系探讨》，《广西师范大学学报》（哲学社会科学版）2013 年第 1 期。

② 闫艳：《基于专业标准的教师评价指标体系框架探析》，《广西民族大学学报》（哲学社会科学版）2013 年第 5 期。

③ 郭莹莹、张新海：《中学教师专业标准达成：问题与展望——基于河南省多市中学教师的问卷调查》，《中国培训》2016 年第 4 期。

④ 吴旭君：《基于教师专业标准的中学教师专业能力发展对策》，《中国教育学刊》2018 年第 3 期。

⑤ 薛海平、王蓉：《义务教育教师绩效奖金、教师激励与学生成绩》，《教育研究》2016 年第 5 期。

3. 构建受扶教师反思性教学保障机制

波斯纳曾提出教师的成长公式为“经验+反思=成长”。这一原理告诉人们，教师的教学经验只有和反思结合起来，其素质才能真正提升。[①] 所谓反思性教学，是指教师借助逻辑推理的技能、仔细推敲的判断以及支持反思的态度进行批判性分析的过程。[②] 较早研究反思的学者是洛克、斯宾塞与杜威。洛克认为，反思是对获得观念的心灵的反观自照[③]；斯宾诺莎把自己的认识论方法称作“反思的知识”，即“观念的观念”[④]；杜威提倡教学要反思，因而被称为反思性教学的先驱者，认为反思是对假定信念与知识所进行的积极思考，提出教学反思的核心要素是反思者思想的开放性、责任性与执着性。[⑤] 国内研究反思性教学先河的是熊川武，他在1999年出版的《反思性教学》一书中，以专著的形式对这一问题进行了探讨。[⑥] 反思性教学对教师的专业发展具有重要的意义，它促使教师从教学实际出发，更加理性地思考问题，培育责任意识，对教师教学能力的提升和知识结构的优化、科研能力与职业道德水平的提升、专业可持续发展和专业自主性的增强都具有重要的帮助。[⑦] 正如杜威所指出，当教师进行反思时，应该是自觉地、积极地、心甘情愿地思考自己的行动，即使不会令人满意或非常劳累也会坚持不懈。[⑧] 反思性教学的常见方式有“提问、写作、交流”，其过程主要是

---

① 苏贵民：《经验、反思和教师专业发展之间的关系》，《教育理论与实践》2008年第35期。

② Husen, Torsten, *The International encyclopedia of education*, London: Pergamon Press, 1985, p. 6215.

③ Hill J. R., Hannafin M. J., “Cognitive strategies and learning from the world wide web” *Educational Technology Research & Development*, Vol. 45, No. 3, 1997.

④ Davidson - Shivers G. V., Shorter L., Jordan K., et al., “Learning strategies and navigation decisions of children using a hypermedia lesson” *Journal of Educational Multimedia & Hypermedia*, Vol. 8, No. 2, 1999.

⑤ Marchionini G., “Hypermedia and Learning: Freedom and Chaos” *Educational Technology*, Vol. 28, No. 11, 1988.

⑥ 熊川武：《反思性教学》，华东师范大学出版社1999年版，第23页。

⑦ 董瑞：《反思性教学——高校青年教师专业发展的路径选择》，《教育探索》2012年第10期。

⑧ 杜威：《我们怎样思维：经验与教育》，姜文阂译，人民教育出版社1991年版，第1页。

"发现问题—分析问题—提出假设—评估方案—实际验证"①。可见，反思性教学是教师专业发展的重要途径。

通过反思，有老师认为自己在语言的严谨性、问题设计、板书规范上需要加强；有老师认为在讲授时语言不够精简，重点不突出，与学生沟通不够；有老师认为自己提出建议的语言方式不科学，因为使用了"是不是""对不对"之类的判断句；有老师认为自己在授课方面的创新性不够，为完成任务而教学，对教学计划的把控不精准；有老师认为自己对课堂的把控不够到位，往往学生讲解后没有进行及时点评，或仅仅将试题进行简单的拓展，没有深入分析，等等。正是由于教师的教学反思将自己教学中存在的问题暴露无遗，帮扶专家经过认真分析后，才能进行更有针对性、个性化帮扶，并对此提出了增强教师专业发展能力的如下建议：应搭建基于反思的电子档案评价平台，此平台应包括教师的个人基本情况、职业发展规划、教学资源、个人反思等内容，以促进教师专业发展；应培养教师的反思思维，增强教师自律精神，提升教师自我监控的能力，重视反思方法的应用；应构建适应于教师反思的评价机制，激励其专业发展。②

三　健全保障机制，增强帮扶效果

由于我国教育扶贫还处于比较粗浅的帮扶阶段，与实现帮扶双方协同治理、共同发展的目标还有一定差距。因此，为缩小这一差距，在后扶贫时代除了优化顶层设计、健全扶贫机制、理顺扶贫协作关系外，还应完善相应的保障机制，推动帮扶过程的信息化、智能化、精准化与现代化。

1. 完善教育扶贫经费投入机制

第一，优先保障教育经费。党的十九大提出优先发展教育事业必须满足教育经费优先保障的要求。教育经费对于教育扶贫各方面的投入有

① 刘耀明：《基于教师专业发展的反思性教学》，《集美大学学报》2003 年第 4 期。

② 邓睿、齐林泉：《以组团式帮扶多向协同精准强教——教育部中学校长培训中心精准帮扶 GZ 教育探索》，《中国教育报》2019 年 9 月 4 日第 5 版。

重要作用，缺乏经费难以有效开展工作。为此，政府应当将教育扶贫摆在扶贫工作的重要地位，加大教育扶贫经费的投入。为了保障教育经费落到实处，需要建立与各地教育资源相匹配的经费投入机制，确定各项经费在总投入中的比例。同时，严格规范资金的流通和使用，监控资金的流向，避免贪污或挪用。

第二，提高义务教育经费统筹层次。义务教育是每个人必须强制接受的教育，是基础教育极其重要的一部分，也是贫困人口脱贫的基础条件。因此，建议义务教育经费应实行“国家统筹、省级规划、县级管理”的模式，更好地提升资金使用效益。应充分考虑贫困县的财政状况、教育需求和实际配置，对于经济负担能力较弱的县，应该提供财政支持和专项支付转移，同时还可以借助社会力量筹措资金。

2. 完善多元主体沟通合作机制

传统的教育扶贫由政府单一主导，难以全方位兼顾，需要建构政府、社会、学校、家庭、市场多元主体协同参与，充分发挥政府领导作用，激发社会力量在教育扶贫中的活力，实现扶贫责任和义务的共同承担。

第一，转变政府职能，创新社会力量参与机制。发挥政府在教育扶贫政策上的宏观调控作用，把握扶贫的大方向，改变包办一切的管理方式，实现服务型政府的转变。创新社会力量参与机制，鼓励和引导企业、行业协会、非政府组织等积极参与教育扶贫领域，允许更多专业化组织和团队准入，肯定社会力量的地位和贡献，拓展教育扶贫的社会平台和社会资本，同时依托大数据平台实现信息的沟通交流，形成长效、稳定的合作机制。

第二，加强家校联合，打造多元化的家庭教育。建立从学校到家庭的联动机制，鼓励家长与学校、教师一起，完成对困难儿童的帮扶。积极组织家校活动，提高家庭的主观能动性，强化家庭教育在扶贫中的重要作用。鼓励家长与孩子的无缝沟通，强化家庭和父母的示范带头作用，更多地关注学生的成长。

3. 完善宣传引导机制

第一，加大教育扶贫政策的宣传力度。针对贫困地区学生和家长对教育扶贫政策知晓度不高、认识不到位的短板，建议最大限度利用网络、电视、社交媒体、车载喇叭、广播等手段，动员基层干部、社区干部，广泛宣传教育扶贫政策，提高民众的知晓率与重视度，加强政府宣传和舆论引导。

第二，强化教育脱贫的重要性。树立学生接受教育、接受知识然后改变命运的典型事迹，加强学校与村镇群众的交流和联系，通过设立定期的开放日、家长日鼓励家长观摩、体验和了解学生在学校的学习情况，改变其固有的观念，重视孩子的教育。确保“控保辍学”工作落到实处，保证教育扶贫领域“一个都不能少”。

4. 完善法律保障机制

法治扶贫是依法治国的必然要求。党的十九大报告强调“坚持精准扶贫、精准脱贫”，指出“以良法促进发展、保障善治”。因此，需要通过完善法律体系来为教育扶贫提供强有力的保障。这就要求增强法律意识。法律意识会影响到教育精准扶贫政策的普及、推进和落实，还有利于扶贫群体更好地保护自己的合法权益，确保真扶贫、扶真贫。因此，政府应加大教育扶贫相关的法律法规的制定、实施和宣传工作，普及法律知识，培训扶贫干部，定期组织学习，提高扶贫干部和扶贫对象的法治意识。同时，优化教育扶贫制度安排。科学的制度安排是扶贫工作有效进行的必要前提，这就要求进一步明确扶贫主客体的地位、关系、权利、责任和义务，明确教育扶贫的目标、任务、方式和模式，加强不同行业扶贫协同的战略规划，增强制度的系统性和协调性。

5. 完善考核评估机制

适当对教育精准扶贫开展考核评估，有利于及时了解帮扶动态，制订科学的帮扶方案。目前，我国针对精准扶贫的考核评估分为三类：一是精准扶贫过程的动态考核评估，目的是监督扶贫资源是否被有效利用；二是对帮扶干部的工作考核考核，目的是了解帮扶干部的工作成效；三是贫困户脱贫的第三方考核评估，目的是评价贫困户是否可以脱贫。① 在这些考核评估中，第三方考核评估是最重要的评估，具有评估主体独立与专业、评估过程客观和高效、评估结果权威和公正等特点，

① 刘雅静：《容错纠错机制：概念厘定、价值意蕴与实践路径》，《知行铜仁》2017 年第 2 期。

能够推进政府治理体系现代化，强化社会监督，表达群众利益诉求，但也存在资金依赖、制度规范缺失、考核评估专业化和评估结果应用等问题，给基层公务员的心态带来了一定的负面影响。① 为此，应完善制度设计，强化考核评估机制的信息化、透明化和法制化，夯实第三方考核评估的法律基础，做到考核评估内容公开、过程公开和结果公开，将考核评估结果与干部考核任免结合起来，增强第三方考核评估的权威性。② 加强能力建设和考核评估培训，合理设计考核评估内容，确保第三方考核评估的科学性、专业化和接地气。规范考核评估流程，科学设定考核评估指标，合理搭建考核评估平台，典型选取考核评估对象，恰当使用考核评估工具，确保考核评估的客观性和高效性。完善第三方考核评估指标体系。贫困人口识别准确率、退出准确率和帮扶工作群众满意度即"两率一度"是第三方考核基层干部扶贫工作的重要指标。但是，无论是哪种考核评估，"两率一度"固然重要，最重要的是考核评估贫困户个人的发展能力是否得到提升。其实，新时代的贫困户之所以贫困，除老、弱、病、残等客观原因之外，最大的原因在于贫困户自身发展能力不足。调查显示，农户的发展能力对农业收入和非农收入确有正向的促进。然而，现实是，现在的贫困户基本上自身发展能力都不足，这在易地扶贫搬迁户中尤为明显。一些贫困户搬迁后，不仅生计的可持续性不同程度受到影响，还卷入赌博、打架斗殴的泥潭。因此，要实现贫困户收入的可持续增长，就应该想办法提升他们的发展能力，这对第三方考核评估提出了新的要求，要求第三方考核评估体系应着眼于贫困户可持续发展能力的测量。只有这样，考核评估的内容和指标体系才会更加科学和优化。

6. 建立责任容错纠错机制

教育扶贫中的容错机制是指为提高教育扶贫效率，对教育扶贫干部用改革创新的方式开展教育扶贫而产生的失误或错误进行科学认识，允许试错，以鼓励教育扶贫干部勇于尝试、大胆创新。教育扶贫中的纠错

---

① 陈辉：《社会工作参与精准扶贫的路径选择》，《中共福建省委党校学报》2017 年第 3 期。

② 孟志华、李晓冬：《精准扶贫绩效的第三方评估：理论溯源、作用机理与优化路径》，《当代经济管理》2018 年第 3 期。

机制是指因改革创新导致教育扶贫出现偏差或者失误时，及时采取措施予以纠正，以避免或减少损失。容错纠错机制是鼓励干部大胆改革、锐意进取的重要举措，必将为干部的创新和作为保驾护航。然而，事实是，在教育精准扶贫领域，针对基层干部的容错纠错机制还未真正建立。正因为精准教育扶贫背景下基层公务员压力大、责任重，又没有容错纠错机制，调查时发现，高达94.8%的基层公务员完全理解“公务员辞职现象”，报酬低、压力大、责任重成为他们有辞职想法的主要原因，分别占37.3%、36.3%和16.1%。这说明，在精准教育扶贫领域建立赏罚分明的激励机制和容错纠错机制尤为必要。为此，应建立科学合理的激励机制，给予教育扶贫干部更多的关爱。同时，应从精神和物质两个层面对基层公务员的教育扶贫工作予以肯定。只有这样，基层公务员在教育扶贫中的权责利才能实现对等，激励教育扶贫干部以科学的方法和高度的责任心将教育扶贫真正做到根上。此外，建立容错纠错机制，区别对待脱贫问题。对于因客观原因、政策调整、贫困户内生动力不足而引发的不脱贫，只要教育扶贫干部已经尽力，建议不追究教育扶贫干部的责任。当然，建立教育扶贫容错纠错机制并不是简单地包容和承认错误，必须建立与之相配套的事前防错机制和事后纠错机制。为使容错纠错机制更科学、合理，应用好精准教育扶贫考核评价的指挥棒，强化正向激励与负向激励，将教育扶贫容错纠错机制与考核评价、奖优罚劣、民意支持等结合起来，助推精准教育扶贫尽快实现目标。

四　强化协同效应，凝聚帮扶力量

教育扶贫不仅是当地教育行政部门和学校的任务，而是全社会的共同任务，只有大家共同关注教育，教育扶贫才能成功。

1. 优化教育帮扶的协同方式

近年来，各地纷纷采取措施，推动跨地区教育扶贫协作。比如，2018年，济南湘西两地教育部门制订了《济南市湘西州教育扶贫东西部协作方案》。2019年，天津滨海新区教体局组团赴青海、甘肃两省三地，围绕管理水平、专业建设水平、教师素质、贫困户家庭学生升学就业、办学条件、产教融合等方面开展校际结对和帮扶活动。[①] 武陵山片区以龙山来凤经济协作示范区建设为载体，建立湘鄂两省、湘西恩施两州、龙山来凤两县跨区域推进协调机制。[②] 鄂豫皖三省建立政协主席联席会议平台[③]；山东省着力构建“城乡学校结对帮扶网络”，截至2017年，已结成4427个城乡义务教育学校帮扶对子，基本实现该省扶贫工作重点村学校全覆盖。[④] 目前，东西部教育扶贫协作及对口支援具体实施过程中，仍存在着目标受众接受意愿不强、偏重“供给导向”、偏重硬件投入忽视软件建设等问题。[⑤] 具体表现为：一是需求导向与供给导向相结合。在教育东西协作和对口支援中，东部地区不仅要考虑自身帮扶能力和帮扶强项，更要考虑受帮扶方的需求；在具体帮扶过程中，不仅需要考虑到不同的帮扶内容，对不同教师的专业素质影响不同，还要考虑到相同的帮扶方式，对不同教师的专业素质影响不同，建立更灵活、更有针对性的帮扶机制。二是“硬件”建设与“软件”建设相结合。重“硬件”轻“软件”既是贫困地区教育扶贫中的共性问题，又是突出问题。调研数据表明，大部分参与“组团式”帮扶的西部学校教师，在知识量、团队合作、教学技能、管理能力等方面得到显著改善。硬件投入是发展教育的重要基础，师资队伍、专业建设、课程开发、专业知识学习、教学技能提升等软件建设同样具有不容忽视的重要价值。

2. 强化帮扶环节的协同效应

教育扶贫工作主体涉及教育、扶贫、发改、民宗、财政、人社、各级人民政府等部门，应该在协同推进的基础上，注重人、财、物的统筹，提高教育扶贫效率和质量。一是完善管理体制。建立教育精准扶贫

① 路熙娜：《谱写东西部教育扶贫协作新篇章》，《滨海时报》2019年6月12日第003版。

② 湖北省扶贫攻坚领导小组办公室：《片区攻坚：筑牢脱贫大底盘——2015年全省片区区域发展与扶贫攻坚发展报告》，《湖北日报》2016年1月26日第005版。

③ 彭娟：《鄂豫皖三省政协主席联席会议在皖召开》，《湖北日报》2014年10月27日。

④ 石长毅：《山东：让教育精准扶贫“暖心”又“给力”》，《山东教育报》2017年10月17日第004版。

⑤ 王奕俊、吴林谦、杨悠然：《受教育者成本收益视角的东西部职业教育协作精准扶贫机制分析——以“滇西实施方案”为例》，《苏州大学学报》2019年第7期教育科学版。

联席会议制度，定期研究解决教育精准扶贫过程中出现的重大问题，完善配套政策，形成推进教育精准扶贫的强大合力。二是对教育精准扶贫资助资金实行分账核算，专款专用，同时接受财政、审计、纪检监察、主管机关及社会监督，对于挤占挪用资金、弄虚作假套取资金等违法违规行为，要按照有关规定严肃处理。三是建立和完善信息公开制度。各级教育行政部门通过当地媒体、部门网站等渠道，向社会公开教育扶贫工作进展、工作成效等情况，接受社会和群众监督。

3. 开展教育扶贫的协同治理

具体来说，要做到以下几点：一是考虑到国家扶贫战略工作重点地区具有跨省区或跨省市和多为少数民族地区的特点，建议从宏观上由国家层面来统筹，建立跨省区或跨省市间的教育扶贫协作机制；二是考虑到教育扶贫对提升民族地区学生智力、心理、语言、思维和文化水平具有重要的意义，因此建议从以“神经认知、心理认知、语言认知、思维认知和文化认知”为核心要义的人类认知五层级理论出发，建构五层级教育帮扶体系，实现帮扶对象五层级认知的协同转变。三是通过完善顶层设计、政策体系、监督机制和考核方式，实现教育帮扶理念、帮扶目标、帮扶内容和帮扶手段协同发展，具体来说，可以实现帮扶理念从单独、协作到合作的发展，帮扶目标从输血、造血到献血的发展，帮扶内容从支教、培训搭配管理的发展，帮扶工具从经验到数据到区块链技术的发展。四是构建基于区块链技术的教育帮扶大数据协作平台，提高帮扶的效率和效果，增强帮扶的精准性、针对性和公平性，提升帮扶管理的透明化、精细化和科学化。

五　构建数据平台，更新帮扶思维

实际上，目前在教育扶贫领域多采用的是一种大数据思维，而不是真正地运用了大数据技术，教育扶贫领域因其数据流动变化较大，数据数量较少，分析技术受专业能力限制，在实际运用大数据技术方面还存在较多的困难，因此目前多体现的是一种大数据思维模式，因此需要在以下路径上实现转变

大数据凭借其快速、大量、多样的特点可以推动教育扶贫过程精准

化、科学化与高效化，并且有助于为未来开发出创新型的帮扶模式，但是大数据驱动教育精准扶贫也面临着许多挑战。要进一步推广该模式，就国外的经验来看，首先要在政策层面给予支持，营造数据驱动教育决策的文化。[①] 不仅如此，它还需要消除各级机构之间对使用相关数据的任何怀疑。[②] 当然，不可忽视的是，大数据驱动教育扶贫的研究大多限于相关分析和预测分析。换句话说，虽然通过使用数据挖掘技术，研究人员可以搜索大量的数据，但只能回答大数据驱动的教育精准扶贫"是什么"而不是"为什么"的问题。[③] 为此，应从以下路径进行优化。

1. 培养教育扶贫的大数据思维

教育数据只有通过深入挖掘分析，才能将其转换为信息资源，有效发挥出以数据驱动管理的功能。正因为如此，对教育扶贫大数据进行过程挖掘，不仅有助于分析教育扶贫过程的历史数据，更有助于教育主管部门、教师改进教学决策，为学生提供教学支持。"[④] 在平台分割化、信息独立化的背景下，大数据技术在教育扶贫领域中发挥的作用有限。因为受主客观条件及管理偏好的影响，大数据技术应用于教育扶贫的成效与预期目标间存在一定的偏差。虽然大数据让教育精准扶贫的对象识别、资助发放、营养餐配送、信息化手段和师资培训等方面发生了较大的变化，但从严格意义上来说，并没有真正实现大数据技术下的精准化管理。之所以呈现如此的状况，与教育扶贫数据主体的思维方式有关。

大数据对政府治理提出了更高的要求，倒逼政府主动变革创新思维，不断提升公共治理水平。正如有学者所指出，大数据治理必须具有服务型思维、时效性思维和开放性思维，才能满足社会公众日益增长的

---

① Dringus L. P.，"Learning analytics considered harmful" *Journal of Asynchronous Learning Networks*，No. 3，2012.

② Dyckhoff A. L.，Zielke D.，Bültmann M.，et al.，"Design and implementation of a learning analytics toolkit for teachers" *Journal of Educational Technology & Society*，No. 3，2012.

③ A. S. Alblawi and A. A. Alhamed，"Big data and learning analytics in higher education：Demystifying variety，acquisition，storage，NLP and analytics" 2017 IEEE Conference on Big Data and Analytics（ICBDA），2017，pp. 124 – 129，doi：10. 1109/ICBDAA. 2017. 8284118.

④ 张培、夏海鹰：《教育领域数据治理的基本思路与实践路径》，《现代教育技术》2020年第5期。

期望。[①] 在教育扶贫中，操作主体主要是基层教务部门的公务员。虽然人们普遍认为基层公务员的工作主要是执行上级的决定和国家的政策，是低层级的工作人员，但“事实上他们正是建构政府所提供的服务的实际行动者。除此之外，若是把这些公共服务工作者的个别决策积累起来，甚至可以成为或者是等同于政策”[②]。事实上，基层公务员所做出的决策，大都与重新分配以及资源配置有关，这一角色建立在与他们职位相互关联的两个层面：较高程度的自由裁量权，以及在组织权威之下所拥有的相对自主权。身为公共利益的提供者以及公共秩序的维护者，基层公务员常常成为政治论战的焦点，他们经常焦头烂额地处理各种矛盾，应付许多要求。由于公职人员已经扩张并逐步巩固了他们的集体力量，所以在有关公共服务范畴的争议中，他们已经变成解决争端或被公众质疑的一股强大的独立力量，无论争端的结果如何，都会影响到他们的身份和地位。[③] 因此，对于基层教育工作者而言，资源有限、目标模糊和绩效评估难以量化的现实困境决定了其思维方式具有一定的局限性，因而对大数据的价值和认识容易停留在比较浅显的阶段，转变基层教育工作者的思维方式十分重要。为实现大数据决策优化，就要改变基层教育工作者的传统思维惯性，培养他们的大数据思维，这就要求做到：第一，积极配合上级政府工作，组织基层公务员参加大数据业务培训，使他们提高认识、开阔视野，主动配合大数据工作，提升自身能动性，提高用大数据优化决策的主观意愿；第二，加大对数据平台操作人员的业务素质培训，大力引进人才，形成稳定的大数据操作队伍。只有这样，基层教育工作者的大数据思维才能有效形成。

2. 促进教育扶贫领域的数据共享

联合国教科文组织2019年报告《教育中的人工智能：可持续发展的挑战和机遇》指出，构建开放、高质量和包容性强的教育数据系统

① 高奇琦、陈建林：《大数据公共治理：思维、构成与操作化》，《人文杂志》2016年第6期。

② ［美］李普斯基：《基层公务员：公职人员的困境》，苏文贤、江吟梓译，（台湾）学富文化事业有限公司2010年版，第1页。

③ ［美］李普斯基：《基层公务员：公职人员的困境》，苏文贤、江吟梓译，（台湾）学富文化事业有限公司2010年版，第144页。

是人工智能教育可持续发展的重要前提。大数据是人工智能的前提和基础，但由于各教育扶贫系统“数据割裂、数据孤岛”的现象严重，这增加了数据处理的成本和困难，因此有必要整合平台数量，建立一个统一的大数据平台，实现数据共享。数据共享能够让更多的人充分利用已有数据资源，减少资料收集、数据采集等重复劳动和相应费用，是实现教育扶贫精准化管理的重要途径，同时也是提升政府数据资源再利用水平的关键。

3. 注意大数据技术在教育扶贫领域的适用限度

大数据技术在教育扶贫领域的适用性问题也需引起思考。教育扶贫的内在逻辑是通过教育来提升贫困人口的自身能力，从而阻断贫困的代际传递。然而，虽然大数据和互联网技术在改善贫困人口的文化环境方面有一定的作用，但并没有明确的证据表明，这些技术可以直接或间接地提升贫困户群体的发展能力和内生动力。因为大数据技术的运算分析多是以客观的数字为基础，而教育并不是完全依赖于数据的纯客观过程。相反，教育是一个多方主体参与的复杂过程，某些主观因素对于学生的终身教育和成长更具深刻影响，因此在教育领域中，一些的主体作用不能简单地由大数据和互联网技术进行替代。因此，鉴于教育扶贫领域的数据更新较快、变化较大、范围较广，综合判断，目前在教育扶贫领域更多采用的是一种大数据思维，而不是真正地运用了大数据技术。展望未来，如果教育扶贫领域真正用到了大数据技术，必将带来贫困地区师生教学（学习）理念、教学（学习）方式和教学（学习）场域的转变，激发贫困地区的内生动力，真正阻断贫困的代际传递。[①]

大数据驱动教育扶贫领域的内在机理在于以大数据思维与技术驱动教育扶贫的精准化、智能化与差异化。教育扶贫中大数据的“大”不只是停留在表层的数据体量大小，更体现于数据背后所蕴含价值之“大”和思维之“大”，通过挖掘教师教学与学生扶贫中的数据信息，发现教育扶贫过程中的重要问题、隐藏关系，预测未来发展趋势。就此而言，本书探讨的“大数据”，也许体量不够大，但其揭示的驱动教育扶贫的逻辑机理，还是具有一定的参考价值。

① 柯清超：《大数据与智慧教育》，《中国教育信息化》2013 年第 12 期。

附录　调查问卷

（教师和管理人员问卷）

您好！为全面了解目前关于教育精准扶贫的情况，特设计此问卷。问卷采用匿名方式，不涉及个人隐私，请您放心作答。您的回答对本书非常重要。感谢您的帮助与合作！

1. 自工作以来，您是否参加过培训？[单选题]

□否

□是

2. 过去一年，您参加过几次培训？[单选题]

□0 次

□1 次

□2 次

□3 次

□4 次

□5 次及以上

3. 过去一年，您参加过哪些级别的培训？[可多选题]

□国家级

□省级

□地市级

□县级

□乡镇级或校级

□以上都没有

4. 您认为过去一年的培训对您是否有用？[单选题]

□没什么用

□一般

□很有用

5. 您最希望获得哪些方面的培训？［单选题］

□学科专业知识

□课堂教学技巧

□信息化技术

□其他______________

6. 您对学校学生食堂的整体满意度［单选题］

□满意

□基本满意

□不太满意

□不满意

7. 您对学校办学条件的整体满意度［单选题］

□满意

□基本满意

□不太满意

□不满意

8. 您对学校信息化使用情况的整体满意度［单选题］

□满意

□基本满意

□不太满意

□不满意

9. 您对学校师资状况的整体满意度［单选题］

□满意

□基本满意

□不太满意

□不满意

10. 您对学校管理的整体满意度［单选题］

□满意

□基本满意

□不太满意

□不满意

11. 您任教的学校或班级中，是否有学生因家庭经济困难而失学辍学？[单选题]

□没有

□个别

□很少

□有很多

12. 您所在的学校是否建档立卡贫困子女设立专门档案？[单选题]

□做到一生一档

□仅有贫困生花名册

□没有建立档案也没有名单

□不清楚

13. 您所在的学校对建档立卡贫困户学生是否有特殊的帮扶或资助政策？[单选题]

□没有

□有

14. 您所任职学校的贫困学生数量如何？[单选题]

□很少

□一般

□很多

15. 您认为教育扶贫最大的受益者是谁？[单选题]

□学校

□教师

□学生

□家长

□社会

16. 您认为教育扶贫最大的成效是？[单选题]

□促进学生进步

□提升教师技能

□推动学校发展

□转变办学理念

17. 您了解“组团式”帮扶吗？［单选题，如选择“不了解”，跳过18—21题］

□不了解

□了解

18. 您参与“组团式”帮扶了吗？［单选题］

□没参与

□参与

19. 您觉得组团式帮扶的效果如何？［单选题］

□比单个帮扶差

□与单个帮扶一样

□比单个帮扶好

20. 您认为在哪方面开展组团式帮扶效果更好？［单选题］

□规章制度设计

□教学理念转变

□专业知识学习

□教学技能提升

□信息化技术应用

21. 参加组团式帮扶，您在哪些方面有收获？［可多选，未参加不填此题］

□增长知识

□管理能力

□团队合作

□人际交往

□教学技能

□学生成绩

22. 您认为教育扶贫的哪些机制需要改善？［可多选，认为没有就不选］

□经费投入机制

□识别机制

□监管机制

□帮扶机制

□考核机制

□问责机制

23. 您认为教育资助政策有哪些需要完善？［可多选，认为没有就不选］

□政策有偏差

□识别不精准

□监管不到位

□发放不及时

□效果不理想

24. 您认为教育扶贫政策执行存在哪些问题？［可多选，认为没有就不选］

□项目较少

□资金不足

□精准不够

□参与缺乏

□理念落后

□监管不力

□资金被挪用

25. 您认为教育扶贫经费投入有哪些需要改进？［可多选，认为没有就不选］

□投入不足

□结构不合理

□被挤占或挪用

□使用不精准

□成效不明显

26. 您认为教育精准扶贫识别存在哪些问题？［可多选，认为没有就不选］

□识别理念比较落后

□识别方法不够科学

□识别对象不够精准

□识别结果有些偏差

27. 您认为教育扶贫监管存在哪些问题？[可多选，认为没有就不选]

□监管主体较单一

□监管手段较落后

□监管过程较封闭

□监管结果不公开

28. 您认为教育扶贫考核存在哪些问题？[可多选，认为没有就不选]

□考核理念有偏差

□考核目标清晰性不够

□考核主体多元化不足

□考核方法科学性不够

□考核内容全面性不够

□考核过程民主性不够

□考核结果的应用不足

29. 您认为教育扶贫问责存在哪些问题？[可多选，认为没有就不选]

□问责标准比较严苛

□问责目标不甚清晰

□问责内容比较宽泛

□问责程序缺乏公正

□问责结果惩罚过重

30. 您认为大数据在教育扶贫中的主要作用是？[可多选，认为没有就不选]

□精准识别贫困户

□动态监管扶贫过程

□有效匹配扶贫资源

□科学考核扶贫结果

□公正问责扶贫主体

31. 您认为教育扶贫存在问题的主要原因是什么？[可多选]

□顶层设计不够科学

□部门衔接不到位

□投入经费短缺

□领导重视不够

□教育理念有偏差

□体制机制不健全

□社会支持系统不足

□市场机制没有发挥作用

32. 您认为大数据在教育扶贫中的应用有哪些问题？[可多选]

□数据体量不够大

□数据孤岛现象明显

□数据修改更新困难

□数据系统相互冲突

□数据使用不够

□数据结构不统一

□数据填报多头管理

33. 您认为教育扶贫应该首先改善：[单选题]

□改善硬件设施

□留住优秀教师

□招生政策偏向

□教育教学理念

34. 您认为在教育扶贫中应该出现以下哪些内容？[多选题]

□提供更优质的教学资源

□对农劳动力转移就业提供技能培训

□加强教师的培训和培育

□强化家庭教育与家长培训

□提升扶贫干部的能力

□改善学校的硬件设施设备

□强化对学生的帮扶与教育

35. 您认为以下哪些措施可以鼓励教师参与教育扶贫？[可多选]

□提供补贴

□提高薪资待遇

□改善当地生活条件

□改善当地教学硬件

□予以名誉奖励
□安排支援教师专门时间回家团聚
□予以子女就学便利
36. 请选择城市：[填空题]
____

37. 您的性别：[单选题]
□男
□女
38. 您的年龄（只填数字）[填空题]
____

39. 您在教育扶贫中是什么身份？[单选题]
□帮扶学校老师或领导（或帮扶单位人员）
□被帮扶学校老师或领导
□当地教育局人员
其他______________
40. 您的民族 [单选题]
□汉族
□苗族
□水族
□彝族
□侗族
□仡佬族
□布依族
□其他______________
41. 您的婚姻状态：[单选题]
□未婚
□已婚
□离异
□丧偶
42. 您有几个孩子 [单选题]
□0 个

□1 个

□2 个

43. 您目前属于下面哪类教师？[单选题]

□正式编制

□特岗教师

□临聘/代课教师

□返聘教师

□支教教师

□其他______________

44. 您目前的最高学历？[单选题]

□研究生及以上

□本科

□大专

□中专、中师或高中

□初中

□小学

45. 您的教龄有多少年（只填数字）[填空题]

____

46. 您所在的学校类别 [单选题]

□乡村学校

□镇区学校

□城区学校

47. 您所在的学校是 [单选题]

□幼儿园

□小学

□初中

□高中

□职业技术学院

□高等院校

48. 您目前的职称是什么？[填空题]

□初级

□中级

□高级

49. 您目前的职务是什么？（可多选）［多选题］

□校领导

□学校中层干部

□普通教师

□其他______________

50. 您主要教授下面哪些课程？［多选题］

□语文

□数学

□英语

□音乐

□体育

□政治

□美术

□科学

□物理

□化学

□历史

□地理

□其他______________

51. 您是否担任班主任？［单选题］

□否

□是

52. 您本学期每周上几节课？（只填数字）［填空题］

____

53. 您平均每天工作多少小时？（包括备课、上课和批改作业等）［填空题］

____

54. 您平均每天备课多长时间？［填空题］

____

55. 本学期您教几个班？［填空题］

____

56. 您过去一年的工资收入（含各种奖金）大概是多少元？［只填数字］

____

57. 您认为政府的教育扶贫工作应有哪些改进，请填写：［填空题］

____

参考文献

一　专著

［英］阿玛蒂亚·森：《以自由看待发展》，任赜、于真译，中国人民大学出版社 2002 年版。

［英］阿玛蒂亚·森：《贫困与饥荒——论权力与剥夺》，王宇、王文玉译，商务印书馆 2001 年版。

［英］埃德加：《哈贝马斯：关键概念》，杨礼银、朱松峰译，江苏人民出版社 2009 年版。

［古希腊］柏拉图：《理想国》，张子箐译，光明日报出版社 2006 年版。

［美］戴维·H. 罗森布鲁姆等：《公共行政学：管理、政治和法律的途径》，张成福译，中国人民大学出版社 2002 年版。

［美］德博拉·斯通：《政策悖论——政治决策中的艺术》（修订版），顾建光译，中国人民大学出版社 2009 年版。

［英］福克斯·米勒：《后现代公共行政：话语指南》，楚艳红译，中国人民大学出版社 2003 年版，第 143 页。

［德］赫尔曼·哈肯：《信息与自组织：复杂系统的宏观方法》，郭治安译，四川教育出版社 1988 年版，第 18 页。

［德］赫尔曼·哈肯：《协同学——自然成功的奥秘》，戴鸣钟译，上海科学普及出版社 1988 年版。

［美］科尔曼：《社会理论的基础》，邓方译，社会科学文献出版社 1999 年版。

［美］罗格纳·纳克斯：《不发达国家的资本形成问题》，谨斋译，商务印书馆 1966 年版，第 23 页。

［美］帕森斯：《社会行动的结构》，张明德、夏翼南、彭刚译，译林出版社 2003 年版。

［美］Riehard R. Nelson：《欠发达经济中的低水平均衡陷阱理论》，李德娟译，《美国经济评论》第 46 卷第 5 号，1957 年 12 月。

［德］滕尼斯：《共同体与社会：纯粹社会学的基本概念》，林荣远译，商务印书馆 1999 年版。

［瑞典］托尔斯顿·胡森：《平等——学校和社会政策的目标》，张人杰译，华东师范大学出版社 1989 年版。

［美］卡尔·帕顿、大卫·沙维奇：《政策分析和规划的初步方法》，孙兰芝译，华夏出版社 2002 年版。

［美］克里斯托弗·胡德：《国家的艺术：文化、修辞与公共管理》，彭勃等译，上海人民出版社 2004 年版。

［美］李普斯基：《基层公务员：公职人员的困境》，苏文贤、江吟梓译，台湾：学富文化事业有限公司 2010 年版。

［美］迈克·希尔、［荷］彼特·休普：《执行基层政府决策》，黄建荣等译，商务印书馆 2011 年版。

［英］米切尔·黑尧：《现代国家的政策过程》，赵成根译，中国青年出版社 2004 年版。

［法］皮埃尔·卡蓝默：《心系国家改革：公共管理建构模式论》，胡洪庆译，上海人民出版社 2004 年版。

［美］威廉·N. 邓恩：《公共政策分析导论》，谢明译，中国人民大学出版社 2011 年版。

［英］维克托·迈尔－舍恩伯格、［英］肯尼思·库克耶：《大数据时代：生活、工作与思维的大变革》，盛杨燕、周涛译，浙江人民出版社 2013 年版。

［美］西奥多·W. 舒尔茨：《论人力资本投资》，吴珠华等，北京经济学院出版社 1990 年版，第 78 页。

［古希腊］亚里士多德：《政治学》，吴寿彭译，商务印书馆 1983 年版。

［美］伊恩·艾瑞斯：《大数据思维与决策》，宫相真译，人民邮电出版社 2014 年版。

［美］约翰·杜汉姆·彼得斯：《对空言说》，邓建国译，上海译文出版社 2017 年版。

艾兴：《建构主义课程研究》，西南大学出版社 2007 年版。

大数据战略重点实验室：《块数据 3.0：秩序互联网与主权区块链》，中信出版社 2017 年版。

陈潭等：《大数据时代的国家治理》，中国社会科学出版社 2016 年版。

顾明远：《教育大辞典》，上海教育出版社 1998 年版。

孟庆国：《云上 GZ——GZ 省大数据发展探索与实践》，清华大学出版社 2016 年版。

乌家培等：《信息经济学》，高等教育出版社 2007 年版。

薛泽通：《当代公务员的心态建设》，中共中央党校出版社 2007 年版。

周进：《依托信息化助推教育质量提升——S 县教育扶贫"扶智提质"探索》，GY 市教育局年鉴 2017 年版。

二　期刊论文

常宴会：《大数据时代思想政治教育理念的三重反思》，《思想教育研究》2017 年第 8 期。

陈恩伦、陈亮：《教育信息化观照下的贫困地区教育精准扶贫模式探究》，《中国电化教育》2017 年第 3 期。

陈恩伦、郭璨：《以教师精准培训推动教育精准扶贫》，《中国教育学刊》2018 年第 4 期。

陈刚：《运用大数据思维和手段提升政府治理能力》，《党政干部参考》2016 年第 13 期。

陈建平：《高等教育改革的着力点：教育模式的转型》，《东南学术》2008 年第 1 期。

陈美：《大数据在公共交通中的应用》，《图书与情报》2012 年第6期。

陈家建：《项目制与基层政府动员——对社会管理项目化运作的社会学考察》，《中国社会科学》2013 年第 2 期。

陈敏：《儒道经典与公务员阳光行政心态》，《福建行政学院学报》2009 年第 4 期。

陈向明、王志明：《义务教育阶段教师培训调查：现状、问题与建议》，《开放教育研究》2013 年第 4 期。

陈云：《城市新贫困治理问题研究》，《理论探索》2015 年第 2 期。

崔伟：《智慧治理：大数据时代政府社会治理之创新》，《知与行》2016 年第 4 期。

崔志钰：《走向多元共治："互联网 + 课堂"的教学变革》，《中小学管理》2016 年第 7 期。

代蕊华、于璇：《教育精准扶贫：困境与治理路径》，《教育发展研究》2017 年第 7 期。

邓维杰：《精准扶贫的难点、对策与路径选择》，《农村经济》2014 年第 6 期。

董飞：《大数据背景下政府决策的机遇、挑战和建议》，《天水行政学院学报》2015 年第 5 期。

段从宇、伊继东：《教育精准扶贫的内涵、要素及实现路径》，《教育与经济》2018 年第 5 期。

鄂璠：《当"S 县学生"遇到"Y 市老师"用凌云方法破解壮"智"难题》，《小康》2018 年第 6 期。

樊博、陈璐：《政府部门的大数据能力研究——基于组织层面的视角》，《公共行政评论》2017 年第 1 期。

冯敏等：《食育干预改善西部农村寄宿制学校学生营养状况效果》，《中国学校卫生》2014 年第 12 期。

封清云、郭炯、郑晓俊：《大数据支持的甘肃省教育精准扶贫科学决策研究》，《电化教育研究》2017 年第 12 期。

傅树京：《构建与教师专业发展阶段相适应的培训模式》，《教育理论与实践》2003 年第 6 期。

高文珺：《大数据视野下的社会心态研究——基于复杂性理论与计算模型的探讨》，《新视野》2017 年第 6 期。

苟天来、唐丽霞、王军强：《国外社会组织参与扶贫的经验和启示》，《经济社会体制比较》2016 年第 4 期。

龚云：《十八大以来公务员心态有何变化》，《人民论坛》2017 年第 8 期。

顾小清等：《让数据说话：决策支持系统在教育中的应用》，《开放教育研究》2010 年第 5 期。

谷志军、陈科霖：《当代中国决策风险问责的内在逻辑及优化策略》，《政治学研究》2017 年第 3 期。

韩志明：《街头官僚的行动逻辑与责任控制》，《公共管理学报》2008 年第 1 期。

何志魁、毛亚庆：《教育精准扶贫中乡村教师角色价值探析》，《当代教育与文化》2019 年第 4 期。

黄巨臣：《农村教育精准扶贫“项目制”：运作逻辑、执行困境及应对策略》，《宁夏社会科学》2018 年第 2 期。

黄其松、刘强强：《大数据与政府治理革命》，《行政论坛》2019 年第 1 期。

黄晓春、嵇欣：《技术治理的极限及其超越》，《社会科学》2016 年第 11 期。

胡税根、单立栋、徐靖芮：《基于大数据的智慧公共决策特征研究》，《浙江大学学报》（人文社会科学版）2015 年第 3 期。

胡税根等：《基于大数据的智慧公共决策特征研究》，《浙江大学学报》2005 年第 3 期。

胡颖、廉叶岚：《大数据解读真实公务员》，《决策探索》2014 年第 10 期。

胡霞：《大数据时代高等教育模式转型与创新路径探究》，《中国成人教育》2017 年第 1 期。

胡键：《大数据与公共管理变革》，《社会科学文摘》2017 年第 1 期。

姜晓萍、马凯利：《我国公务员绩效考核的困境及其对策分析》，《社会科学研究》2005 年第 1 期。

李科生、蒋志辉：《“互联网 +”支持下的“立体化教材”开发探讨》，《出版科学》2018 年第 1 期。

李圣军：《“大数据 + 微调”时代基层政府循数决策模式的构建》，《统计与决策》2016 年第 24 期。

李文：《贫困地区农村寄宿制小学儿童膳食营养状况评估》，《中国农村经济》2008 年第 3 期。

李云新、韩伊静：《国外智慧治理研究述评》，《电子政务》2017 年第 7 期。

梁志峰、左宏、彭鹏程：《基于大数据的政府决策机制变革：国家治理科学化的一个路径选择》，《湖南社会科学》2017 年第 3 期。

刘凌、罗戎：《大数据视角下基层政府数据开放与个人隐私保护研究》，《情报科学》2017 年第 2 期。

刘航、柳海民：《教育精准扶贫：时代循迹、对象确认与主要对策》，《中国教育学刊》2018 年第 4 期。

刘秦民：《大数据时代的社会风险治理研究》，《学术研究》2017 年第 8 期。

林乘东：《教育精准扶贫论》，《民族研究》1997 年第 3 期。

林春智：《大数据背景下教育精准扶贫实现路径的构建》，《黑河学院学报》2019 年第 1 期。

卢昌亚、吴华凤：《非家庭午餐的学龄儿童营养素摄入量与生长发育关系的探讨》，《营养学报》1992 年第 3 期。

卢真金：《教师专业发展的阶段、模式、策略再探》，《课程·教材·教法》2007 年第 12 期。

陆化普、孙智源、屈闻聪：《大数据及其在城市智能交通系统中的应用综述》，《交通运输系统工程与信息》2015 年第 5 期。

马奔、毛庆铎：《大数据在应急管理中的应用》，《中国行政管理》2015 年第 3 期。

孟天广、张小劲：《大数据驱动与政府治理能力提升——理论框架与模式创新》，《北京航空航天大学学报》（社会科学版）2018 年第 1期。

莫光辉：《精准扶贫：中国扶贫开发模式的内生变革与治理突破》，《中国特色社会主义研究》2016 年第 2 期。

莫光辉：《大数据在精准扶贫过程中的应用及实践创新》，《求实》

2016 年第 10 期。

莫光辉、张玉雪：《大数据背景下的精准扶贫模式创新路径——精准扶贫绩效提升机制系列研究之十》，《理论与改革》2017 年第 1 期。

裴莹、付世秋、吴锋：《我国教育大数据研究热点及存在问题的可视化分析》，《中国远程教育》2017 年第 12 期。

齐忠、勾建鸣、赵兵、张春鹤：《大数据驱动教育精准扶智提质——以“大数据 + 教育精准扶贫（智/质）平台”建设与应用为例》，《中小学数字化教学》2019 年第 2 期。

钱玉英、钱振明：《制度建设与基层政府决策机制优化：基于中国地方经验的分析》，《政治学研究》2012 年第 2 期。

任亚杰等：《大数据时代精准扶贫实践探析》，《大连民族大学学报》2016 年第 6 期。

任友群、郑旭东、冯仰存：《教育信息化：推进贫困县域教育精准扶贫的一种有效途径》，《中国远程教育》2017 年第 5 期。

桑永婷、邓志锋：《基于大数据的基层政府决策发展趋势研究》，《东华大学学报》2015 第 4 期。

单耀军：《教育精准扶贫的科学内涵及实践路径》，《经济研究参考》2018 年第 10 期。

孙华：《关于我国西部地区教育扶贫攻坚的梯度思考》，《黑龙江民族丛刊》2018 年第 3 期。

宋振超、黄洁：《大数据背景下网络信息的伦理失范原因及对策》，《理论与改革》2015 年第 2 期。

孙雪晴：《乡村振兴战略背景下教育精准扶贫的内涵、价值及实施路径》，《教学与管理》2019 年第 22 期。

苏贵民：《经验、反思和教师专业发展之间的关系》，《教育理论与实践》2008 年第 35 期。

史耀疆、王欢、田民正等：《农村义务教育学生营养改善计划实施前的现状分析和政策建议——来自西北 122 所贫困农村小学的调查》，《教育与经济》2012 年第 1 期。

唐文方：《大数据与小数据：社会科学研究方法的探讨》，《中山大学学报》（社会科学版）2015 年第 6 期。

王春福：《大数据与基层政府决策的双重风险及其规避》，《理论探讨》2017年第2期。

王飞跃等：《社会计算与计算社会：智慧社会的基础与必然》，《科学通报》2015年第1期。

王岑：《大数据时代下的基层政府管理创新》，《中共福建省委党校学报》2014年第10期。

王济军、张俊霞：《认知心理学的基础理论对ICAI课件设计的指导》，《教学研究》2005年第3期。

王少华、卢浩、黄骞、曹嘉：《智慧交通系统关键技术研究》，《测绘与空间地理信息》2013年第1期。

王卉：《大数据对基层政府行政管理影响探析》，《福建教育学院学报》2017年第10期。

王军、吴海燕：《"互联网+"背景下精准扶贫新方式研究》，《改革与战略》2016年第12期。

王嘉毅、封清云、张金：《教育与精准扶贫精准脱贫》，《教育研究》2016年第7期。

王运武：《教育信息化发展需转型》，《中国电化教育》2009年第2期。

王欣亮、魏露静、刘飞：《大数据驱动新时代乡村治理的路径建构》，《中国行政管理》2018年第11期。

王钰：《以大数据分析技术促教育精准扶贫》，《电子技术与软件工程》2017年第23期。

王泽群：《基层政府在大数据隐私保护中的职能重塑》，《理论探讨》2016年第3期。

汪玉凯：《智慧社会与国家治理现代化》，《中共天津市委党校学报》2018年第2期。

魏丹：《教育精准扶贫的价值逻辑、实践问题及对策》，《教学与管理》2019年第33期。

魏航等：《基于大数据的基层政府决策评估研究：回顾与建议》，《电子政务》2016年第1期。

魏向赤：《关于教育扶贫若干问题的思考》，《教育研究》1997年第 7 期。

乌云娜、武荣：《大数据时代的公共决策模式变革》，《领导科学》2018 年第 14 期。

吴青熹：《社会化媒体与大数据视野下的城市社区治理》，《华东师范大学学报》（哲学社会科学版）2017 年第 6 期。

吴永和、刘博文、马晓玲：《构筑“人工智能 + 教育”的生态系统》，《远程教育杂志》2017 年第 9 期。

谢君君：《教育扶贫研究述评》，《复旦教育论坛》2012 年第 3 期。

谢起慧、彭宗超：《网民负面情绪与心态风险感知实证研究——重大决策社会稳定风险评估视角》，《科学决策》2018 年第 4 期。

徐红彩、刘晓东：《基于云课堂的基础教育精准扶贫路径探索——以安徽省阜阳市农村云课堂应用实践为例》，《中国电化教育》2018 年第 7 期。

徐宗本、冯芷艳、郭迅华等：《大数据驱动的管理与决策前沿课题》，《管理世界》2014 年第 11 期。

许晔：《以大数据创新提升政府管理决策能力》，《科学管理研究》2017 年第 3 期。

许传玺、成协中：《重大决策社会稳定风险评估的制度反思与理论建构》，《北京社会科学》2013 年第 3 期。

闫利平、申灿：《创新大数据时代地方基层政府决策机理研究》，《中共天津市委党校学报》2016 第 3 期。

严苏凤、梁崇科：《校本教研：新课程背景下教师继续教育模式探究》，《理论导刊》2009 年第 4 期。

杨现民、唐斯斯、李冀红：《发展教育大数据：内涵、价值和挑战》，《现代远程教育研究》2016 年第 1 期。

杨波：《探索“互联网 +”特殊教育精准扶贫新途径——以福建省农村儿童为例》，《领导科学论坛》2016 年第 17 期。

于跃、王庆华：《大数据的特质及其安全和信用风险》，《行政论坛》2016 年第 1 期。

余辰、张丽娟、金海：《大数据驱动的智能交通系统研究进展与趋势》，《物联网学报》2018 年第 1 期。

余新：《有效老师培训的七个关键环节——以“国培计划—培训者研修项目”培训管理者研修班为例》，《教育研究》2010 年第 2 期。

余应鸿：《乡村振兴背景下教育精准扶贫面临的问题及其治理》，《探索》2018 年第 3 期。

岳振：《大数据、大扶贫推动 GZ 新跨越》，《当代 GZ》2015 年第 44 期。

尹逊波、吴勃英：《新教师成长的三个阶段》，《中国大学教学》2015 年第 11 期。

张楠：《公共衍生大数据分析与基层政府决策过程重构：理论演进与研究展望》，《中国行政管理》2015 年第 10 期。

张诗晨、廖秀健：《重大决策社会稳定风险评估机制反思与完善——基于 30 起环境群体性事件的实证分析》，《电子政务》2017 年第 4 期。

张建人、阳子光、凌辉：《中小学教师工作压力、工作满意度与职业倦怠的关系》，《中国临床心理学杂志》2014 年第 5 期。

张忠义、李森林：《清华大学远程教育扶贫实证研究》，《现代教育技术》2018 年第 2 期。

赵建梅：《新农村建设视域中的农村人力资源开发探析——基于舒尔茨人力资本理论的视角》，《华东经济管理》2010 年第 4 期。

赵鹏军、李铠：《大数据方法对于缓解城市交通拥堵的作用的理论分析》，《现代城市研究》2014 年第 10 期。

赵姝淳、孙曙辉：《大数据技术及其在教育领域的应用》，《中小学信息技术教育》2014 年第 3 期。

张俊、赵丽汝：《精准扶贫下的农民工继续教育机制创新》，《中国成人教育》2018 年第 7 期。

张良等：《公共卫生大数据平台探索与实践》，《中国卫生信息管理杂志》2018 年第 5 期。

张述存：《打造大数据施政平台，提升政府治理现代化水平》，《中国行政管理》2015 年第 10 期。

张小娟、贾海薇、张振刚：《智慧城市背景下城市治理创新发展模式研究》，《中国科技论坛》2017 年第 10 期。

曾洁、贺书：《基于大数据及 GIS 的贵安新区精准扶贫“1 + N + 8”云平台设计与分析》，《智能计算机与应用》2016 第 4 期。

郑瑞强、曹国庆：《基于大数据思维的精准扶贫机制研究》，《GZ 社会科学》2015 年第 8 期。

钟婉娟、侯浩翔：《大数据视角下教育决策机制优化及实现路径》，《教育发展研究》2016 年第 3 期。

朱成晨、闫广芬、朱德全：《乡村建设与农村教育：职业教育精准扶贫融合模式与乡村振兴战略》，《华东师范大学学报》（教育科学版）2019 年第 2 期。

左娇蕾、胡小琪：《我国农村寄宿制学校学生营养状况及干预策略》，《中国学校卫生》2010 年第 9 期。

三　报纸文章

陈潭：《大数据驱动国家治理的未来图景》，《光明日报》2018 年 4 月 9 日第 11 版。

柴葳：《教育是最根本的精准扶贫——党中央国务院强力推进教育精准扶贫工作综述》，《中国教育报》2016 年 5 月 3 日第 1 版。

贺宝成：《大数据与国家治理》，《光明日报》2014 年 5 月 27 日第 7 版。

李雨秦：《大数据为心理学研究带来机遇和挑战》，《中国社会科学报》2017 年 6 月 16 日第 7 版。

李志、兰庆庆：《大数据改变基层政府决策机理》，《中国社会科学报》2016 年 4 月 13 日。

罗海兰、刘辉：《以大数据为引领打造公共共享智慧教育——GY 市教育系统大数据驱动教育工程建设综述》，《GY 日报》2018 年 5 月 26 日第 2 版。

姚东：《GZ 省共有 66 个贫困县去年贫困人口有 493 万》，《GZ 都市报》2016 年 10 月 12 日。

叶春阳等：《“数据铁笼”彰显 Y 市治理能力的提升》，《GY 日报》2015 年 9 月 14 日第 7 版。

赵静：《“数据铁笼”构筑权力监管“防火墙”》，《人民日报》2016 年 5 月 25 日第 13 版。

四 外文文献

Anthony Giddens, *The consequences of modernity*, Stanford: Stanford University Press, 1991.

Arjun Thapa, Stephen D. Jett, Eva Y. Chi, "Curcumin Attenuates Amyloid – β Aggregate Toxicity and Modulates Amyloid – β Aggregation Pathway" *Acs Chemical Neuroscience*, Vol. 7, No. 1, 2015.

Banfield, Edward C., "The Moral Basis of a Backward society", *New-York: The Free Press*, 1958.

Baradwaj B. K., Pal S., "ining EducationalData to Analyze Students' Performance" *International Journal of Advanced Computer ence and Applications*, No. 6, 2011.

Davidson – Shivers G. V., Shorter L., Jordan K, et al., "Learning strategies and navigation decisions of children using a hypermedia lesson" *Journal of Educational Multimedia & Hypermedia*, Vol. 8, No. 2, 1999.

Dennis E. Poplin, "Communities: a Survey of theories and methods of research" *Social Forces*, Vol. 52, No. 3, 1974.

Etsuka K., Estudillo J. P., Yamano T., "The role of labor markets and human capital in poverty reduction: evidence from Asia and Africa" *Asian Journal of Agriculture & Development*, No. 7, 2012.

Fischer, C. S., "Toward a Subcultural Theory of Urbanism." *American Journal of Sociology*, Vol. 80. No. 6, 1975.

Goldthorpe, John H., and Erzsébet Bukodi., *Institutional change and social class inequalities in educational attainment: the British experience since* 1945, Wiesbaden: Springer Fachmedien Wiesbaden, 2013.

Goodrich C. H., Olendzki M., Reader G. G., "The New York Hospital—Cornell Medical Center: A Progress Report", *Medical Times*, Vol. 87, No. 3, 1959.

Hill J. R., Hannafin M. J., "Cognitive strategies and learning from the world wide web" *Educational Technology Research & Development*, Vol. 45, No. 3, 1997.

Hillery, G. A., "Definitions of Community: Areas of Agreement."

Rural Sociology, Vol. 20, No. 2, 1955.

Hobsbawm E. , *The Age of Extremes*: *A History of the World*, 1914 – 1991, New York: Vintage 1996.

Howlett M. , Lejano R. P. , "Tales from the Crypt the Rise and Fall (and Rebirth?) of Policy Design" *Administration & Society*, Vol. 45, No. 3, 2013.

Howlett M. , Mukherjee I. , "Policy Design and Non – Design: Towards a Spectrum of Policy Formulation Types" *Politics & Governance*, Vol. 2, No. 2, 2014.

Husen, Torsten, *The International encyclopedia of education*, London: Pergamon Press, 1985.

Iqbal F. , "Sustaining Gains in Poverty Reduction and Human Development in the Middle East and North Africa" *World Bank Publications*, Vol. 18, No. 2, 2010 .

Janjua, P. and Kamal, U. , "The Role of Education and Income in Poverty Alleviation: A Cross – Country Analysis. " *British Journal of Economics Management & Trade*, Vo. 4, No. 6, 2014.

Jeeva N. , Elakia, Gayathri, et al. , "Application of Data Mining in Educational Database for Predicting Behavioural Patterns of the Students" *International Journal of Engineering and Technology*, No3, 2014.

Lewis, Oscar. , "The Culture of Poverty" *Scientific American*, Vol. 215, No. 4, 1996.

Linder S. H. , Peters B. G. , "Policy Formulation and the Challenge of Conscious Design" *Evaluation & Program Planning*, Vol. 13, No. 3, 1990.

Mani A. , Mullainathan S. , Shafir E. , et al. , "Poverty Impedes Cognitive Function" *Science*, Vol. 976, No. 341, 2013.

Marchionini G. , "Hypermedia and Learning: Freedom and Chaos" *Educational Technology*, Vol. 28, No. 11, 1988.

Margo R, A. , *Race and Schooling in the South*, 1880 – 1950: *An Economic History* , Chicago: The University of Chicago Press, 1990.

Marshall A. , "The Principles of Economics" *Political Science Quarter-*

ly, Vol 77, No. 2, 2004.

Midgley, L. , and M. Olson . , "The Logic of Collective Action: Public Goods and the Theory of Groups. " *The Western Political Quarterly*, Vol. 22, No. 1, 1969.

Mulligan, C. B. , "Parental Priorities and Economic Inequality" *Contemporary Sociology*, Vol. 28, No. 5, 1998.

Njong A. M. , "The Effects of Educational Attainment on Poverty Reduction in Cameroon" *Academic Journals*, No. 2, 2010.

Otsuka K. , Estudillo J. P. , Yamano T. , "The role of labor markets and human capital in poverty reduction: evidence from Asia and Africa " *Asian Journal of Agriculture and Development*, Vol. 7, No. 1, 2010.

Rayward – Smith V. J. , "Statistics to measure correlation for data mining applications" *Computational statistics & data analysis*, No. 8, 2007.

Restuccia, Diego, Urrutia, Carlos. , "Intergenerational Persistence of Earnings: The Role of Early and College Education" *American Economic Review*, Vol. 94, No. 5, 2011.

Roberts J. , "Poverty Reduction Outcomes in Education and Health: Public Expenditure and Aid. " *London England Overseas Development Institute Mar*, No. 3, 2003.

Sims R. , "Interactivity: A forgotten art?" *Computers in Human Behavior*, Vol. 13, No. 2, 1997.

Smith, S. R. , Salamon, L. M. , & Lund, M. S. , *The Tools Approach: Basic Analysis, Beyond Privatization: The Tools of Government Action.* Washington, DC: Urban Institute, 1989. 105 (1), 168.

WallenbornM. , "he Impact of Vocational Education on Poverty Reduction, Quality Assurance and Mobility on Regional Labour Markets: Selected EU – funded Schemes " *European Journal of Vocational Training*, No. 47, 2009.

White, and Ben. , "World Development Report 2015: Mind, Society, and Behavior" *Washington D. C : World Bank Publications*, 2015.

后　记

党的十八大以来，以习近平同志为核心的党中央坚持把解决好“三农”问题作为全党工作的重中之重，把脱贫攻坚作为全面建成小康社会的标志性工程，组织推进人类历史上规模空前、力度最大、惠及人口最多的脱贫攻坚战，启动实施乡村振兴战略，推动农业农村取得历史性成就、发生历史性变化。如期完成新时代脱贫攻坚目标任务后，“三农”工作进入了全面推进乡村振兴的新阶段，这是“三农”工作重心的历史性转移。为此，2021 年中央“一号文件”明确指出，全面建设社会主义现代化国家，实现中华民族伟大复兴，最艰巨最繁重的任务依然在农村，最广泛最深厚的基础依然在农村；2021 年 6 月 1 日，我国正式颁布了《中华人民共和国乡村振兴促进法》，更是在巩固拓展脱贫攻坚成果同乡村振兴有效衔接的过程中提出要“扶上马送一程”，继续落实“四个不摘”要求。然而，虽然脱贫攻坚虽已取得全面胜利，但存在的脱贫成效不稳定、“等靠要”思想、内生动力不足、帮扶工作中简单给钱给物等问题仍然会存在，部分贫困人口“不愿脱贫、不能脱贫和不信脱贫”的“三不心理”仍是制约脱贫成效的主要因素，这就需要从教育的角度出发，彻底解决脱贫人口的知识问题、思想问题和认知问题。尤其是，面对全面实现小康社会、消灭绝对贫困之后巩固好现有脱贫攻坚成果、全面开展乡村振兴、扎实推进共同富裕的新挑战、新任务，应继续发挥教育对贫困代际传递的阻断价值，在乡村振兴战略布局下，以教育扶贫为导向，统筹各类教育均衡发展，为切实彻底拔掉穷根发挥出更大作用。也即重点帮助贫困人口子女接受教育，阻断贫困代际传递，才是彻底解决贫困问题、推动乡村振兴、实现共同富裕的根本之道。

为有效探索教育帮扶在脱贫攻坚与乡村振兴中的价值与作用，真正践行“志智双扶”理念，2017 年以来，我开始尝试从认知科学的角度去研究贫困与乡村问题，并连续获得了多个省部级以上课题，这些项目虽然名称不一、领域有异、主题不同，但基本都运用了人类认知五层级理论来作为理论分析框架，这让我积累了从认知科学视角研究贫困治理的丰富经验，为本书的形成奠定了坚实的理论基础。

为保质保量完成，结合的第一个调研是在 2018 年 1 月，当时我带领学生到了贵州六盘水野玉海管委会的海坪彝族搬迁村，了解认知科学在精准扶贫尤其是易地扶贫搬迁中的应用，试图分析大数据对搬迁户心理疏导、思维转型和认知转变的作用。接下来，我们利用 4 年多的时间，在贵州其他地区广西、广东、西藏等地做了类似的调研但以贵州为主。之所以选择贵州为主要调研点，主要有以下三方面的原因：一是我从重庆大学本科毕业后在贵州工作、生活了 17 年，在这里结婚、生子和立业。调研时，我正在办理到广州大学工作的调动手续，所以，对作为第二故乡的这块土地，我满怀感恩、眷恋和不舍之情，希望能为此做些实事。二是贵州有贫困人口 922 万人，其中 192 万需要易地扶贫搬迁，脱贫人数和易地扶贫搬迁人数都位居全国前列。没想到的是，贵州硬是利用“天道酬勤”的大无畏精神，发挥大数据之都的技术优势，率先在全国实现了“贫困县全摘帽、贫困村全出列、贫困人口全脱贫”的壮举，192 万易地扶贫搬迁人口也全部搬迁到位，这比全国整整提前了一年。由此说明，贵州的精准扶贫应该有很多值得借鉴的经验，这些经验一是可为全国其他地区的脱贫攻坚提供借鉴，二是也可为贵州的巩固脱贫提供参考。三是我不能辜负相关部门对我们团队的期望，要认真完成 2017 年贵州省给我立项的文科领域最高级别的两个课题。

带着这样的目的与愿望，2018 年 1 月以来，我们开始了以贵州为核心、辐射广西、云南、重庆、青海、宁夏、内蒙古等 10 多个省份的调研之旅。截至 2021 年 9 月，已有 300 多人次学生参与调研和整理资料，总行程 5 万多公里。其中，贵阳市利用大数据思维对长顺县进行“点对点”教育帮扶的案例，我们跟踪了整整一年。我是以贵阳市教育局特聘的教育扶贫决策咨询专家的身份，一直参与有关的重大会议和重要事件；我的一名博士生，也曾以挂职的身份，在贵阳市教育局跟岗学习半年。现在看来，我们的调研是卓有成效的，不仅有30多人次学生发表了论文，更重要的是我们调研后产出的成果比较丰富，已经出版专（编）著《攻坚2020：一线扶贫干部亲历记》与《精准扶贫背景下基层公务员心态研究》，正在出版专著《认知科学与贫困治理》《大数据时代的贫困治理》《塘约经验》等。

在此，我要感谢一直支持我、陪伴我、帮助我的团队成员们，他们是：广州大学谢颖教授、李强副教授、张惠副教授、李利文博士、陈晓佳博士、王洁博士，贵州民族大学李本东教授、王国超教授、李科生副教授、李小勇副教授、江星玲老师、钟小斌老师、张恒诚老师，广西社会科学院林伟忠研究员，广西梧州学院杨烨涵博士，重庆科技大学李华老师，安顺学院兰定松副教授和廖洪泉副教授，以及广州大学硕士研究生许文朔、刘峰、曾梓粦、麦智辉、范飞、李尚恒、邓砚亮等，贵州民族大学博士研究生兰英和夏雍、硕士研究生朱绍豪、王曦、肖鸿禹、杨正莲、向丹、邓熙媛、黄玲、梅陈、吴雪婷等，广州大学本科生韩尚臻、刘婉敏、兰凌云、李恺茵、叶选婷、陈郯、钟金娴、罗浩奇等，贵州民族大学已毕业的本科生陈林、黄为、黄河龙、罗祥海、杜旭、杨胜江、高开勇、韦正富、姚磊、蒋薇、王庆华、罗吉明等（注：此处排名不分先后）。更要感谢的是为我们调研提供帮助、接受我们访谈的基层干部和村民们，他们的名字将永远镌刻在我们的心里和书中。

记得2019年春节那次调研后，贵州民族大学2017级博士研究生兰英同学在日记中写下了这样的感想："这半个来月的调研，触动很大，感触很深，主要有以下几个方面：一是对贫困户的印象有所改变。大多数贫困户并不是我们想象中的慵懒之辈，而是勤勤恳恳种地的人；大多数的也不是想象中那样'傻'或'不学无术'，而是踏踏实实过日子的人。那么什么导致他们的贫困呢？调查发现贫困原因有多种，但因病、因残，或因劳动力等客观因素居多，当然，也有多子、离异等家庭问题等方面的主观原因。二是贫困不只是个人的问题，而是家庭的问题。贫困的衡量标准是一个家庭人均收入是否低于贫困线。一个家庭成员因病和因残，或因不良生活习惯和思维方式，或因好酒，都会导致贫困，所以，治贫应该从家庭而非个人入手。三是贫困只是一种生存现状，并不是一种可耻的现象，不能上升到一种伦理的高度去诋毁，或远离他们。无论是扶贫干部还是非贫困户，都应当对贫困户富有同情心、怜悯心，真心诚意去帮助他们，这样的扶贫才是真扶贫。”广州大学2016级本科生韩尚臻也感慨道：“调研中苦的累的都经历了。为了赶路，一天坐六七个小时的车是常态；为了整理一天的调研成果，晚上加班到十二点甚至半夜一点也习以为常。但是团队中的每一个人没有怨言，互相合作、相互支持、各司其职。作为团队中学历最浅、学识最低的小学弟，我也很珍惜这次出跟老师去学习和长见识的机会，希望团队不断努力壮大，也希望自己能够通过努力不断前行。”

正如各位同学所感，虽然我们先后下乡进村20多次，但确是2019年春节的那次调研给我们印象最深。那年的大年初九，我们便踏上了征程，此时是贵州最寒冷的时候，调研期间的天气和环境大多数时候比较恶劣，遇到过冰雹、霜冻、暴雨和大雾，住过村民的小木屋和乡下的招待所，条件比较艰苦。最难忘的是我们在能见度不到五米的高速路上行驶、在山路十八弯的乡间小路上蜿蜒、在凝冻的天气里一扇扇推开贫困户家的门、在零下几度的田地里与农户交流。最感动的是，虽然调研期间部分学生感冒发烧、基层的脱贫攻坚争分夺秒，但是，没有一个学生中途退缩、没有一个扶贫干部工作应付、没有哪个乡镇敷衍我们，所有的调查者和被调查者都在认真、踏实而努力地工作，尽管这些工作经常到晚上的12点，甚至半夜1点，经常需要步行好几公里。所以，此次调研最大的收获不是顺利完成了课题研究所需要的素材，而是让我看到了团队成员坚忍不拔、勇于攀登、团结协作的优秀精神，以及青年学生朝气蓬勃、乐观开朗、善良隐忍的可贵品质，感受到了基层政府的攻坚信心和驻村干部的无私奉献。这些，让我们进一步认识到自己肩上的责任和重担，坚定了将“论文写在大地上”的信心与决心。

谢治菊
2021年9月12日
于羊城